DIE GOLDENE ZEIT DER OZEANRIESEN

FOR REAL COMFORT
NEW STATENDAM
SPRING 1929

ROBERT W. WALL

DIE GOLDENE ZEIT DER OZEAN-RIESEN

Titelbild: Ein Plakat von Cassandre aus dem Jahre 1929, mit dem für die neue *Statendam* der Holland-Amerika-Linie geworben wird.

BERTELSMANN LEXIKON-VERLAG

Für Gabrielle

Mein ganz besonderer Dank
gilt meiner Frau Jean,
ohne deren Ansporn und Unterstützung
dieses Buch nicht entstanden wäre.

Dieses Buch hätte ohne die tatkräftige Unterstützung vieler einzelner Personen und
Organisationen nicht herausgebracht werden können. Der Verfasser dankt ganz besonders den
Mitarbeitern der City Reference Library in Bristol, England, für ihre Unterstützung bei der
Suche nach Informationen in vielen frühen Veröffentlichungen und Zeitungen, Herrn Ernest
Dumbleton für seinen Rat und seine Hilfe sowie Fräulein Wendy Watkins, die das Manuskript
mit Schreibmaschine abschrieb und die vielen Änderungen mit Geduld und guter Laune
hinnahm.

Aus dem Englischen übersetzt von Niels Neelsen

Abbildung auf dem Vorsatz: Die *Lusitania* in Liverpool

Titel der englischen Originalausgabe: »Ocean Liners«
© by Quarto Publishing Ltd., London
Schutzumschlag (Vorderseite): Sammlung Arnold Kludas, Bremerhaven

Alle Rechte der deutschsprachigen Ausgabe bei
© Verlagsgruppe Bertelsmann GmbH/Bertelsmann Lexikon-Verlag, Gütersloh – 1977 A
Printed in Italy
ISBN 3-570-06430-1

Inhalt

Prolog Die letzten Fahrten 6

Kapitel I Vom Raddampfer zum Ozeanriesen 20
Ein Jahrhundert Schiffbaukunst

Kapitel II Heiß Flagge! 44
Die Geschichte der großen Passagierschiffe

Kapitel III Schwimmende Städte 90
Bau und Ausstattung der Passagierschiffe

Kapitel IV Die feindlichen Elemente 122
Große Katastrophen auf See

Kapitel V Die High Society auf See 144
Das Leben an Bord der Passagierschiffe

Kapitel VI Das »Blaue Band« 178
Die schnellsten Schiffe auf dem Nordatlantik

Kapitel VII Passagierschiffe im Kriegseinsatz 208

Epilog Die Geisterschiffe 238

Bibliographie 252
Register 253
Fotoquellen 256

Prolog

DIE LETZTEN FAHRTEN

Die in *Seawise University* umgetaufte *Queen Elizabeth* am 9. Januar 1972 als Scheiterhaufen im Hafen von Hongkong.

Die Wintersonne ließ das riesige Schiff aufleuchten, während ihre Strahlen über die weißen Seiten des Rumpfes strichen und von den Wellen zurückgeworfen wurden, die von der chinesischen Küste her durch den Hafen rollten. Es war ein großartiger Anblick, indessen enthüllte eine nähere Betrachtung Rostflecken und Vogelschmutz auf den Aufbauten, eine Folge dreijähriger Vernachlässigung und Untätigkeit. Am Rumpf prangte in großen schwarzen Buchstaben der Name *Seawise University* – ein ungeschicktes Wortspiel mit den Initialen ihres Eigners, des chinesischen Millionärs C. Y. Tung –, der nicht recht zu den eleganten Linien des Schiffes paßte.

Die Bauwerft hatte jedoch den ursprünglichen Namen in meterhohen Stahlbuchstaben auf die Bordwände geschweißt, die sich deutlich unter der weißen Farbe abzeichneten – *Queen Elizabeth*. Dies Schiff war der gewaltige Passagierdampfer der Cunard-Linie, der ein Vierteljahrhundert in Kriegs- und Friedenszeiten den Nordatlantik befahren hatte. Nun lag es siebentausend Meilen von der Heimat entfernt im Hafen der britischen Kronkolonie Hongkong und wurde von Hunderten chinesischer Werftarbeiter für eine einfallsreiche, aber ungewohnte Aufgabe umgebaut – eine schwimmende Universität, die von weiteren Versorgungseinrichtungen unabhängig sein sollte.

Mit ihren 83 673 Bruttoregistertonnen war *Queen Elizabeth* das größte jemals gebaute Handels- und Fahrgastschiff, bis sie gegen Ende der 60er Jahre dieses Jahrhunderts von einigen Supertankern übertroffen wurde. Die Konstrukteure der Cunard-Linie planten das Schiff als logischen Nachfolger und Gefährten der etwas kleineren *Queen Mary*. Beide Schiffe sollten den Passagierverkehr zwischen Europa und den Vereinigten Staaten beherrschen und einen wöchentlichen Dienst zwischen Southampton und New York ermöglichen, eine unerhörte Neuigkeit für die 30er Jahre.

Beide waren über 300 Meter lang und konnten mehr als 30 Knoten laufen. Nur die *Normandie*, der Stolz der französischen Compagnie Générale Transatlantique, kam ihnen an Größe gleich (*Normandie* war mit 83 423 BRT und 313,8 Meter Länge vermessen – nur 250 BRT kleiner, aber 30 Zentimeter länger als *Queen Elizabeth*). Im Dienst erfüllten die »Queens« alle Aufgaben, die ihnen der Vorstand der Cunard-Linie stellte.

Die drei größten Passagierschiffe der Welt durch die Zufälle des Krieges an einem Ort: *Normandie, Queen Mary* und *Queen Elizabeth* während des Zweiten Weltkriegs an ihren New Yorker Piers

Die für 1940 vorgesehene Jungfernreise der *Queen Elizabeth* wurde durch den Zweiten Weltkrieg vereitelt. Die ersten fünf Jahre ihres Daseins verbrachte sie als Truppentransporter. Die Jungfernfahrt als Passagierdampfer im Nordatlantikdienst erfolgte am 16. Oktober 1946. Dann erst konnten sie und *Queen Mary* ihren Wert beweisen.

Die »Queens« gaben dem am Boden liegenden Europa, das nach sechs Kriegsjahren seine zerstörte Wirtschaft wiederaufbauen mußte, jenen Hauch von Luxus und Eleganz, der mit dem 3. September 1939 verschwunden war.

Der Luftverkehr über den Nordatlantik steckte noch in den Kinderschuhen. Beide Schiffe waren Reise für Reise voll ausgebucht: Diplomaten auf dem Wege zum Hauptsitz der UNO (Molotow und Churchill waren Stammgäste), Filmstars auf Werbereisen nach Europa, Monarchen und ehemalige Herrscher drängten sich Schulter an Schulter mit Kaufleuten und Auswanderern, die die Masse der Passagiere ausmachten.

Die großen deutschen und italienischen Fahrgastschiffe waren sämtlich Opfer des Krieges geworden. Aber auch die *Normandie* konnte nicht mehr zur Konkurrenz werden. Sie geriet am 9. Februar 1942 bei Umbauarbeiten in New York in Brand und kenterte einen Tag später unter der Last des von der New Yorker Feuerwehr tonnenweise in die Aufbauten gepumpten Wassers.

So gehörte der Nordatlantik den »Queens« einige Jahre ganz allein. Schon 1950 subventionierte die amerikanische Regierung jedoch einen neuerlichen Versuch, mit einem großen amerikanischen Fahrgastschiff auf der Nordatlantik-Route Fuß zu fassen. Das Ergebnis war die aufsehenerregende *United States*, ohne Zweifel der schnellste jemals gebaute Passagierdampfer. Ein Drittel kleiner als die »Queens«, war sie auf ihrer Jungfernreise im Juli 1952 gut 7 Knoten schneller (ihre tatsächliche Geschwindigkeit ist noch heute militärisches Geheimnis) und brach damit den 14 Jahre alten Nordatlantik-Geschwindigkeitsrekord der *Queen Mary*. Anfänglich lockte die *United States* die amerikanischen Passagiere an, ihre supermoderne Innenausstattung ließ jedoch viele wieder zur Cunard-Linie zurückkehren. Viele Jahre später schuf die Compagnie Générale Transatlantique dann eine würdige Nachfolgerin der *Normandie*, die im Februar 1962 in Dienst gestellte *France*.

Die französische Öffentlichkeit war über die Verwendung ihres alten Lieblings *Île de France* bei der Produktion des Films »Die letzte Fahrt« empört. Bei den Dreharbeiten wurden Teile des Schiffs drehbuchgemäß systematisch zerstört. Anschließend sank das Schiff schmählich in flachem Wasser, wurde später gehoben und sodann verschrottet.

France war ein sehr schnelles Schiff (sie erreichte während der Probefahrten 35,2 Knoten), ihr Entwurf verkörperte französische Eleganz und Kultur. Sie kam indessen zu spät. In der Mitte der 50er Jahre gelang den rasch wachsenden Fluggesellschaften, insbesondere den amerikanischen, ein erheblicher Einbruch in die Passagierzahlen des Nordatlantikverkehrs. Im Jahre 1958 reisten 59 Prozent aller Fahrgäste auf der Nordatlantik-Route mit dem Flugzeug, wobei dies Ergebnis noch mit Propellermaschinen erzielt wurde. Im Oktober desselben Jahres startete das erste amerikanische Düsenpassagierflugzeug zum Jungfernflug New York–Paris und gab dem Nordatlantik-Verkehr eine völlig neue Dimension. Von da an brauchten die großen Düsenflugzeuge nur zehn Jahre, um die Superpassagierschiffe von den Ozeanen zu vertreiben. Ende der 60er Jahre überquerten nur vier von einhundert Reisenden den Atlantik mit dem Schiff. Dennoch dauerte es viele Jahre, bis die harte Wahrheit überall erkannt wurde. Noch 1959 plante die Cunard-Linie den Ersatz der überalterten *Queen Mary* durch ein konventionelles Schiff größerer Abmessungen. Als Q 3 bezeichnet, erhielt das Schiff Regierungsmittel in Höhe von 18 Millionen Pfund Sterling, bevor realistischere Ansichten zur

Aufgabe seines Baus führten. Den Hintergrund dieser Entscheidung bildeten die beim speziellen Einsatz der »Queens« im Kreuzfahrtgeschäft während der Wintermonate gewonnenen Erfahrungen. Die großen Schiffe erwiesen sich nämlich als aufsehenerregende Fehlschläge in diesem Geschäft, und das auch dann noch, als die Cunard-Linie 1965 für mehr als 1 Million Pfund Sterling ein neues Sonnendeck (»Lido«) auf Queen Elizabeth eingebaut hatte.

Die Annullierung der Q 3 führte zum Entschluß, ein kleineres Schiff zu bauen, das gleichermaßen für Nordatlantik-Dienst und Kreuzfahrten geeignet war. Das Ergebnis war 1969 die beliebte *Queen Elizabeth 2*.

Im Winter 1965 fuhren die »Queens« auf der Nordatlantik-Route täglich je Schiff einen Verlust von 8000 Pfund Sterling ein. Der Verlust im Kreuzfahrtgeschäft war nicht viel geringer. Ein derartiger wirtschaftlicher Unsinn ließ sich nicht beliebig lange fortsetzen, und so kündigte die Cunard-Linie am 8. Mai 1967 die Außerdienststellung beider Schiffe an. Diese Nachricht rief in der Weltpresse kaum ein Echo hervor. Die Tage, in denen die Superliner die Titelseiten der Zeitungen in vielen Hauptstädten der Welt füllten, waren längst vorbei. Ihre Größe und Geschwindigkeit hatten sie in einer Zeit, in der Patriotismus ein bewährtes innenpolitisches Instrument war, zu Symbolen nationalen Stolzes gemacht. Die Passagierlisten mit berühmten und unbekannten Namen, die Suiten der Reichen, die Schlafsäle der Armen mit 24 Betten – alles dies faszinierte die Massen, deren größter Teil niemals ein solches Schiff zu sehen bekam, geschweige denn damit reisen konnte. Die siegreiche *Mauretania,* die tragische *Titanic,* die geliebte und majestätische *Queen Mary,* sie alle hatten begeisterte Anhänger, oftmals ganze Nationen.

Nun verendeten die größten von Menschenhand erschaffenen Maschinen, vernichtet durch noch fortschrittlichere Erzeugnisse seines Geistes. Die Welt registrierte den Tod des Passagierschiffes kaum, ausgenommen jener Kreis von Menschen mittleren Alters, der nostalgische Erinnerungen an den Luxus der Friedenszeiten oder das Fegefeuer der Mannschaftsschlafsäle der Kriegszeit hatte.

Die alten Schiffe verschwanden jedoch nicht so heimlich wie entlassene Strafgefangene. Wenigstens drei von ihnen hatten einen Abgang, der ebenso erstaunlich war wie alles, was sie während ihrer Dienstzeit geleistet hatten.

Einer der ersten großen Passagierdampfer, die nach dem Zweiten Weltkrieg aus dem Dienst genommen werden mußten, war die französische *Île de France*. Im Jahre 1958 verkaufte die C.G.T. das 32jährige Schiff an einen japanischen Abwrackbetrieb in Osaka. Die *Île de France* war in der französischen Öffentlichkeit sehr beliebt. Als bekannt wurde, daß die Japaner das Schiff an einen Hollywoodregisseur vermietet hatten, brach in der französischen Presse ein Sturm der Entrüstung aus. Die Amerikaner beabsichtigten nämlich, Teile des Schiffs in die Luft zu sprengen, um einen möglichst »realistischen« Film drehen zu können. Vielen Franzosen hätten sie ebensogut vorschlagen können, den Eiffelturm zu zerstören! Die Diskussion in die sich sogar der gerade ins Amt zurückgerufene Präsident Charles de Gaulle beteiligte, tobte wochenlang. Die Japaner, die an einer Beruhigung der öffentlichen Meinung interessiert waren (und zweifellos auch den Verlust ihres doppelten Profits fürchteten), hielten an Bord des Schiffes einen Gottesdienst im Shinto-Ritus ab, um »den Geist des Schiffes zu versöhnen«.

Schließlich legten sich die französischen Proteste. Der Film wurde gedreht und erschien unter dem Titel »Die letzte Fahrt« mit Robert Stack und George Sanders in den Hauptrollen. Selbst die bemerkenswerte schauspielerische Leistung von Sanders in der Rolle des unentschlossenen Kapitäns des Liners konnte nicht von der Hauptattraktion des Films ablenken. Dies war die *Île de France* selbst, und lange nach dem Abbruch des alten Schiffes wird der Film regelmäßig in den Fernsehprogrammen auf beiden Seiten des Atlantiks wiederaufgeführt.

Im September 1967 machte *Queen Mary* ihre eintausendste und zugleich letzte Atlantiküberquerung. Kurz vor der letzten Reise hatte die Cunard-Linie den Verkauf des Schiffes an die Stadt Long Beach in Kalifornien bekanntgegeben. Die Stadtväter von Long Beach planten seine Verwendung als Hotel, Kongreßzentrum und Schiffahrtsmuseum und zahlten einen Gesamtpreis von 1 232 000 Pfund Sterling. *Queen Mary* ging im Dezember 1967 in die Hände ihrer neuen Eigner über und wurde dann einem länger dauernden Umbau unterzogen. Alle drei Schornsteine mußten Nachbildungen aus Aluminium weichen, ein Maschinenraum wurde leergemacht, um Raum für das Museum zu gewinnen. Nach der Freigabe für den Publikumsverkehr im Mai 1971 kamen Tausende.

Der endgültige Ruheplatz der *Queen Mary* war dem Ansehen des berühmten Dampfers weniger abträglich als das Schicksal mancher Konkurrentinnen. Das Bild zeigt sie vor Anker in Long Beach, wo sie heutzutage als Hotel, Kongreßzentrum und Schiffahrtsmuseum dient.

CGT
DE LA MARINE
CONTRE LA VENTE DES
CGT
CONTRE LES AFFRÈT
NAVIRES ÉTRANGERS
DU PAVILLON

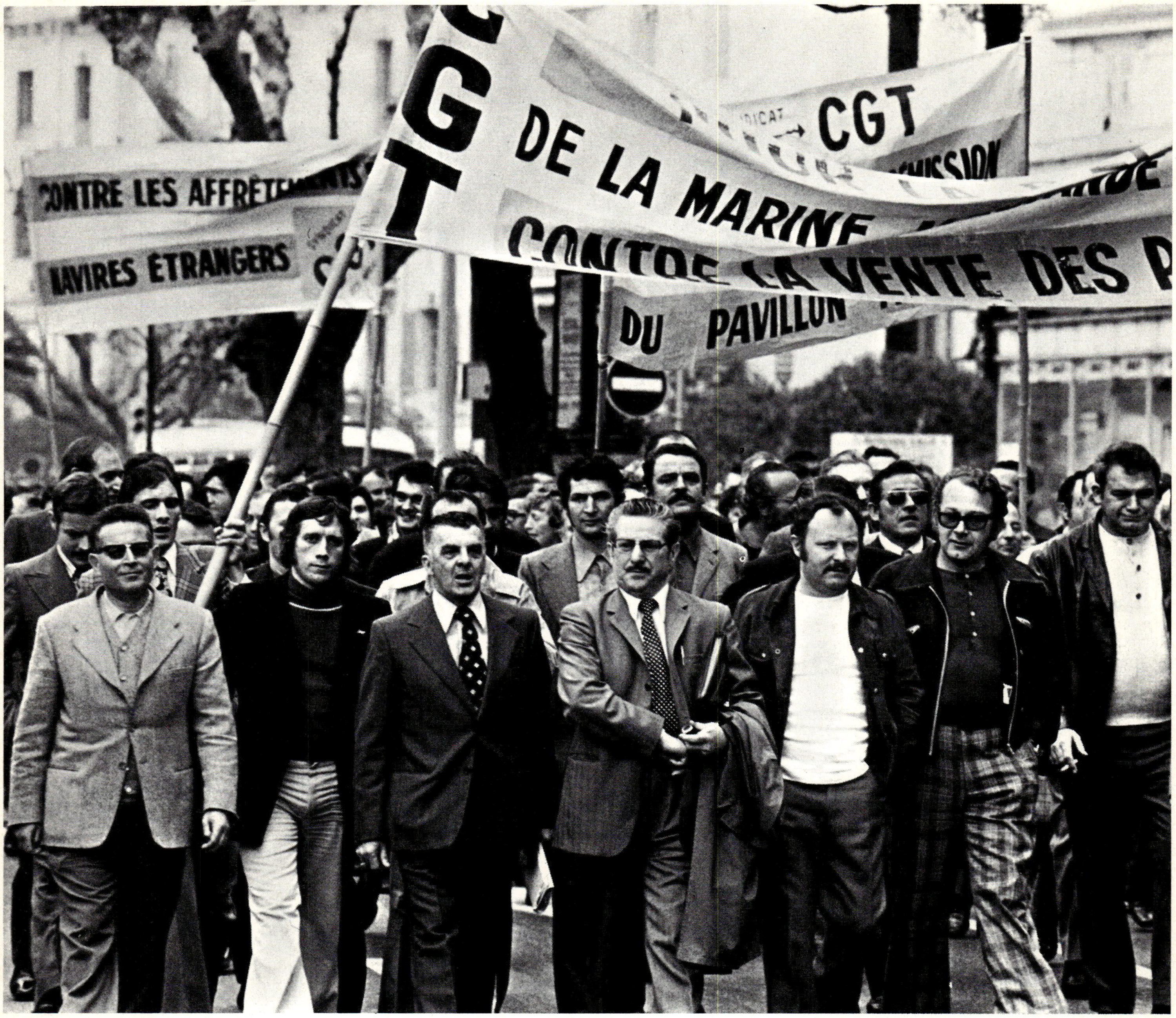

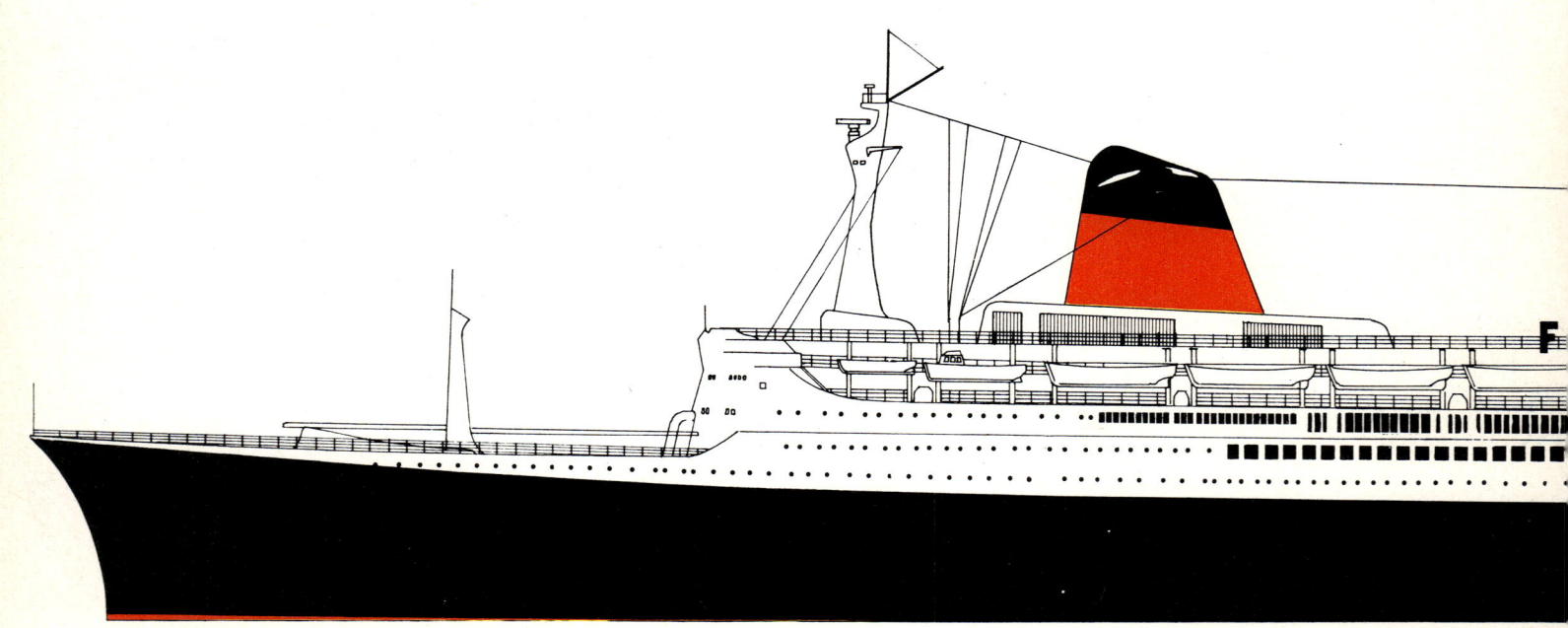

Heute liegt *Queen Mary* weiterhin in Long Beach als bleibende Erinnerung an jene Tage, in denen sie für das englische Volk Symbol der Überwindung der Depression war und die Worte *Queen Mary* als Synonym für riesige Größe und Stärke galten.

Während *United States* und *France* weiterhin im Einsatz blieben, wurde *Queen Elizabeth* im Jahre 1968 außer Dienst gestellt. Zwar versuchte man, das »Long Beach-Modell« zu wiederholen, indem man den Cunard-Renner als Hotel und Museum in Fort Lauderdale in Florida auflegte. Die amerikanischen Ankäufer verfügten jedoch nicht über die finanziellen Reserven der Stadt Long Beach, und so scheiterte das Vorhaben.

Nach zwei Jahren abgetakelter Liegezeit kam das Schiff im September 1970 unter den Hammer und ging für 3,2 Millionen Dollar an den chinesischen Reeder C. Y. Tung in Hongkong.

Unterdessen war auch für *United States* das Ende gekommen. Während ihrer ganzen Dienstzeit hatte sie Subsidien der Regierung erhalten, da nur so die Reederei imstande war, die hohen Heuerkosten für die amerikanische Besatzung aufzubringen. Im Oktober 1969 fiel das schnellste Handelsschiff der Welt, dessen Konstrukteure voll Stolz behaupteten, »die einzigen hölzernen Gegenstände an Bord seien der Hackklotz des Fleischers und das Klavier«, den Sparmaßnahmen Präsident Nixons zum Opfer und wurde in den Hampton Roads aufgelegt.

C. Y. Tung ordnete die Verlegung der in *Seawise University* umbenannten *Queen Elizabeth* von Florida nach Hongkong an. Ihr schon im Ruhestand befindlicher letzter Kapitän, Kommodore Geoffrey Marr, mußte als »Berater« der chinesischen Besatzung fungieren, die die undankbare Aufgabe hatte, den alten und in schlechtem Unterhaltungszustand befindlichen Cunarder um Kap Hoorn und über den Pazifik zur ostasiatischen Küste zu bringen. Mehrfache Kesselschäden behinderten die Überführung. Einmal trieben die rund 83 000 BRT der *Seawise University* sogar außer Kontrolle durch das Karibische Meer. Übermenschliche Anstrengungen der Besatzung brachten das Schiff schließlich wieder in Fahrt, und es erreichte seinen Bestimmungshafen über das Kap der Guten Hoffnung. In Hongkong wurden dann erhebliche Teile der Ausrüstung ausgebaut und der Umbau vorangetrieben.

In diesem Zustand lag die *Seawise University* am 9. Januar 1972 mit zweihundert Arbeitern an Bord in der ungewohnten Umgebung des Hafens von Hongkong vor Anker. Plötzlich brach an diesem stillen Wintertag irgendwo in den Fahrgasträumen ein Brand aus, der sich schnell ausbreitete. Hongkong ist einer der

Die 1962 in Dienst gestellte *France* war der letzte reine Atlantik-Liner. Sie war für die französische Regierung vor allem ein Prestigeprojekt und brauchte ständig staatliche Zuschüsse. Als diese 1974 entfielen, mußte *France* schließlich außer Dienst gestellt werden.

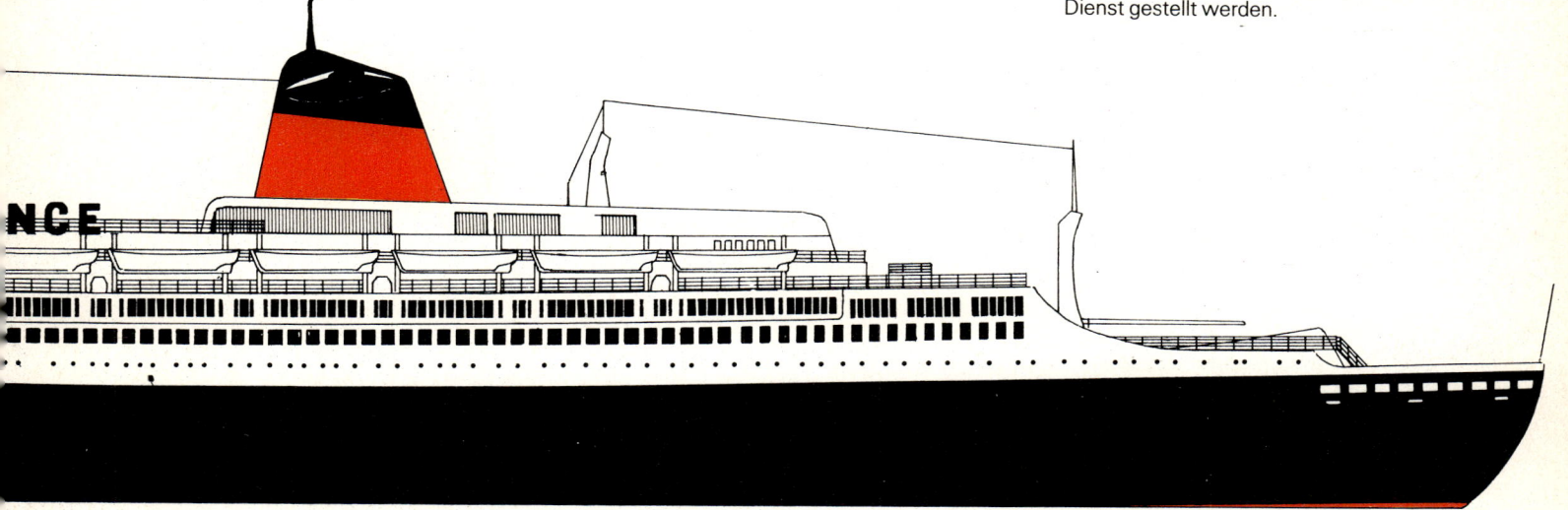

Rechts: Die *Oriana* der P & O-Orient-Linie, eines der schönsten Schiffe auf der Fernost-Strecke. Wie viele andere Passagierdampfer war sie nach 1970 sehr stark auf das Kreuzfahrtgeschäft angewiesen.

Die *Oceanic* der Homes Lines ist das größte nur für Kreuzfahrten gebaute Schiff. Bemerkenswert ist der große, mit Glas abgedeckte Lido mittschiffs auf dem Oberdeck.

übervölkertsten Häfen der Welt, und die Brandgefahr ist für die Behörden nichts Ungewöhnliches. Sie konnten über einhundert erfahrene Männer der Hafenfeuerwehr in den Einsatz schicken. Auch das im Hafen stationierte Personal der SEATO-Streitkräfte griff ein, doch scheiterten alle Versuche, das Schiff zu retten.

Die Hauptschwierigkeit bei der Bekämpfung eines Schiffsbrandes ist die Erhaltung der Schwimmfähigkeit. Je mehr Wasser in das Schiff gepumpt wird, desto größer ist die Gefahr des Kenterns. Das Beispiel der *Queen Elizabeth* bestätigte dies ein weiteres Mal. Die breiten Korridore und Durchgänge heizen das Feuer mit der Gewalt tausender Schornsteine an. Der dichte Qualm ihres Scheiterhaufens erhob sich über Hongkong, und die Bilder des Dramas brachten das Schiff noch einmal auf die Titelseiten der Zeitungen in aller Welt. Das Feuer tobte nahezu ungehindert durch die oberen Decks, bis das Schiff nach 24 Stunden kenterte.

Der größte Cunarder hatte sein nützliches Dasein abgeschlossen. Als Königin entworfen und nach einer Königin benannt, hatte *Queen Elizabeth* Berühmte und Reiche in einem Stil befördert, der einer Verherrlichung des eleganten Lebens gleichkam, und das in einer Zeit, in der diese von vielen Menschen gefeierte Lebensweise für Millionen vom Hunger Bedrohte eine Herausforderung war. Am Ende ihrer Laufbahn lag sie, lange nachdem der letzte Lebemann ihre Plüschsalons verlassen hatte, um sich dem internationalen Jetset anzuschließen, als ausgeglühtes Wrack im Schlick von Hongkong. Das vernichtende Feuer auf *Queen Elizabeth* versinnbildlichte mehr als jeder andere Zwischenfall dem kleinen Mann auf der Straße das Hinscheiden der Ozeanriesen. Die Ereignisse des 9. Januar 1972 waren das Drama einer »Götterdämmerung zur See«.

Schon bald sollte es zu einem neuen Drama kommen. Ganze zwei Jahre nach dem Brand der *Queen Elizabeth* strich die französische Regierung die Subventionen für die *France*. Ihre Eignerin, die verstaatlichte Compagnie Générale Transatlantique, kündigte daraufhin ein abschließendes Kreuzfahrtenprogramm an. Nach Abschluß dieser Kreuzfahrten sollte *France*, die ein modernes Schiff mit ganzen zwölf Dienstjahren war, auf unbestimmte Zeit aufgelegt werden.

Erst 1962 hatte *France* die *Île de France* und die *Liberté* auf der Route Le Havre – New York via Southampton abgelöst. Ihr Bau fiel in jene Zeit, in der französische Regierungen Projekte suchten, mit denen das schwindende nationale Ansehen gehoben werden konnte. Für das neue Schiff stellte die Regierung öffentliche Mittel in Höhe von sieben Millionen Pfund Sterling bereit, und Präsident Charles de Gaulle interessierte sich persönlich für den Fortgang der Bauarbeiten. Die *France* entstand auf derselben Helling bei Penhoët in St. Nazaire, auf der schon die *Normandie* gebaut worden war. Beim Stapellauf und Taufakt am 11. Mai 1960, der von Madame de Gaulle vollzogen wurde, war auch der Präsident zugegen.

Die Unterbringung der 407 Passagiere I. Klasse und der 1637 Passagiere der Touristenklasse war nach Ansicht erfahrener Nordatlantikreisender besser als alles, was bisher dagewesen war, und die französische Küche krönte den Service. In ihren ersten Dienstjahren war *France* zu 80 Prozent ausgelastet, was für die frühen 60er Jahre ein ausgezeichnetes Ergebnis bedeutete. Ihre riesigen roten Schornsteine mit dem schwarzen Topp und den seitlichen »Tragflächen« bildeten bald auf dem Hudson und in Southampton einen vertrauten Anblick, und das Schiff hatte in kurzer Zeit den Ruf einer zuverlässigen Maschinenanlage und exakt eingehaltener Fahrpläne. *France* brachte ihren Eignern niemals große Gewinne, doch untersuchte das französische Finanzministerium unter der wohlwollenden Aufsicht von de Gaulle die Wirtschaftlichkeit solcher Prestigeprojekte nie allzu eingehend.

Nach de Gaulles Rücktritt gewährte Präsident Pompidou auch weiterhin die Unterstützung. Erst nach seinem Tode im Jahre 1974 strich sein Nachfolger die Mittel, die für Frankreichs letzten Ozeanriesen lebenswichtig waren.

Die C.G.T. wollte die letzten Kreuzfahrten der *France* im Herbst 1974 stattfinden lassen. Im Hinblick auf den großen Erfolg der letzten Kreuzfahrten der *Queen Elizabeth*, die Wochen vorher voll ausgebucht waren, erhöhte man die

Das letzte Schiff unter der Flagge einer berühmten Reederei auf der Nordatlantikstrecke: Die gutaussehende *Queen Elizabeth 2* vor der Skyline von Manhattan

Preise beträchtlich. Indessen sollten die Eigner aus diesen überteuerten Fahrten in die Nostalgie keinen Gewinn ziehen. Das Schicksal griff in einer Weise ein, die der Bevölkerung aller Industrienationen nur zu geläufig ist. Kurz gesagt, die Besatzung der *France* trat in den Streik.

Der Betrieb eines Ozeanriesen erfordert eine große Besatzung, die auf *France* aus 1044 Männern und Frauen bestand. Während viele der englischen Seeleute bei Außerdienststellung der alten »Queens« auf die *Queen Elizabeth 2* überwechseln konnten, drohte der Besatzung der *France* nach Abschluß der letzten Fahrt Arbeitslosigkeit. Hinzu kam, daß viele von ihnen der festen Überzeugung waren, die *France* könne nach wie vor Gewinn abwerfen. Sie waren entschlossen, ihre Auffassung zu vertreten.

Als sich *France* am Abend des 11. September 1974 Le Havre näherte, befahl der Vorstand der französischen Seeleutegewerkschaft der Besatzung, das Schiff in Besitz zu nehmen. Diese Anordnung wurde befolgt, und *France* geriet unter die Kontrolle eines Streikausschusses unter Leitung eines Chefkellners! Die Streikenden (alle Seiten vermieden es, sie als Meuterer zu bezeichnen) weigerten sich, das Schiff in Le Havre einlaufen zu lassen, und so warf *France* in der Mitte des Hauptschiffahrtsweges nach Le Havre Anker und unterbrach den ein- und auslaufenden Schiffsverkehr völlig. Nach einiger Zeit gestattete die Besatzung einer Kanalfähre, die Passagiere von Bord zu holen. *France* verlegte dann in die Seine-Bucht, und nach langwierigen Verhandlungen mit der französischen Regierung waren die Streikenden einige Wochen später bereit, das Schiff nach Le Havre einlaufen zu lassen. Einmal dort, zerstreuten sie sich bald, da ihr Versuch, das Schiff in Dienst zu halten, an den harten wirtschaftlichen Realitäten scheiterte.

Unterdessen gaben alle anderen großen Schiffahrtsgesellschaften allmählich ihre Passagierschiffe auf. *Queen Elizabeth 2* war der letzte Neubau eines Ozeanriesen überhaupt, und heutzutage geben die Gesellschaften nur noch Fährschiffe für Passagiere und Autos sowie Kreuzfahrtschiffe mittlerer Größe in Auftrag. Die niederländische Holland-Amerika-Linie verkaufte ihre alte *Niew Amsterdam* (36 287 BRT) im Januar 1974 an einen Abwrackbetrieb in Taiwan. Schon 1965 hatten die Ame-

rikaner die *America* an die griechische Chandris-Linie verkauft, vier Jahre vor Außerdienststellung der *United States*. Nur die Italiener hielten länger durch. Die Italia-Linie hatte während der ganzen Nachkriegszeit eine moderne Flotte auf der Nordatlantik-Route unterhalten und noch 1962/63 die großartigen Schwesterschiffe *Michelangelo* und *Raffaello* von je 46 000 BRT gebaut. Ab 1972 wurde die gesamte Passagierschiffsflotte der Italia-Linie in einem Zeitraum von drei Jahren außer Dienst gestellt. *Michelangelo* machte im Juni 1975 ihre letzte Fahrt. Lediglich auf den langen Strecken zwischen Europa und dem Fernen Osten sowie Australien überleben noch einige Passagierschiffe, aber auch sie erwirtschaften einen erheblichen Teil ihrer Einnahmen im Kreuzfahrtgeschäft. Gute Beispiele hierfür sind die *Canberra* und *Oriana* der Peninsular and Oriental-Linie sowie die griechische *Australis*, die 1938 als *America* für die United States-Linie gebaut worden war.

Jeden Sommer macht die *Queen Elizabeth 2* auch jetzt noch eine kurze Serie regelmäßiger Atlantiküberquerungen und hält so die Tradition der Cunard-Linie am Leben. In jüngster Zeit hat sie dabei durch gut aussehende und geschickt gemanagte Ozeandampfer aus der Sowjetunion mit so exotischen Namen wie *Rota Shostolewski* und *Taras Bolba* Gesellschaft erhalten. Diese werden mit großen staatlichen Zuschüssen betrieben und bilden einen Teil der sowjetischen Strategie, sich als erste Seemacht der Welt zu etablieren.

So gingen die Ozeanriesen dahin. Die Technologie des 20. Jahrhunderts schuf und vernichtete sie. Wie Parsons Erfindung der Dampfturbine gegen Ende des 19. Jahrhunderts Brunels Traum riesiger Passagierschiffe verwirklichen half, so brachte die Anwendung des gleichen Turbinenprinzips in der Luftfahrt das Ende dieser Schiffe, bevor drei Viertel des 20. Jahrhunderts vorüber waren: Flugzeuge vermochten immer mehr Passagiere immer schneller über die Ozeane zu befördern.

In den dazwischenliegenden Jahren, in denen die Ozeanriesen die größten Beförderungsmittel unseres Planeten waren, faszinierten sie Millionen Menschen und schrieben ihr eigenes Kapitel technologischer und gesellschaftlicher Geschichte. ☐

Kapitel I

VOM RADDAMPFER ZUM OZEANRIESEN

Ein Jahrhundert Schiffbaukunst

Die *Washington* von 1864 war das erste Schiff der französischen Compagnie Générale Transatlantique.

Am Anfang stand Brunel, der große englische Erfinder und Ingenieur. Es wäre falsch zu behaupten, Brunel habe die Dampfmaschine, die Schiffsschraube und die Verwendung von Metall im Schiffbau erfunden. Aber er verwandte sie im Entwurf eines Passagierschiffs, das 1843 als *Great Britain* vom Stapel lief. Der Gedanke eines mechanischen Antriebs für Schiffe ist nahezu so alt wie der Mensch selbst. Das Paddel und später das Ruder waren lange vor dem Segel gebräuchlich. Ägypter wie Griechen und Römer benutzten Menschenkraft und Ruder, um ihre hölzernen Kriegsschiffe ins Gefecht zu bringen. Auf einigen ihrer Galeeren verwandten die Römer sogar von Ochsen angetriebene Paddel.

Leonardo da Vinci schuf im 15. Jahrhundert viele Entwurfsskizzen rudergetriebener Schiffe. Zu Beginn des 18. Jahrhunderts hatten einige Gelehrte in Europa, insbesondere Papin (1647–1712) und Newcomen (1663–1729), brauchbare Ideen für Antriebsmaschinen entwickelt. Sowohl Jouffroy in Frankreich (1783) als auch Fitch in Amerika (1787) hatten kleine Dampfboote betrieben, und gegen Ende des Jahrhunderts hatte eine ganze Reihe von Konstrukteuren auf beiden Seiten des Atlantiks mit ziemlich unterschiedlichem Erfolg Dampfmaschinen zum Antrieb von Schaufelrädern verwandt.

Im Jahre 1807 war die technische Entwicklung so weit fortgeschritten, daß der Amerikaner Robert Fulton sein Dampfboot *North River* auf dem Hudson zwischen New York und Albany verkehren lassen konnte. Fulton benutzte Dampfmaschinen der englischen Firma Boulton & Watt. Diese Firma war eigens gegründet worden, um die von James Watt erfundene doppelt wirkende Dampfmaschine zu bauen und zu vertreiben.

Henry Bell, einem schottischen Eigentümer von Dampfbädern, kommt die Ehre zu, die Dampfschiffahrt in Europa eingeführt zu haben. Seine *Comet* nahm 1812 den Handelsverkehr auf dem Clyde auf, und gegen Ende des zweiten Jahrzehnts des 19. Jahrhunderts waren kleine Dampfschiffe in den meisten Flußmündungen Europas und Nordamerikas im Einsatz. Im März 1816 überquerte ein Dampfschiff erstmals den Ärmelkanal, und sehr bald faßte man auch eine Überquerung des Atlantiks mittels Dampfschiffs ins Auge. Noch vorher nahm jedoch das erste deutsche Dampfschiff *Prinzes-*

sin Charlotte am 6. November 1816 seinen Dienst auf der Elbe auf. Auch sie war mit einer großen einzylindrigen Dampfmaschine von Boulton & Watt ausgerüstet. Das erste europäische Land, das ein Dampfschiff mit eigenen Hilfsmitteln baute und ausrüstete, war Schweden, wenn auch der Konstrukteur Samuel Owen ein ehemaliger Engländer war. 1818 setzten italienische Ingenieure mit dem Dreimaster *Ferdinando Primo* von 247 Tonnen den ersten Dampfer im Mittelmeer zwischen Neapel und Genua ein.

Die erste Atlantiküberquerung durch ein dampfgetriebenes Schiff war nahezu eine Sache des Zufalls und ein frühes Beispiel für den Export moderner Technik aus der Neuen in die Alte Welt – ein bis heute noch immer fortgeführter Brauch.

Im Jahre 1818 beschloß die Savannah Steamship Company in Savannah, Süd-Karolina, ein kleines Schiff für den Verkehr an der amerikanischen Küste zu bauen. Das auf den Namen *Savannah* getaufte Schiff trug volle Besegelung, und seine kleine einzylindrige Dampfmaschine von 90 PS, die nur als Hilfsantrieb gedacht war, wurde erste nachträglich eingebaut. Dies war die Folge eines Besuches, den Kapitän Moses Rogers, ein bekannter Verfechter des Dampfschiffs, der Bauwerft Crocker & Fichett in New York abstattete. Rogers erkannte die Möglichkeit, eine Dampfmaschine in das Schiff einzubauen, und überzeugte die Eigner zu diesem Schritt. Die Maschine arbeitete mit einem Druck von 2 PSi (0,141 kg/cm²) und

Die *Royal William* war das erste Schiff, das groß genug war, um den für eine Atlantiküberquerung erforderlichen Kohlenvorrat mitzuführen. Sie gehörte der Quebec and Halifax Steam Navigation Company, unter deren Aktionären sich auch ein gewisser Samuel Cunard befand.

Bildeinsatz: Die *Comet* war der Pionier der Dampfschiffahrt in Europa; sie begann im Jahre 1812 mit dem Handelsverkehr auf dem Clyde.

Great Britain
Bristols wunderbares Schiff

Die *Great Britain* war nicht nur der erste echte Ozeandampfer, sondern auch das erste große Schiff mit Schraubenantrieb. Diesen Gedanken übernahm Brunel (unten) von Francis Smiths *Archimedes* (unten Mitte). Andere Neuerungen waren wasserdichte Querschotten, ein Doppelboden und das Balanceruder. *Great Britain* wurde am 19. Juli 1843 in Bristol von Prinz Albert von Stapel gelassen.

trieb zwei ungeschützte Schaufelräder von 4,87 Meter Durchmesser an. Die Schaufelräder und der gekrümmte Schornstein gaben der *Savannah* ein ziemlich eigenartiges Aussehen. Die beiklappbaren Schaufelräder konnten das Schiff mit immerhin etwa 4 Knoten (7,41 km/h) vorwärts bringen.

Infolge der schlechten Marktlage erwies sich *Savannah* für den vorgesehenen Einsatzzweck als zu groß. Ihre Eigner entschlossen sich daher, sie in Europa zu verkaufen. Nach einer Erprobungsfahrt von New York nach Savannah verließ das Schiff unter dem Befehl von Kapitän Rogers am 24. Mai 1819 gegen 17.00 Uhr seinen Heimathafen in Richtung Liverpool. Obwohl für die Aufnahme von 32 Passagieren eingerichtet, hatte sie keinen einzigen an Bord – und das trotz eifriger Werbung in den lokalen Zeitungen folgenden Wortlauts:

»Das Dampfschiff *Savannah* unter Kapitän Rogers wird ohne Verzögerung am morgigen Tag nach Liverpool in See stechen. Etwaige Reisende können gut untergebracht werden. Bitte unmittelbar an Bord melden.«

Es kamen jedoch keine Fahrgäste, und so lief *Savannah* nach einer Besichtigung durch niemand Geringeren als Präsident Monroe ohne Passagiere und Ladung aus. 27 Tage und 11 Stunden danach lief es in Liverpool ein und war damit das erste Schiff, das bei einer Atlantiküberquerung Dampfantrieb verwandte. Dennoch hatte *Savannah* während der vierwöchigen Reise ihre Maschine nur für insgesamt 85 Stunden in Betrieb gehabt. Es war eine ereignisreiche Fahrt. Rogers stellte sehr bald fest, daß Schaufelräder und Besegelung keine glückliche Zusammensetzung waren. Bei gesetzten Segeln krängte das Schiff, so daß ein Schaufelrad tief ins Wasser tauchte, während sich das andere frei in der Luft drehte. Gleichzeitig beschrieb das Schiff einen eleganten Bogen. Wann immer es möglich war, benutzte Rogers daher allein die Segel.

Als sich *Savannah* der irischen Küste näherte, meldete ein Ausguck auf Kap Clear, der den aus der Feuerung aufsteigenden Rauch sah, das Schiff sei in Brand geraten. Die britische Marine schickte daher die Sloop HMS *Kite* zu Hilfe. *Kite* stieß auf die mit 6 Knoten aufkommende *Savannah* und mußte einen Warnschuß abfeuern, um den Amerikaner zum Stoppen zu bewegen. Endlich aber erreichte sie doch noch Liverpool und sicherte sich ihren Platz in der Seefahrtsgeschichte.

Die Heimkehr der *Great Britain* nach Bristol im Jahre 1970. Taucher bereiten den Hulk für die Reise vor.

Unten: Das erste große Passagierschiff kehrt in sein ursprüngliches Baudock zurück.

Oben: Die Schiffsglocke der *Great Britain* wurde von Bewohnern der Falkland-Inseln als Hüteglocke benutzt. Sie ist jetzt wieder an ihre ursprüngliche Stelle zurückgebracht worden.

Linke Seite: Werftarbeiter bauen auf *Great Britain* eine neue Schraube ein.

Links: Die *Great Britain* wird den Avon aufwärts geschleppt, im Hintergrund ist die von Clifton erbaute Hängebrücke zu erkennen.

Der Wegbereiterin folgten bald weitere Schiffe. Die als Dampffregatte für chilenische Rebellen gebaute *Rising Star* lief 1822 von England nach Valparaiso und war damit der erste Dampfer im Pazifik. 1825 erreichte der Dampfer *Enterprise* Indien auf dem Wege um Kap Hoorn, und 1827 lief die niederländische *Curaçao* in das Karibische Meer aus.

Alle diese Schiffe vertrauten noch mehr auf Segel als auf ihre Dampfmaschinen. Mit wachsender Erfahrung der Konstrukteure und Schiffsmaschinenbauer wurden indessen die Rümpfe seefähiger und die Maschinen zuverlässiger. Die Zeit war reif für die erste Atlantiküberquerung unter Dampf und ohne Hilfe der Besegelung. Eines der dabei zu bewältigenden Probleme war es, ein ausreichend großes Schiff zu bauen, das den für die Fahrt notwendigen Brennstoff mitführen konnte. Es ist eine merkwürdige Tatsache, daß dieses Schiff wiederum aus der westlichen Hemisphäre kam. Die 800 Tonnen große *Royal William* war in Three Rivers bei Quebec in Kanada gebaut worden. Sie gehörte der Quebec and Halifax Steam Navigation Company, und unter den bedeutenderen Teilhabern war ein Mann namens Samuel Cunard aus Halifax in Neuschottland.

Im Jahre 1787 in Halifax geboren, kontrollierte Cunard schon eine Flotte von kanadischen Küstenseglern, zudem war er Vorsitzender der Quebec and Halifax Steam Navigation Company. Abermals scheint Zweck der Atlantiküberquerung der Verkauf eines Minuspostens gewesen zu sein. Die 48,8 Meter lange und von einer 200 PS starken Boulton & Watt-Maschine angetriebene *Royal William* verließ Quebec am 4. August 1833 »direkt nach London«. Sie lief Picton in Neuschottland zum Bekohlen an und ging von dort am 17. August 1833 mit acht Passagieren an Bord in See. 21 Tage später erschien sie in Cowes auf der Insel Wight und erreichte am 9. September 1833 die Themse.

Royal William hatte den größten Teil der Reise unter Dampf zurückgelegt. Täglich mußten für vier Stunden die Segel gesetzt werden, um die Kessel von den Rückständen des Salzwassers reinigen zu können. Ihre Leistung war insoweit von Bedeutung, als sie Cunard davon überzeugte, daß die Dampfschiffahrt auf dem Atlantik möglich sei. Er begann, einen bis dahin nicht denkbaren regelmäßigen Post- und Passagierverkehr zwischen England, Kanada und den USA zu planen.

Auf der anderen Seite des Atlantiks, in London, hatte ein anderer Neuerer die Möglichkeiten der Dampfschiffahrt erkannt. Isambard Kingdom Brunel wurde 1806 in Portsmouth als Sohn des bekannten Ingenieurs Sir Marc Brunel geboren. Brunel zeigte schon als Kind eine überragende mathematische Begabung. Mit 17 Jahren trat er als Ingenieur in das Büro seines Vaters ein, wo er an dem Projekt des ersten Themsetunnels arbeitete. Im Jahre 1831 gelang ihm der Durchbruch, als sein Entwurf für eine Brücke über den Avon in Bristol angenommen wurde. Im Alter von 27 Jahren wurde er 1833 Ingenieur bei der Great Western Railway Company. Damals plante die Gesellschaft ihre Verbindung zwischen London und Bristol. Auf einer Vorstandssitzung im Oktober 1835 soll Brunel dafür eingetreten sein, die Linie »bis New York fortzuführen«, indem man die Passagiere in Bristol auf einen Ozeandampfer umsteigen lasse.

Brunels Gedanken konnten nicht alle Direktoren der Great Western überzeugen, die schon Bristol als weit genug, wenn nicht gar zu weit für die neue Linie ansahen. Brunel fand jedoch Unterstützung durch Thomas Guppy, und im Juni 1836 wurde die Great Western Steamship Company gegründet. Brunel wandte sich an William Patterson, einen in Bristol ansässigen Schiffbauer, der auf seiner Werft den Kiel für

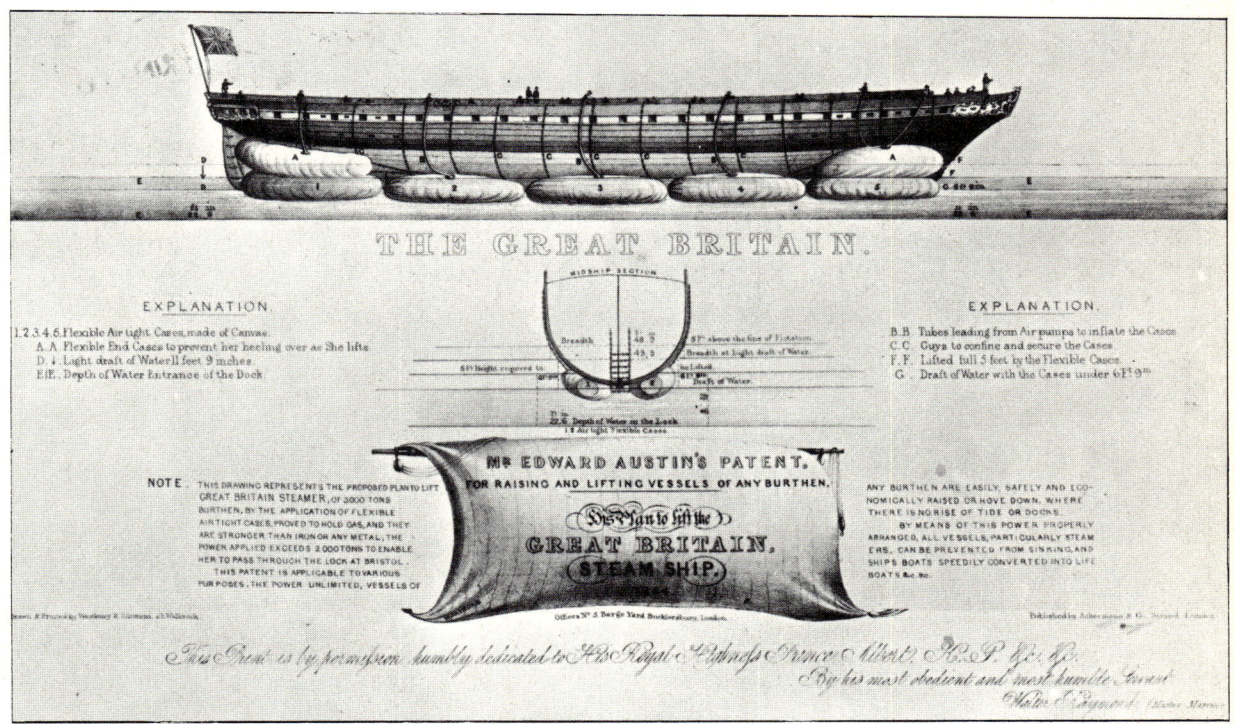

Die *Great Britain* auf Grund in der Dundrum Bay in Irland im Jahre 1846.
Ein Vorschlag zum Flottmachen des Riesenschiffs

das neue Schiff legte. Der Rumpf wurde nach Brunels Angaben entworfen und gebaut und lief am 19. Juli 1937 in Gegenwart von 50 000 Menschen vom Stapel.

Anschließend wurde die *Great Western* um England herum zur Themse gebracht, wo sie ihre Maschinenanlage erhielt. Diese war von der Firma Maudsley, Sons & Field nach Brunels Entwurf und unter seiner Aufsicht gebaut worden. Mit der Fertigstellung der *Great Western* konnte Brunel seine Theorie beweisen, nach der der nutzbare Raum eines Schiffs in der dritten Potenz seiner Abmessungen wächst, während sich der Wasserwiderstand des Rumpfes nur in der zweiten Potenz der Abmessungen vergrößert. Einfacher gesagt, ist ein Schiff um so wirtschaftlicher, je größer es ist. Es zeigte sich, daß Brunel recht hatte, und auf seiner einfachen Entdeckung beruht – wie so häufig in der Geschichte – die gesamte spätere Entwicklung der Ozeanriesen.

Noch während *Great Western* ausgerüstet wurde, erschien eine Rivalin auf der Szene. Die British and American Steam Navigation Company hatte die *British Queen* in Auftrag gegeben. Infolge von Verzögerungen beim Bau ihrer Maschinen sollte sie jedoch erst im Herbst 1837 fertig sein, zu welcher Zeit die Jungfernfahrt der *Great Western* nach New York vorgesehen war. Hinter dem Unternehmen stand Junius Smith, ein amerikanischer Rechtsanwalt und Geschäftsmann, dessen Lebensziel eine – möglichst amerikanisch gelenkte – Dampfschiffslinie über den Atlantik war. Als es offensichtlich war, daß die in Größe und Maschinenstärke Brunels Schiff ebenbürtige *British Queen* nicht rechtzeitig fertig sein würde, charterten Smith und seine Geschäftspartner die *Sirius*, einen kleinen irischen Küstendampfer, der es mit der *Great Western* aufnehmen sollte. Schließlich lief *Sirius* am 5. April 1838 von Cork in Irland aus, ganze drei Tage vor der Abfahrt der *Great Western* aus Bristol. Die Verzögerung der *Great Western* war Folge eines Kesselraumbrandes am ersten Tage der Überführungsfahrt von der Themse zum Severn. Der große Schaufelraddampfer war schon ein ganzes Ende flußabwärts, als die Isolierung um den Kessel in Brand geriet und den Kesselraum mit gefährlichen Dämpfen füllte. Der an Bord befindliche Brunel wollte in den Kesselraum, um die Ursache des Feuers zu untersuchen. Er stürzte jedoch kopfüber eine Steigleiter hinab und blieb in 10 Zentimeter tiefem Wasser auf dem Boden des Kesselraums bewußtlos liegen. Kapitän Claxton, einer der Direktoren der Great Western Company, kam zu Hilfe. Er schleppte den betäubten Brunel an die frische Luft des Oberdecks und rettete sein Leben.

Das Schiff wurde so schnell ausgebessert, daß der Unglücksfall lediglich 48 Stunden Verzögerung brachte. Dies genügte jedoch, um die *Sirius* als erste auslaufen zu lassen.

Die Überfahrt nach New York endete mit einem Triumph für Brunels Schiff. Die Reise dauerte 14 1/2 Tage und die *Great Western* kam ganze vier Stunden nach *Sirius* in New York an. Die Great Western Steamship Company kündigte sofort einen regelmäßigen Dienst an, und so verkehrte *Great Western* ganz allein und konkurrenzlos mehrere Sommer auf der Atlantikroute nach New York.

Die Fahrpreise lagen mit 31 £ 10 sh für eine Kabine einschließlich Verpflegung reichlich hoch, doch mangelte es nie an Fahrgästen. Wie immer war man bereit, für Geschwindigkeit zu bezahlen. Die Fahrzeit der *Great Western* für eine ostwärtige Überfahrt lag im Durchschnitt bei 13 Tagen und 9 Stunden, während die besten Segelschiffe es nicht schneller als in 22 Tagen schafften. Cunard verfolgte derweilen noch immer seine Bemühungen, eine transatlantische Gesellschaft zu gründen, obwohl seine Ideen bei den Geldgebern der Londoner City auf Ableh-

Die Bostoner Bürger sahen die *Britannia,* Cunards erstes Schiff, für das Leben ihrer Stadt als so wichtig an, daß sie im Winter 1843–44 Geld aufbrachten, um für den im Hafen eingefrorenen Dampfer einen sieben Meilen langen Kanal durch das Eis brechen zu lassen. Die *Britannia* war eines der zuverlässigsten Schiffe des 19. Jahrhunderts. Sie hätte neben der *Queen Mary* winzig ausgesehen.

nung stießen. Schließlich bot die britische Regierung im Jahre 1838 einen gewinnträchtigen Vertrag über die Postbeförderung nach Nordamerika an. Cunard sah dies als seine Chance an und sollte damit recht haben. Er wandte London den Rücken und gründete mit dem Ingenieur Robert Napier sowie George Burns und David McIver, zwei Geschäftsleuten, ein Konsortium.

Cunard schlug vor, während des ganzen Jahres einen 14tägigen Dienst mit drei – später vier – Schiffen zu unterhalten, die alle gleich groß und schnell sein sollten und etwa der *Great Western* entsprachen.

An diesem Punkt traf die Great Western Company eine historische Entscheidung, die zwar technisch brillant war, sich aber als ein wirtschaftliches Unglück erwies. Um Cunard den Postbeförderungsvertrag abzujagen, brauchte man drei der *Great Western* entsprechende Schiffe, um die Bedingung eines 14tägigen Dienstes erfüllen zu können. Brunels Genie ließ die Great Western Company nur ein einziges Schiff bauen. Doppelt so groß wie *Great Western* sollte das neue Schiff *Mammoth* aus Eisen gebaut, von Schaufelrädern angetrieben und nur im Sommer eingesetzt werden.

Cunards Angebot schien der britischen Regierung annehmbarer, und er erhielt den Vertrag. Um dessen Bedingungen zu erfüllen, charterte er die *Unicorn,* einen kleinen Dampfer, und unternahm die erste Postfahrt im Mai 1840, während das erste der neuen Schiffe im Bau war. Es war dies die berühmte *Britannia,* die in Port Glasgow bei Robert Duncan & Co nach Napiers Entwurf entstand. Die Maschinenanlage lieferte Robert Napiers eigene Gesellschaft.

Der Cunard-Dienst wurde am 4. Juli 1840, dem 64. Jahrestag der amerikanischen Unabhängigkeitserklärung, eröffnet. *Britannia* lief unter Kapitän Woodruff in 15 Tagen und 10 Stunden von Bristol über Halifax nach Boston und begründete damit die große Cunard-Linie. Samuel Cunard nahm an der Jungfernfahrt persönlich teil. *Britannia,* zu der bald die Schwesternschiffe *Acadia, Caledonia* und *Columbia* traten, war sofort ein Erfolg, und damit war Cunards Glück gemacht.

Währenddessen ging in Bristol die Arbeit an *Mammoth* weiter. Das Schiff war so groß, daß man einen konventionellen Stapellauf von einer Helling für zu schwer hielt, und so wurde zunächst ein Baudock geschaffen. Patterson baute wiederum den Rumpf, die Great Western Company errichtete eine eigene Gießerei, in der die von Brunel konstruierten Maschinen gebaut

Eine Passagierliste der White Star-Linie nach 1870

Great Eastern

Brunels weißer Elefant

Der Mammut *Great Eastern* kam schließlich im Januar 1858 mit seinem riesigen Rumpf zu Wasser, nachdem er drei Monate auf der Helling festgelegen hatte. Mit ihren 18 915 BRT blieb sie 41 Jahre lang das größte Schiff der Welt. Sie zog jedoch niemals genügend Passagiere an, um die riesigen Bau- und Betriebskosten hereinzubringen. Die technischen und wirtschaftlichen Probleme, die mit dem Stapellauf verbunden waren, beschleunigten eine Krankheit, der Brunel acht Tage nach der Probefahrt des Schiffes erlag.

Die *Great Eastern* liegt 1888 in Birkenhead im Schlick auf und sieht ihrem Abbruch, der über drei Jahre dauerte, entgegen.

Unten: Als Kabelleger bewährte sich die *Great Eastern* sehr. Zwischen 1867 und 1874 legte sie fünf transatlantische Seekabel und ein weiteres zwischen Suez und Bombay.

wurden. Im Mai 1840 lief der kleine Dampfer *Archimedes* in Bristol ein, der durch eine von dem Rittergutsbesitzer Francis Smith entworfene Schiffsschraube angetrieben wurde.

Das Prinzip der archimedischen endlosen Schraube war bereits von einer ganzen Reihe von Ingenieuren als Schiffsantrieb verwendet worden. Der Österreicher Ressel konstruierte 1812 eine durchaus brauchbare Schiffsschraube. Der Schwede Ericsson, der später amerikanischer Staatsbürger wurde, ließ sich 1836 einen Entwurf patentieren. Ericssons Patent machte auf die skeptische britische Admiralität keinen großen Eindruck. Der Amerikaner Robert Stockton ließ jedoch nach Ericssons Entwurf einen kleinen, schraubengetriebenen Dampfer aus Eisen bauen. Dieser Auftrag führte dazu, daß Ericsson seinen Aufenthalt in den USA nahm. Dort entwarf er schließlich das erste gepanzerte Kriegsschiff, das in den Kampf kam – die *Monitor*, die am Sezessionskrieg teilnahm.

Smiths *Archimedes* wies Brunel den Weg. Er war so beeindruckt, daß er den Entwurf der *Mammoth* sofort änderte und Schraubenantrieb vorsah, obwohl die Radkästen der Schaufelräder schon halb fertiggestellt waren. Das Schiff wurde in *Great Britain* umbenannt und schwamm am 19. Juli 1843 im Baudock auf. Es war das erste große aus Eisen gebaute Schiff und das erste hochseefähige mit Schraubenantrieb. Weitere völlig neue Eigenarten waren wasserdichte Querschotten, ein Doppelboden und ein Balanceruder. Obwohl sie ihre ursprünglichen Eigner bankrott machte, war *Great Britain* der erste richtige Passagierdampfer für ozeanischen Einsatz. Nach ihr wurden die Schiffe nur noch größer. Abgesehen von der Dampfturbine waren die einzigen Neuerungen späterer Zeit der Ersatz des Eisens durch Stahl und der Wegfall der Hilfsbesegelung. Auch heute noch baut man die Schiffe nach den von Brunel vor mehr als 130 Jahren entwickelten Grundsätzen.

Eine merkwürdige Fügung des Schicksals ließ die *Great Britain* bis heute überleben. Im Jahre 1882 wurde ihre zweite Maschinenanlage ausgebaut. Danach lief sie als Segler, bis sie 1886 als Kohlenhulk auf den Falkland-Inseln Verwendung fand. Ein Komitee unter Leitung von Richard Goold-Adams organisierte 1970

Die *City of Rome* (1881) der Inman-Linie. Die Schiffe dieser Reederei galten als besonders gut gelungene Beispiele der Schiffbaukunst.

die Rückführung der *Great Britain* nach Bristol, wo sie in ihrem ursprünglichen Baudock als Schiffsdenkmal erhalten wird.

Cunard jedoch hatte den Erfolg und machte viel Geld. Sommer wie Winter liefen seine Schiffe mit den roten Schornsteinen mit großartiger Zuverlässigkeit. Die Bostoner Bürger hielten diesen Dienst wirtschaftlich für so wichtig, daß die ortsansässigen Kaufleute einen 7 Meilen langen Kanal durch das Eis bezahlten, als *Britannia* in dem strengen Winter 1843/44 in Boston festlag. Im Laufe der Jahre kamen neue, größere Schiffe hinzu. Die 1852 gebaute *Arabia* war der letzte hölzerne Cunarder, die wunderbaren Schwesterschiffe *Persia* (1856) und *Scotia* (1862) die ersten eisernen und zugleich die letzten Schaufelraddampfer der Cunard-Flotte. Seit dem Ende der 40er Jahre des 19. Jahrhunderts wurde die Geschichte der Ozeandampfer zu einem Wettlauf der Nationen um das größte und schnellste Schiff auf dem Nordatlantik. Auch auf anderen Meeren gab es bald Dampfschiffsverkehr, doch kam nichts an Glanz und Aufregung der Nordatlantik-Route zwischen Europa und New York gleich. Im Jahre 1847 wurde in Hamburg die Hamburg-Amerikanische Packetfahrt Actien-Gesellschaft gegründet, die eine Segelschiff-Linie nach New York einrichtete. Ihr Gründer war Adolph Godeffroy, und die Gesellschaft sollte weltberühmt werden. Godeffroy kaufte die *Borussia* (2349 t), sein erstes Dampfschiff, im Jahre 1856. Bald darauf folgten drei weitere Dampfer. Der Untergang der *Austria*, des vierten Dampfers, durch ein Feuer auf See mit dem Verlust von 470 Menschenleben bedeutete einen schweren Schlag für die Gesellschaft, den sie jedoch überstand. 1883 kaufte die Hapag die ebenfalls in Hamburg ansässige Curr-Linie, mit der ein junger Mann namens Albert Ballin kam, welcher für die Gesellschaft schicksalbestimmend werden sollte.

Der große Konkurrent der Hapag, der Norddeutsche Lloyd, wurde 1857 in Bremen gegründet, zwei Jahre nach der französischen Compagnie Générale Transatlantique in Le Havre, die jedoch erst 1861 ihr erstes Dampfschiff in Dienst stellte.

Die europäischen Dampfschiffgesellschaften bauten ab 1850 ständig größere und schnellere Schiffe, da die Eigner immer mehr Erfahrungen mit dem Betrieb solcher Schiffe gewannen und die stetig wachsenden Gewinne die Kosten größerer Schiffe auffingen.

Die große Ausnahme war Brunel. Während sich normale Menschen mit einer durch Erfahrung und Marktlage bestimmten Entwicklung zufriedengeben, ließ ihn seine Vorstellungskraft in einem riesigen Schritt vorangehen. 1854 begann er mit dem Bau eines Monsters von 22 500 BRT, das sechsmal größer war als alles, was damals schwamm. Die in Millwall an der Themse gebaute *Great Eastern* sollte für 41

Jahre das größte Schiff der Welt bleiben. Nach drei Monaten vergeblicher Versuche gelang am 31. 1. 1858 der Stapellauf. Der neue Ozeanriese verdrängte tatsächlich nur 18 915 BRT und maß 210 Meter in der Länge, aber das nächstgrößte Schiff, die *Scotia* von Cunard, hatte nur 3850 BRT. Der Schiffsmaschinenbau zur damaligen Zeit wurde bis an die Grenzen seiner Leistungsfähigkeit gefordert, um die für ein Schiff dieser Größe notwendigen Maschinen zu liefern. Brunel hatte Schaufelräder, eine Schiffsschraube und Segel vorgesehen, die alle gleichzeitig oder auch allein verwandt werden sollten. Diese Zusammenstellung war nicht sehr gelungen, und obwohl der riesige Rumpf nur für die Aufnahme von 596 Passagieren in Kabinen und 6000 Tonnen Ladung ausgelegt war, konnte *Great Eastern* nie so ausgelastet werden, daß die Betriebskosten hereingeholt wurden. Ihr Hauptvorzug war die große Bunkerkapazität (12 000 t), die ihr eine Einsatzreichweite von 7000 Meilen bei 7 Knoten Geschwindigkeit verschaffte. Die Kosten des gewaltigen Schiffes waren für die Börsen zu hoch. Es ruinierte seine ersten Eigner und führte zum Tode Brunels, der an Überarbeitung und Überlastung durch die mit seiner Schöpfung aufgeworfenen technischen und wirtschaftlichen Probleme starb. Er verschied am 15. September 1859, ganze acht Tage nach der ersten Probefahrt der *Great Eastern*.

Ihre neuen Eigner ließen sie ungeachtet der Tatsache, daß das Schiff von der Konstruktion her für den Atlantik ungeeignet war, am 17. Juli 1860 mit ganzen 38 zahlenden Passagieren und einer Besatzung von 418 Mann auf die Jungfernreise nach New York gehen. Riesige Mengen begeisterter New Yorker empfingen sie enthusiastisch. Geld brachte sie jedoch niemals ein, und so wurde sie schon 1864 verkauft und zum Kabelleger umgebaut. Dies war die richtige Aufgabe für das Schiff. Zwischen 1867 und 1874 legte *Great Eastern* fünf transatlantische Telegraphenkabel und ein weiteres zwischen Suez und Bombay. Danach wurde sie für elf Jahre aufgelegt und schließlich in New Ferry am Mersey von 1889 an abgewrackt. Die Abbrucharbeiten dauerten insgesamt bis 1891. Zu dieser Zeit waren die »herkömmlichen« Passagierdampfer ebenfalls in der Größe gewachsen, doch maß der größte, die 1888 vom Stapel gelaufene *City of New York* der Inman-Linie, nur ganze 10 499 BRT.

City of New York hatte Doppelschraubenantrieb und verzichtete als einer der ersten Ozeandampfer auf Hilfsbesegelung, ein Zeichen dafür, wie zuverlässig die Antriebsanlagen mittlerweile waren. Mit ihrer Schwester *City of Paris* zählte *City of New York* zu den schönsten Schiffen aller Zeiten. Die damals größten Cunarder *Umbria* und *Etruria*, die noch Einschraubenantrieb hatten, waren demgegenüber wahre Zwerge. Cunard antwortete 1893 mit *Cam-*

Mit der *Celtic* der White Star Line entstand schließlich im Jahre 1901 ein Schiff, das die Great Eastern in jeder Hinsicht übertraf.

Ein Werbeplakat der Holland-Amerika-Linie aus dem Jahre 1880, das die *W. A. Scholten* zeigt

pania und *Lucania* (je 12950 BRT), die das »Blaue Band« zurückeroberten und den Atlantik in fünfeinhalb Tagen und damit dreimal schneller als die alte *Britannia* des Jahres 1840 überquerten.

1897 zerstörte indessen das neue Flaggschiff des Norddeutschen Lloyd, die hervorragende *Kaiser Wilhelm der Große*, die englische Selbstgefälligkeit. Man kann dies Schiff als den ersten modernen Luxusozeanriesen bezeichnen. Es war groß (14349 BRT bei 199,5 m Länge), sehr stark und in seiner Ausstattung so luxuriös, daß es den Ansprüchen der reichen amerikanischen Geschäftsleute entsprach, die 40 Jahre uneingeschränktes wirtschaftliches Wachstum hervorgebracht hatte. *Kaiser Wilhelm der Große* erhielt auch bald als erster Ozeanriese eine Marconi-Funkstation. Der Glanz dieses Schiffes brachte dem Norddeutschen Lloyd einen derartigen Geschäftszuwachs, daß die Gesellschaft 1898 28 Prozent aller in New York ankommenden Passagiere beförderte. Der Norddeutsche Lloyd baute drei weitere, sehr ähnliche Schiffe, alle mit vier Schornsteinen wie *Kaiser Wilhelm der Große*, jedoch etwas größer als diese. Die Hapag fügte die *Deutschland*, die auch vier Schornsteine hatte, hinzu.

Nun beherrschte Deutschland den Nordatlantik, und zu allen Schwierigkeiten der Cunard-Linie kam hinzu, daß die White Star-Linie aus Liverpool 1899 mit ihrer *Oceanic* ein Schiff in Dienst stellte, das als erstes die Länge der *Great Eastern* übertraf. Die White Star-Linie ließ ihre »Big Four« folgen, *Celtic*, die als erstes Schiff die *Great Eastern* in jeder Hinsicht übertraf, *Cedric, Baltic* und *Adriatic*, alle in den ersten Jahren des neuen Jahrhunderts. Obwohl die Schiffe der Linie in Großbritannien registriert waren und englische Besatzungen hatten, steckte viel amerikanisches Geld in der White Star. J. Pierpont Morgan, das Urbild des ame-

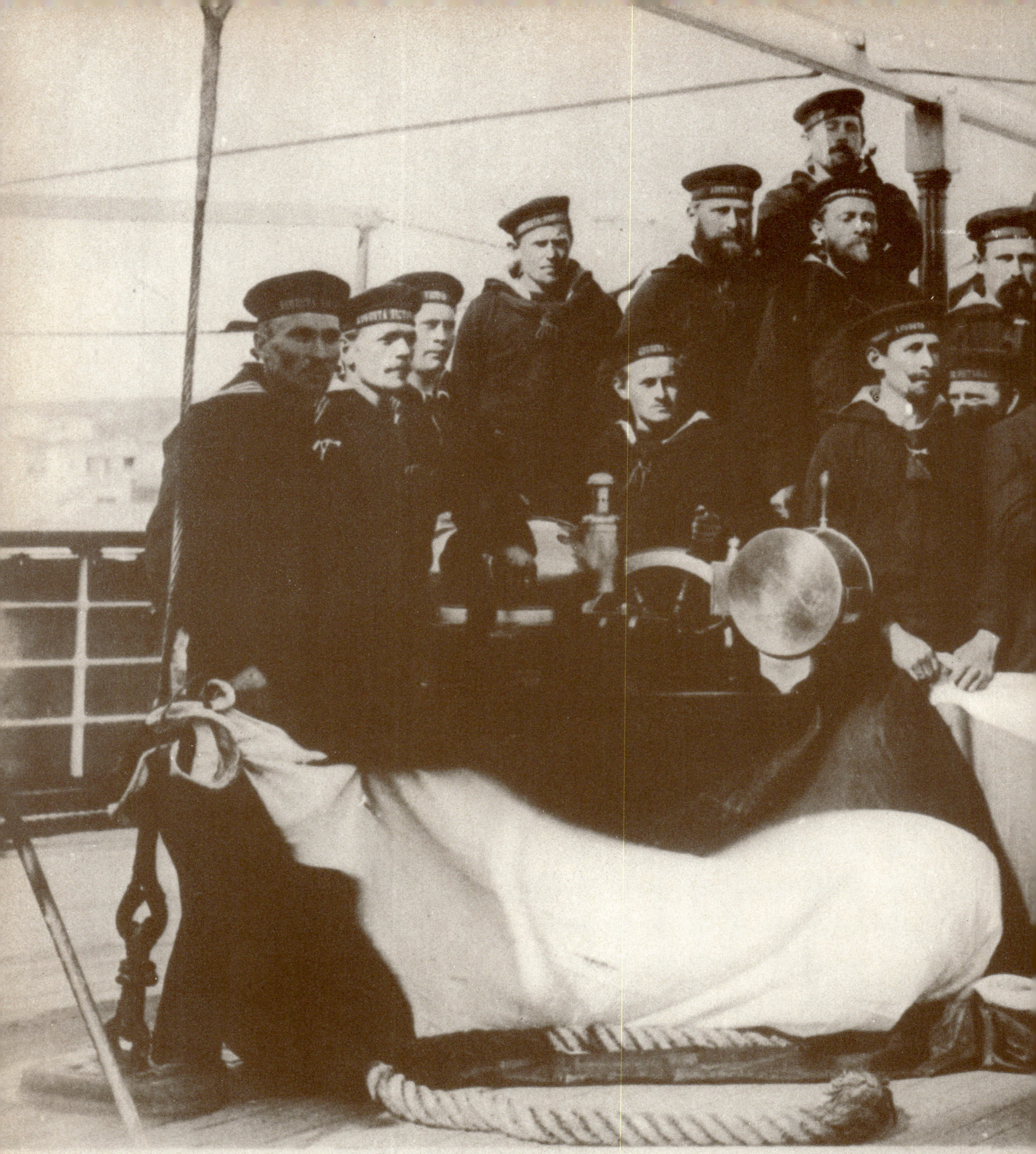

Die Besatzung der *Auguste Victoria,* eines Schiffs der Hamburg-Amerika-Linie aus dem Jahre 1888

MITTELMEER-FAHRT DER

Decksmannschaft d

"AUGUSTA VICTORIA" 1891.

rikanischen Industriemagnaten, hatte sich in die Schiffahrt eingeschaltet und beherrschte um 1900 fast alle großen amerikanischen und englischen Atlantikgesellschaften mit Ausnahme der Cunard-Linie.

Von der drohenden Auslöschung der bedeutendsten Gesellschaft unter britischer Flagge aufgeschreckt, schritt die englische Regierung zu einer Zeit ein, in der eine weitere technische Neuerung den herkömmlichen Maschinentyp der Ozeandampfer völlig verändern sollte.

Alle Ozeandampfer des 19. Jahrhunderts wurden von Kolbendampfmaschinen angetrieben, in denen sich der Dampf in einem Zylinder ausdehnte und dadurch einen Kolben bewegte, der seinerseits die Schraubenwelle drehte. Mit wachsender Größe der Schiffe veranlaßte die Forderung nach mehr Kraft die Konstrukteure, ihre Maschinen gewaltig zu vergrößern. Diese massiven Schmiedeteile, die sich auf *Kaiser Wilhelm der Große* mit 80 Umdrehungen in der Minute bewegten, um 31 000 PSi zu erzeugen, riefen starke Vibrationen hervor, die sich auf das ganze Schiff übertrugen. Die größten Expansionsdampfmaschinen überhaupt wurden 1904 in die *Kronprinzessin Cecilie* des Norddeutschen Lloyd eingebaut. Es war jedoch offensichtlich, daß die Expansionsdampfmaschine am Ende ihrer Entwicklungsfähigkeit angelangt war.

Man brauchte eine neue Kraftquelle und fand sie in der von dem englischen Ingenieur Charles Parsons im Jahre 1884 erfundenen Dampfturbine.

Parsons Entdeckung wurde ein glänzender Erfolg. Nachdem ihn die ungläubige britische Admiralität abgewiesen hatte, baute er seine Turbine in eine kleine Barkasse ein, die er passenderweise *Turbinia* nannte. Er bewies die überlegene Geschwindigkeit seines kleinen Fahrzeugs durch ein ebenso überzeugendes wie ungenehmigtes Eindringen in die Reihen der 1897 im Spithead paradierenden britischen Flotte. Ihre Lordschaften entsandten den neuesten Torpedoboozerstörer, um Parsons' Boot zu verjagen, aber *Turbinia* ließ das Kriegsschiff förmlich stehen. Die Dampfturbine hatte gegenüber der Kolbendampfmaschine den Vorteil eines wesentlich günstigeren Verhältnisses von Gewicht zur Leistung, geringerer Unterhaltungskosten und eines vibrationsfreien Laufs. Sofort wurden Versuche in anderen Schiffen unternommen, und der erste Transatlantikdampfer mit Turbinenantrieb, die *Virginian* der

Allan-Linie in Glasgow, lief 1904 vom Stapel. Bereits im Januar 1902 hatte Morgan eine Konferenz britischer und amerikanischer Schiffseigner in New York zusammengerufen. Das Ergebnis dieser Konferenz war ein Abkommen, mit dem die gesamte White Star-Linie sowie die Atlantic Transport Company und die Leyland Company in amerikanische Hände übergingen. Der Verkauf einer prestigebehafteten Schiffahrtsgesellschaft an eine ausländische Finanzgruppe rief bei einer Generation, die für nationalen Übereifer viel anfälliger war als die Menschen unserer Tage, eine Sensation hervor. Daraufhin machte sich ein Ausschuß der Admiralität unter Vorsitz Lord Camperdowns sofort an die Arbeit. Das Ergebnis war ein Vertrag der Admiralität mit der Cunard-Linie, nach dem diese zwei Schiffe zu bauen hatte, die bei mäßigem Seegang mindestens 24,5 Knoten laufen können sollten. Die Cunard-Linie sollte dafür ein Darlehen von 2,5 Millionen Pfund Sterling sowie jährliche Subventionen in Höhe von 150 000 Pfund Sterling erhalten.

Für die Cunard-Linie waren gerade zwei mittelgroße Ozeandampfer, die *Caronia* und *Carmania*, im Bau. *Carmania* wurde noch eilig mit Turbinen ausgerüstet. Außerdem traf man die Schlüsselentscheidung, die beiden Neubauten ebenfalls mit Turbinen zu versehen. Die Bauaufträge gingen an Swan, Hunter & Wigham Richardson in Newcastle am Tyne und an John Brown & Co. in Clydebank. Es handelte sich um die unvergeßliche *Mauretania* und ihre Schwester *Lusitania*. Die *Mauretania* von 1907 ist ohne Zweifel das berühmteste je gebaute Schiff. Mit ihren 31 938 BRT und 240,8 Meter Länge war sie damals das größte Schiff der Welt und ließ ihre deutschen Konkurrentinnen winzig erscheinen. Sie unterbot den Geschwindigkeitsrekord auf dem Nordatlantik um nahezu einen ganzen Tag. Vor dem Ersten Weltkrieg machte sie ihre schnellste Überfahrt in 4 Tagen, 10 Stunden und 51 Minuten bei einer Durchschnittsgeschwindigkeit von 26,06 Knoten. Diesen Rekord hielt *Mauretania* dann 20 Jahre unangefochten.

Nach *Mauretania* konnten die Schiffe nur noch größer werden. Die White Star-Linie gab die *Olympic* (45 324 BRT) und ihre unglückliche Schwester *Titanic* (46 329 BRT) 1910 in Auftrag und ließ 1914 *Britannic* mit 48 158 BRT folgen.

Albert Ballin, der jetzt die Hapag leitete, antwortete in den Jahren 1913/14 mit drei noch

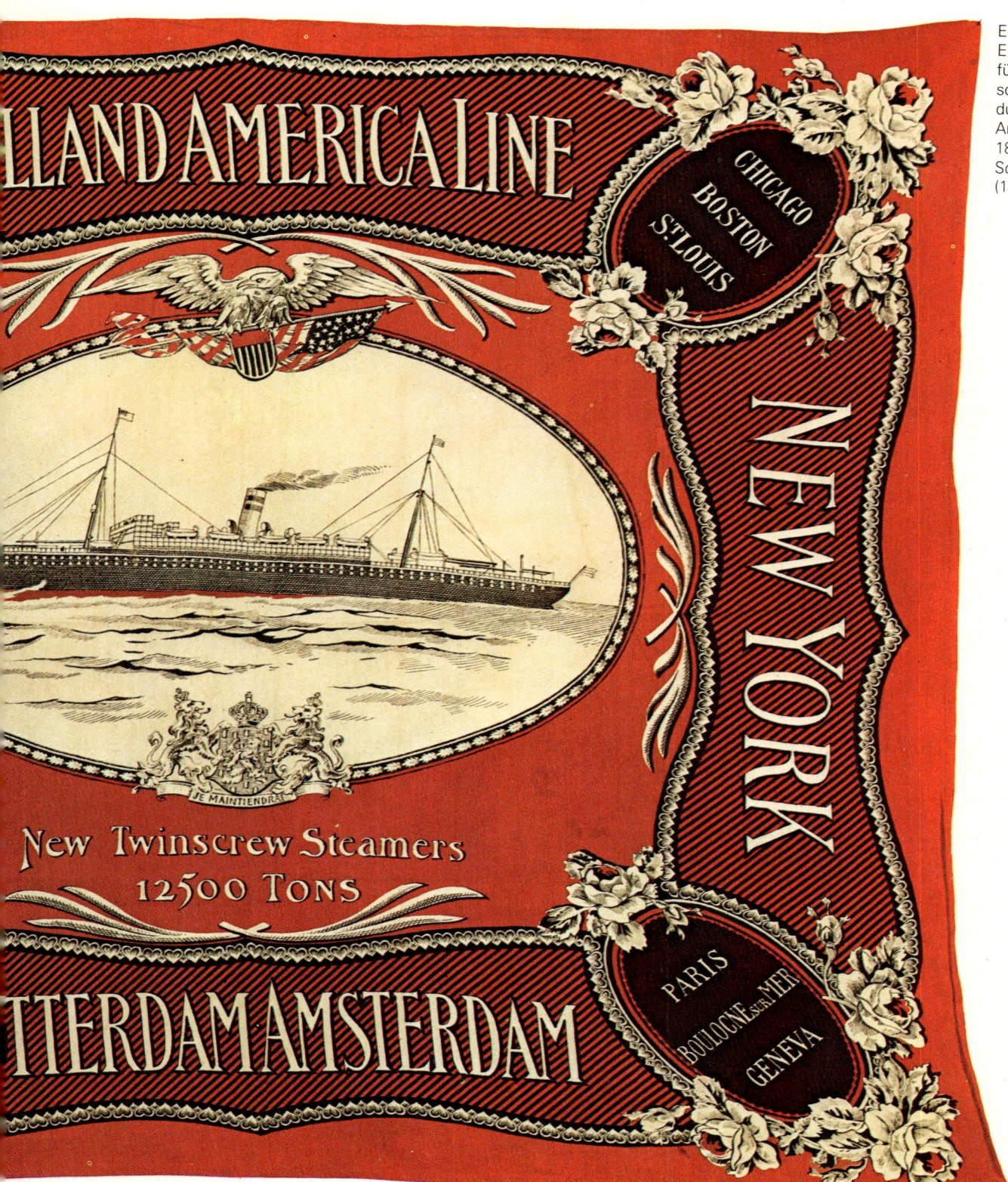

Ein Taschentuch zur Erinnerung an die Einführung von Doppelschraubendampfern durch die Holland-Amerika-Linie im Jahre 1898; das abgebildete Schiff ist die *Potsdam* (12 606 BRT).

Der Bau der *Imperator* im Jahre 1912 in Hamburg. Das Ruder des 52 117 BRT großen Schiffs türmt sich über der Helling auf.

Parsons' *Turbinia*, das revolutionäre Boot mit Dampfturbinenantrieb

Unten: Die *Turbinia* neben der eleganten *Mauretania*, die die britischen Bemühungen um die Vorherrschaft im Passagierverkehr auf dem Nordatlantik viele Jahre lang anführte

größeren Schiffen. *Imperator* (52 117 BRT), *Vaterland* (54 282 BRT) und *Bismarck* (56 551 BRT) sollten 25 Jahre lange die größten Schiffe der Welt bleiben. Nach dem Ersten Weltkrieg mußten sie als Reparationen an die Siegermächte abgetreten werden und liefen als *Berengaria* (Cunard), *Leviathan* (United States-Linie) und *Majestic* (White Star). Die Weltwirtschaftskrise nach dem Ersten Weltkrieg ließ zwar die Passagierzahlen im Nordatlantikverkehr zurückgehen, hinderte aber nicht am Bau von Ozeanriesen. Deutschland baute 1928 *Europa* (49 746 BRT) und *Bremen* (51 656 BRT), Italien im Jahre 1931 *Rex* (51 062 BRT) und *Conte di Savoia* (48 502 BRT).

Die 30er Jahre erlebten dann den Höhepunkt der Ozeanriesen. Einhundert Jahre nach den ersten Fahrten von Cunard-Schiffen fusionierten Cunard und die kränkelnde White Star-Linie. Cunard baute dann die riesige *Queen Mary*, die es mit der gleich großen *Normandie*, dem Stolz der französischen C.G.T. aufnehmen sollte. *Normandie* wurde im Mai 1935 in Dienst gestellt, *Queen Mary* folgte ein Jahr später. *Queen Elizabeth* (83 673 BRT), die bei John Brown & Co. am 27. September 1938 vom Stapel lief, überholte beide in der Größe.

In einem knappen Jahrhundert waren die Ozeandampfer von den 1300 BRT der *Great Western* zu den 83 000 BRT der *Queen Elizabeth* gewachsen. Die Überfahrt nach New York war von mehr als zwei Wochen auf weniger als vier Tage abgekürzt, und die großen Schiffe waren Symbole nationaler Überlegenheit und nationalen Stolzes geworden. Damals konnten sich nur wenige Menschen vorstellen, daß das Zeitalter der Ozeanriesen, das mit *Mauretania* begonnen und in *Queen Elizabeth* seinen letzten Ausdruck gefunden hatte, nur noch 30 Jahre vor sich haben sollte. □

Kapitel II

HEISS FLAGGE!

Die Geschichte der großen Passagierschiffe

Ausschnitt eines Werbeplakats mit der dritten *Statendam* von 1927.

An der Wende des 19. zum 20. Jahrhundert wurde die junge nordamerikanische Republik volljährig und nahm ihren Platz als eine der mächtigsten und wirtschaftlich blühendsten Nationen ein. Der lange Marsch nach Westen war vorüber, die blutige Qual des Sezessionskrieges lag vierzig Jahre zurück, und der Reichtum des industrialisierten Nordens wurde von den Eisenbahnen in alle Himmelsrichtungen des amerikanischen Kontinents getragen. Die beispiellose wirtschaftliche Expansion der USA zwischen 1865 und 1900 rief einen unmittelbaren Mangel an Menschen hervor. Zur gleichen Zeit veranlaßten gesellschaftliche Katastrophen wie die Hungersnot in Irland, Aufstände und Bürgerkriege auf dem Balkan und in Osteuropa sowie die Armut in den romanischen Ländern, insbesondere in Italien, einen Strom von Auswanderern, ihren Blick nach Westen zu richten und in die Neue Welt zu gehen.

Dieser riesige Emigrantenstrom brachte den auf dem Nordatlantik fahrenden Schiffahrtslinien Wohlstand, da auch in entgegengesetzter Richtung durch wohlhabende Amerikaner, die nach Europa reisen wollten, ein Bedarf an Luxusreisen entstand. So entwickelte sich auf dem Nordatlantik ein Passagierverkehr von vielen Millionen, der die Reedereien blühen und gedeihen ließ.

Gleichzeitig entwickelte sich auch das britische Weltreich, und auf den Routen durch das Mittelmeer und den Suezkanal nach Indien und den Fernen Osten wuchsen große Schiffahrtsgesellschaften heran. Auch nach Australien und Neuseeland lief der Verkehr durch den Indischen Ozean und über die riesigen Entfernungen des Pazifiks zu den rohstoffreichen Küsten Südamerikas. Die englische Expansion in Südafrika führte zu einer Passagierlinie durch den Südatlantik nach Kapstadt und weiteren Häfen.

In der zweiten Hälfte des 19. Jahrhunderts begannen auch Deutschland und Frankreich, ein Kolonialreich aufzubauen. Die deutschen Interessen in Zentral- und Ostafrika und die großen Wirtschafts- und Handelsbeziehungen in Südamerika führten zur Gründung deutscher Schiffahrtslinien, die zu den Küsten jener Kontinente liefen. Auch Frankreich war stark am Verkehr nach Südamerika beteiligt. Daneben traten beide europäischen Großmächte mit England in den Wettbewerb um die Vorherrschaft auf dem Nordatlantik ein.

Das rasche Wachstum der großen Passagierschiffreedereien des Nordatlantiks während des 19. Jahrhunderts war vor allem auf die vielen Europäer zurückzuführen, die nach Nordamerika auswandern wollten. Hier stellt sich eine Gruppe osteuropäischer Auswanderer auf einem Schiff der Holland-Amerika-Linie dem Fotografen, während andere (Bildeinsatz links oben) vor dem Büro der Cunard-Linie in Triest warten.

So entstand durch die Gewinne der ersten Jahre, in denen die Entwicklung der Dampfschiffe von Jahr zu Jahr fortschritt, in Europa eine Reihe von großen Reedereien, deren Wohlstand für die Stärke der jeweiligen nationalen Wirtschaft von erheblicher Bedeutung war. Fast alle europäischen Regierungen waren darauf bedacht, das Ansehen ihrer großen nationalen Schiffahrtsgesellschaften zu hegen und zu pflegen. Der Zusammenbruch einer Reederei konnte schwerste Folgen für die Börsen haben und zu Wirtschaftskrisen und Arbeitslosigkeit führen.

Die Cunard Steamship Company war die älteste Nordatlantiklinie. Wie bereits dargestellt, wurde dieses berühmte Unternehmen durch Samuel Cunard im Jahre 1839 als die British and North American Royal Mail Steam Packet Company gegründet. Sam Cunard erlernte sein kaufmännisches Geschick in der von seinem Vater in Halifax gegründeten Gesellschaft. Er besuchte zunächst in Halifax das Gymnasium und arbeitete später drei Jahre im Büro eines Bostoner Schiffsmaklers. Im Alter von 25 Jahren betrieb er schon eigene Schiffe, und der Firma Abraham Cunard & Sohn gehörten rund vierzig Fahrzeuge. Zur Gründung der Cunard Steamship Line bedurfte es nur noch eines kleinen Schrittes. Ein Freund beschrieb ihn als einen strahlenden, straffen kleinen Mann mit wachem Blick, schmalen Lippen und freundlichen Umgangsformen. Neben der Leitung seiner Gesellschaft nahm er auch noch die Aufgaben eines Beauftragten für die Leuchtfeuer und eines Abgeordneten im Parlament von Neuschottland wahr. Außerdem war er in einigen Wohlfahrtsvereinigungen tätig. Sein Einzug in das Geschäftsleben Englands war gleichermaßen erfolgreich, und in späteren Jahren war er mit mehreren Premierministern befreundet. Als er starb, war aus dem Knaben, der seine ersten Geschäfte in den Straßen von Halifax gemacht hatte, der von der dankbaren Königin Victoria geadelte Beherrscher eines riesigen Schiffahrtsimperiums geworden. Samuel Cunard hinterließ ein Vermögen von mehr als 600 000 Pfund Sterling.

Cunard und seine Gesellschafter hatten sofort Erfolg, und ihr Postbeförderungsvertrag wurde 1846 verlängert. Vier Jahre später sahen sie sich ernsthafter Konkurrenz gegenüber, als die amerikanische Collins-Linie ihren Verkehr von New York aus aufnahm. Es kam eine Zeitlang zu einem erbitterten Wettbewerb. Die

Samuel Cunard aus Neuschottland gründete 1839 die berühmteste aller großen Dampfschifflinien. Zu den Schiffen seiner Gesellschaft gehörten die größten und elegantesten, die jemals den Atlantik überquerten, wie z. B. die hier gezeigte *Aquitania* von 1914.

Die charakteristische rote Schornsteinfarbe der Cunard-Liner wurde ursprünglich von der Gesellschaft als Rostschutzfarbe verwandt.

Cunard-Schiffe liefen nun auch ab New York statt ab Boston, wurden jedoch durch ihre größeren und schnelleren amerikanischen Konkurrenten deklassiert. Die Collins-Linie kann man als eine der unglücklichsten Gesellschaften ansehen, die sich jemals mit dem Passagierverkehr auf dem Nordatlantik befaßte. E. K. Collins gründete die Linie im Jahre 1846. Er war der Meinung, Amerika müsse in der Welt des Dampfschiffs den gleichen Rang einnehmen, den es mit seinen zu Recht berühmten Schnellseglern, den Klippern, erreicht hatte. Collins suchte deshalb beim Kongreß um Hilfsgelder für eine Dampfschiffsgesellschaft nach, die zwischen New York und Liverpool einen Dienst unter amerikanischer Flagge betreiben sollte. Seine Vorstellungen fanden die Billigung des Kongresses. Collins ließ daraufhin die *Atlantic, Arctic, Baltic* und *Pacific* bauen, vier großartige Dampfer mit hölzernen Rümpfen von je 2860 BRT und einer Länge von 86 Metern.

Gegenüber den Cunardern bedeuteten diese Dampfer einen erheblichen Fortschritt. Als erste hatten sie besondere Rauchsalons, Badezimmer und Frisiersalons. *Atlantic* scheint auch als erster Ozeandampfer einen Maschinenraumtelegraphen für die Verbindung zwischen Brücke und Maschinenraum gehabt zu haben. Gegenüber den bis dahin verwandten, ziemlich unwirksamen Sprachrohren war dies ein wesentlicher Fortschritt. Viele Kapitäne hatten sie nicht benutzt, sondern einen Schiffsjungen in Hörweite der Brücke aufgestellt, der die Befehle durch das Oberlicht des Maschinenraums zu rufen hatte. Eine weitere attraktive Neuerung war der Einbau einer Dampfheizung. Außerdem gab es sogar in den Räumen der Zwischendeckpassagiere heißes Wasser. Dennoch sollten weitere 20 Jahre vergehen, bevor die französische C.G.T. als erste Gesellschaft fließendes Wasser für alle Kabinen einführte. Damit endete auch das frühmorgendliche Ritual, bei dem die Kabinenstewards in langen Reihen an der Leeseite des Schiffes standen und die Nachttöpfe feierlich in die See leerten.

Die Collins-Linie eröffnete ihren Dienst im April 1849, und die *Atlantic* und ihre Schwestern zogen viele Passagiere von Cunard ab. Sie warfen jedoch nie Gewinne ab, und Samuel Cunard selbst erklärte unter Hinweis auf ihre kostspielige Ausrüstung, sie versuchten »die Fenster von Cunard mit Goldstücken einzuwerfen«. Im September 1854 erhielt die Collins-Linie den ersten Schlag, der zu ihrem Untergang führte. *Arctic* kollidierte im Nebel der Neufundland-Bank mit dem französischen Dampfer *Vesta* und sank unter Verlust von 322 Menschen, unter denen auch Collins' Ehefrau, Sohn und Tochter waren. Weniger als zwei Jahre später kam der nächste Schlag, als die *Pacific* am 29. Juni 1856 aus Liverpool auslief und auf See verschwand. Der ungebrochene Collins ließ 1857 ein größeres Schiff bauen. Die *Adriatic* hatte 3670 BRT und war gegenüber den früheren Schiffen der Gesellschaft ein großer Fortschritt. Sie war jedoch so teuer, daß sich in der amerikanischen Regierung Widerstand regte, der zu einer plötzlichen Streichung der Subventionen und damit zum Zusammenbruch der Collins-Linie im Januar 1858 führte. Sie hatte einen kühnen Versuch unternommen, Cunard zu schlagen. Nach ihr gab es für 60 Jahre keine bedeutende amerikanische Dampfschiffslinie, bis in den 20er Jahren unseres Jahrhunderts die United States-Linie gegründet wurde.

Die Geschäfte der Cunard entwickelten sich weiterhin günstig. Bis zum Ende des 19. Jahrhunderts, als Deutschland mit einer Reihe großartiger Ozeandampfer hervortrat, hatte die Gesellschaft keine echte Konkurrenz. Dann aber kam die Wende. Die meisten Schiffe der Cunard waren veraltet, die Gesellschaft verfügte jedoch nicht über die finanziellen Reserven, um die Schiffe zu bauen, mit denen man den Deutschen entgegentreten konnte. So kam es zu den Verhandlungen der Jahre 1901/02, die zu Subventionen der britischen Regierung und zum Bau der *Mauretania* und *Lusitania* führten. Von da an wuchs die Cunard-Linie wieder gewaltig. Schon 1903 hatte sie sich mit

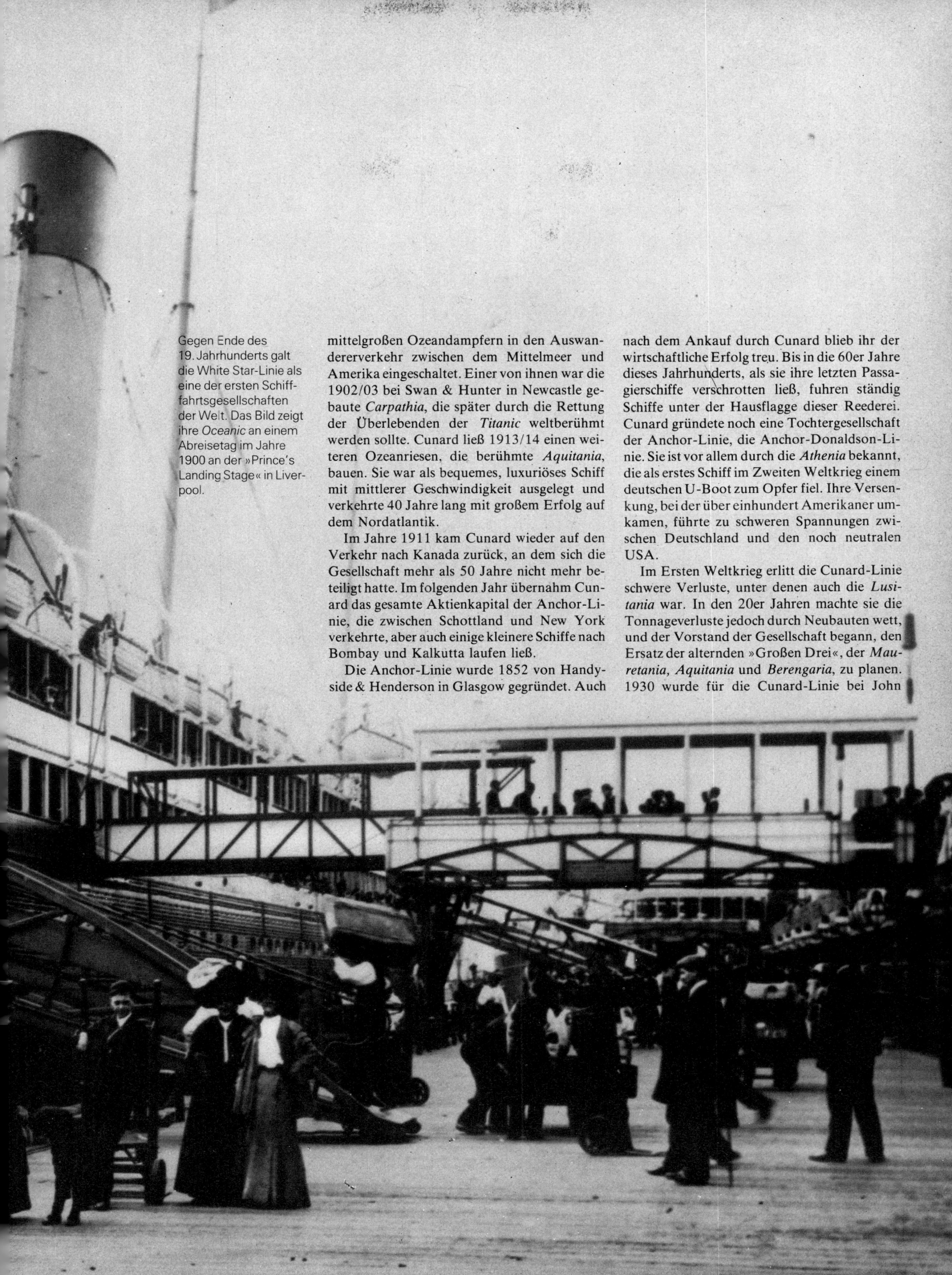

Gegen Ende des 19. Jahrhunderts galt die White Star-Linie als eine der ersten Schiffahrtsgesellschaften der Welt. Das Bild zeigt ihre *Oceanic* an einem Abreisetag im Jahre 1900 an der »Prince's Landing Stage« in Liverpool.

mittelgroßen Ozeandampfern in den Auswandererverkehr zwischen dem Mittelmeer und Amerika eingeschaltet. Einer von ihnen war die 1902/03 bei Swan & Hunter in Newcastle gebaute *Carpathia*, die später durch die Rettung der Überlebenden der *Titanic* weltberühmt werden sollte. Cunard ließ 1913/14 einen weiteren Ozeanriesen, die berühmte *Aquitania*, bauen. Sie war als bequemes, luxuriöses Schiff mit mittlerer Geschwindigkeit ausgelegt und verkehrte 40 Jahre lang mit großem Erfolg auf dem Nordatlantik.

Im Jahre 1911 kam Cunard wieder auf den Verkehr nach Kanada zurück, an dem sich die Gesellschaft mehr als 50 Jahre nicht mehr beteiligt hatte. Im folgenden Jahr übernahm Cunard das gesamte Aktienkapital der Anchor-Linie, die zwischen Schottland und New York verkehrte, aber auch einige kleinere Schiffe nach Bombay und Kalkutta laufen ließ.

Die Anchor-Linie wurde 1852 von Handyside & Henderson in Glasgow gegründet. Auch nach dem Ankauf durch Cunard blieb ihr der wirtschaftliche Erfolg treu. Bis in die 60er Jahre dieses Jahrhunderts, als sie ihre letzten Passagierschiffe verschrotten ließ, fuhren ständig Schiffe unter der Hausflagge dieser Reederei. Cunard gründete noch eine Tochtergesellschaft der Anchor-Linie, die Anchor-Donaldson-Linie. Sie ist vor allem durch die *Athenia* bekannt, die als erstes Schiff im Zweiten Weltkrieg einem deutschen U-Boot zum Opfer fiel. Ihre Versenkung, bei der über einhundert Amerikaner umkamen, führte zu schweren Spannungen zwischen Deutschland und den noch neutralen USA.

Im Ersten Weltkrieg erlitt die Cunard-Linie schwere Verluste, unter denen auch die *Lusitania* war. In den 20er Jahren machte sie die Tonnageverluste jedoch durch Neubauten wett, und der Vorstand der Gesellschaft begann, den Ersatz der alternden »Großen Drei«, der *Mauretania, Aquitania* und *Berengaria*, zu planen. 1930 wurde für die Cunard-Linie bei John

Die *Celtic* der White Star-Linie kam 1901 zu Wasser, um die Vorherrschaft der Reederei auf der Nordatlantik-Route zu festigen. Sie hatte jedoch nur die halbe Größe der riesigen *Olympic* (1910) und *Titanic* (1911), die hier bei Harland & Wolff in Belfast liegen, wo alle größeren Schiffe der White Star entstanden.

Brown & Co. am Clyde als Werft-Baunummer 534 ein 80000 BRT-Riese auf Stapel gelegt. Unmittelbar nach Baubeginn wurde auch Cunard von der Weltwirtschaftskrise getroffen. Sinkende Passagierzahlen und zurückgehende Frachten führten zu einem Baustopp und zur Entlassung tausender Werftarbeiter. Die Zukunft sah schwarz aus. Schließlich griff die britische Regierung ein und gab Hilfsgelder zum Weiterbau des neuen Schiffes, erzwang aber als Gegenleistung einen Zusammenschluß der Cunard mit der White Star-Linie, ihrer wichtigsten englischen Konkurrentin. Die Geschichte der White Star-Linie beginnt 1859, als Thomas Ismay in Liverpool die Oceanic Steam Navigation Company Ltd. gründete. Sie war ein neuer Trieb der White Star-Reederei, die Schnellsegler besaß. Der rote Wimpel mit dem weißen Stern, das Zeichen der alten Reederei, wurde auch von der neuen Gesellschaft als Hausflagge übernommen. So kam es, daß sie unter dem Namen White Star-Linie bekannt wurde, während sie offiziell Oceanic Steam Navigation hieß.

Thomas Ismay war gegen Ende des 19. Jahrhunderts Englands führender Schiffseigner. Seine kühnen Ideen und seine aggressive Geschäftspolitik machten die White Star zur mächtigsten englischen Schiffahrtsgesellschaft jener Tage. Jeder Schiffsneubau übertraf seinen Vorgänger in der Größe. Die White Star lief nicht nur nach Amerika, sondern auch nach Australien und Südafrika. Der Australiendienst begann im Jahre 1883, der Südafrikadienst folgte 15 Jahre später.

Ismay ließ 1899 die *Oceanic* (17272 BRT) vom Stapel laufen und setzte seine Baupolitik mit der noch größeren *Celtic* von 1901, dem ersten Schiff der sogenannten »Großen Vier«, der White Star, fort. Ismay erlebte indessen die Jungfernfahrt der *Celtic* nicht mehr. Er starb 1900, und zwei Jahre später kaufte der Morgan-Trust die White Star auf und machte sie zu einem Bestandteil der International Mercantile Marine Company. J. Pierpoint Morgan, ein amerikanischer Geldmann, hatte sich ein Imperium in der Stahlindustrie aufgebaut. Seit 1893 interessierte er sich für den Nordatlantikverkehr und versuchte eine Monopolstellung zu erreichen. Außer der White Star-Linie erwarb er die Leyland & Atlantic Transport Lines und schloß einen Kooperationsvertrag mit den beiden großen deutschen Gesellschaften, Hapag und Norddeutscher Lloyd, ab.

Mit amerikanischem Kapital im Rücken und dem Können der Werft von Harland & Wolff in Belfast (die White Star ging niemals zu einer anderen Werft) plante der neue Konzern zwei Ozeanriesen, die *Olympic* und ihre tragische Schwester *Titanic*. Die Schiffe der White Star blieben unter britischer Flagge und wurden von englischen Seeleuten bemannt. Im Jahre 1907 verlegte die Gesellschaft ihren Sitz von Liverpool nach Southampton. Die großen Tage des Nordatlantikverkehrs standen unmittelbar bevor. Die *Olympic* wurde 1911 von der Presse als das »Wunderschiff der Welt« begrüßt, eine sicher zutreffende Bezeichnung. Die *Titanic* folgte, und dann schlug das Schicksal zu. Der neue Ozeanriese kollidierte auf seiner Jungfernfahrt bei den Neufundland-Bänken in der Nacht vom 14./15. April 1912 mit einem Eisberg und sank mit einem Verlust von über 1500 Menschen. Unter den Überlebenden war Bruce Ismay, geschäftsführender Direktor der White Star und Sohn ihres Gründers. Er sah sich schwerer Kritik ausgesetzt, weil er sich in ein Rettungsboot begab, während viele Passagiere zurückbleiben mußten. Von den Auswirkungen des Unglücks erholte er sich nicht mehr. Noch im gleichen Jahr trat er von seinem Amt zurück und lebte künftig wie ein Einsiedler abseits des öffentlichen Lebens.

Nach der *Titanic*-Katastrophe wurde die White Star nie wieder die alte. Während des Ersten Weltkriegs verlor sie ein weiteres großes Schiff, die 1914 vom Stapel gelaufene *Britannic*. Zwar erhielt sie die riesige *Majestic* (die ehemals deutsche Bismarck), die an die Siegermächte abgeliefert werden mußte, doch ging das Geschäft immer weiter zurück. Im Jahre 1927 ging die Gesellschaft wieder in englisches Eigentum über, machte jedoch weiterhin finanzielle Krisen durch. Diese Schwierigkeiten führten auch zur Stornierung der dritten *Oceanic*, eines geplanten Motorschiffs von 60 000 BRT. Der Kiel für dieses Schiff wurde 1928 bei Harland & Wolff in Belfast gelegt, doch gingen die Arbeiten bis zum Widerruf des Auftrags im Jahre 1930 nur schleppend voran. Die dritte *Oceanic* sollte ein bemerkenswertes Schiff mit 3 Schornsteinen und 24 Dieselmotoren, deren jeder auf einen Generator wirkte, sowie Vierschraubenantrieb werden.

Die Weltwirtschaftskrise traf die White Star besonders hart, und 1933 verkehrten nur noch vier Schiffe nach New York und ein fünftes nach Kanada. Unter dem Druck der britischen Re-

Der geniale Vorsitzende der Hamburg-Amerika-Linie, Albert Ballin, verläßt die *Imperator* (1912). Dieses Schiff krönte Ballins Bemühungen, auch auf See höchsten Luxus zu bieten.

gierung kam es dann zur Verschmelzung mit der Cunard-Linie. Als Gegenleistung stellte die Regierung die zum Weiterbau der Werftnummer 534 der Cunard erforderlichen Mittel bereit.

Die Cunard White Star Line Ltd., wie die neue Gesellschaft hieß, begann ihre Geschäftstätigkeit mit dem 1. Januar 1934. Der größte Teil der White Star-Tonnage wurde verkauft, und man konzentrierte sich ganz auf den Fertigbau der *Queen Mary* (Werft-Nr. 534), die 1936 abgeliefert wurde. Ihr folgte *Queen Elizabeth,* deren Indienststellung zum 100jährigen Firmenjubiläum im Jahre 1940 geplant war. Daneben ließ Cunard einen weiteren großen Passagierdampfer, die zweite *Mauretania,* bauen, die 1938 vom Stapel lief.

Der Ausbruch des Zweiten Weltkriegs führte zur Absage der Jungfernfahrt der *Queen Elizabeth*. Erst 1947 wurde der Traum der Cunard-Linie, einen wöchentlichen Dienst mit zwei 80 000-BRT-Riesen zu unterhalten, Wirklichkeit. In den unmittelbaren Nachkriegsjahren entwickelte sich dieser Dienst sehr günstig, so daß die Gesellschaft das ihr zum Bau der »Queens« gewährte Regierungsdarlehen voll zurückzahlen konnte. Ende der 50er Jahre begann jedoch der Luftverkehr die Nordatlantik-Route zu beherrschen, und die großen Cunarder wurden nacheinander außer Dienst gestellt. Dennoch baute Cunard – erneut mit Unterstützung der englischen Regierung – die *Queen Elizabeth 2*, die 1968 in Dienst kam und heute das größte Passagierschiff der Welt ist. Die Cunard selbst wurde 1971 von der Trafalgar House, einer Finanzierungsgesellschaft, übernommen, die der alten Schiffahrtslinie neues Leben einhauchte. Heute konzentriert sich die Cunard auf ihre Frachtdienste, ihre drei Passagierschiffe werden vornehmlich im Kreuzfahrtgeschäft eingesetzt. Dennoch macht *Queen Elizabeth 2* jeden Sommer fahrplanmäßigen Dienst auf der Nordatlantik-Route und hält so die Cunard-Tradition aufrecht.

Während einer langen Zeit ihrer Geschichte sah sich die Cunard-Linie einem scharfen Wettbewerb mit beiden großen deutschen Reedereien ausgesetzt. Schon 1847 wurde, wie bereits ausgeführt, die Hapag, auch Hamburg-Amerika-Linie genannt, gegründet, um einen Segelschiffsdienst nach New York einzurichten. 1856 wurde das erste Dampfschiff eingesetzt und seit dieser Zeit unterhielten Hapag-Schiffe einen Passagierdienst von Europa nach New York, der lediglich von den beiden Weltkriegen unterbrochen wurde. Die Hapag brachte einige der weltbesten Schiffe heraus. Sie verdankt ihre Erfolge vor allem Albert Ballin, der 1880 Vorstandsvorsitzender wurde. Was den Betrieb von Passagierschiffen anging, war Albert Ballin ein Genie. Er hatte ein Gespür für die Wünsche der Passagiere und zeichnete sich durch außergewöhnliche Tatkraft aus. Er sprach fließend Englisch und hatte ständigen Kontakt mit seinen Konkurrenten von den englischen Schiffahrtsgesellschaften. Wenn Ballin auf einem seiner Schiffe reiste, legte er sein Notizbuch kaum aus der Hand. Er notierte sich Einzelheiten wie den Druck der Passagierlisten, die Qualität des Frühstückstoasts, schmutzige Bettlaken, den Zustand der Spielkarten im Rauchsalon und das harte Kissen in seiner Kabine. Kein Detail war so unbedeutend, daß es seiner Aufmerksamkeit entging, und entsprechend verbesserte sich der Service an Bord seiner Passagierschiffe. Er leitete 1887 den Bau großer Schnelldampfer ein, um dadurch das Abwandern von Passagieren zum Norddeutschen Lloyd zu beenden. Ballins neue Schiffe kamen 1889 in Dienst. *Columbia* und *Auguste Victoria* waren sofort erfolgreich und gehörten zu den schönsten Schiffen ihrer Zeit. Weit mehr als jeder andere Reeder sah Ballin die Möglichkeiten voraus, auch auf See Luxus zu bieten. Er war der erste, der besondere Innenarchitekten und Küchenchefs auf seinen Schiffen beschäftigte. Kaiser Wilhelm II. war sein Gönner und Freund, und Ballin verstand die Kunst, mit dem launischen jungen Monarchen umzugehen, um die ihn selbst Bismarck beneidete.

1900 war die Hapag ein starkes Unternehmen geworden, das Liniendienste in fast alle Teile der Welt betrieb. Damals ließ Ballin seine *Deutschland* von 16 502 BRT bauen. Seine Gesellschaft besaß die damals weltgrößte Flotte von Handelsschiffen und bekam nun auch das schnellste Schiff. Die *Deutschland* gewann das »Blaue Band« und war für die Hapag sehr werbewirksam, erwies sich jedoch im Betrieb als sehr kostspielig. Dies überzeugte Ballin davon, daß die Zukunft des Passagierverkehrs nicht bei den schnellen, sondern bei den großen Schiffen liege. Nach der Übereinkunft mit dem Morgan-Trust, durch die Ballin die Unabhängigkeit seiner Gesellschaft bewahrt hatte, richtete sich seine Baupolitik auf große, bequeme, aber verhältnismäßig langsame Schiffe, da er Cunard und ihre *Mauretania* nicht herausfordern

Die Innenausstattung des Eßsaals erster Klasse auf einem der Schiffe Ballins, der *Auguste Victoria* (1888), das auf dem unteren Bild die Freiheitsstatue in New York passiert

wollte. Das Ergebnis war die 1912 vom Stapel gelaufene *Imperator*, ein Monster von 52 117 BRT, die als erstes großes deutsches Schiff Turbinenantrieb erhielt. Auf *Imperator* folgte 1914 die noch größere Halbschwester *Vaterland*. Beide Schiffe hatten eine wunderbare Inneneinrichtung, auf die Ballin zu Recht stolz sein konnte. Ein drittes Schiff, die *Bismarck* mit 56 551 BRT, wurde durch den Ausbruch des Ersten Weltkriegs im Sommer 1914 nicht mehr fertig.

Der Erste Weltkrieg vernichtete die deutsche Handelsflotte nahezu völlig, und die Hapag litt wie alle übrigen Reedereien. Unfähig, dem drohenden Verlust seiner Ozeanriesen entgegenzusehen, der mit der deutschen Niederlage nahte, beging Ballin 1918 Selbstmord. Als die Hapag in den 20er Jahren das Rennen wiederaufnahm, baute sie mittelgroße Passagierschiffe mit großer Frachtkapazität. Das erste Schiff erhielt den angemessenen Namen *Albert Ballin* und machte 1923 seine Jungfernfahrt nach New York. Es war mit 20 815 BRT weniger als halb so groß wie seine unmittelbaren Vorgänger und erhielt noch drei Schwesterschiffe. Schon im Jahre 1929 war die Hapag wieder der größte Handelsschiffeigner der Welt. Erst 1940 lief jedoch für sie bei Blohm & Voss in Hamburg mit der *Vaterland* (Bau-Nr. 523) ein neuer Ozeanriese von Stapel, der infolge der Kriegsereignisse dann nicht mehr fertiggestellt wurde. Mit dem Zweiten Weltkrieg wiederholte sich die Geschichte, und die Hapag verlor erneut ihre gesamte Flotte. Der Wiederaufbau nach dem Kriege beschränkte sich auf den Bau von Frachtschiffen mit nur wenigen Kabinenplätzen. Schließlich schlossen sich Hapag und Norddeutscher Lloyd zur heutigen Gesellschaft Hapag-Lloyd AG zusammen.

Der Norddeutsche Lloyd wurde 1857 von Hermann Henrich Meier, einem einflußreichen Bremer Kaufmann, gegründet. Als erstes Schiff der neuen Reederei für den Atlantikverkehr wurde die *Bremen*, ein Einschraubenschiff von 2674 BRT, in Schottland am Clyde gebaut. Die Gesellschaft war erfolgreich und betrieb im Jahre 1887 schon Linien in die Karibik, nach Brasilien und Argentinien. Mit wachsender Größe ihrer Schiffe mußte sie ihren Sitz weserabwärts nach Bremerhaven verlegen, zur gleichen Zeit erwarb sie in Hoboken (New York) eine eigene Kaianlage.

Auch der Norddeutsche Lloyd erlitt im 19. Jahrhundert mehrere Katastrophen. Es scheint

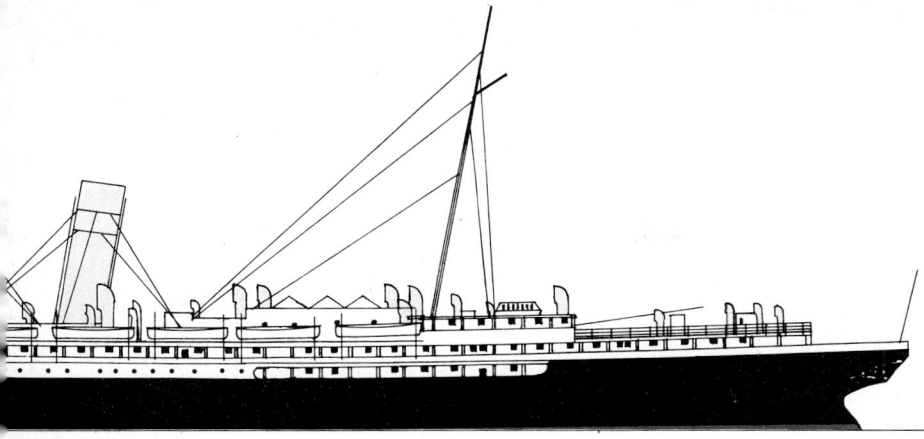

Ballins Versuche, mit dem Norddeutschen Lloyd im Rennen um die schnellste Atlantiküberquerung zu konkurrieren, waren zu keiner Zeit völlig erfolgreich. Zwar errang die *Deutschland* von 1900 auf ihrer Jungfernfahrt das »Blaue Band«, sie litt jedoch während ihrer ganzen Dienstzeit ständig unter Störungen der Maschinenanlage. Der große Eßsaal der *Deutschland* zeigt nochmals die für alle Schiffe Ballins kennzeichnende Vorliebe für Prunk und Luxus.

Ein frühes Werbeplakat für den Liniendienst des Norddeutschen Lloyd zwischen Bremen und New York. H. H. Meier, ein wohlhabender Kaufmann aus Bremen, gründete diese Gesellschaft. Unten: die *Kaiser Wilhelm der Große* in New York. Von den Angelsachsen auch »Rolling Billy« genannt, sicherte sie dem Norddeutschen Lloyd den ersten Platz auf dem Nordatlantik, bis die Cunard-Linie im Jahre 1907 die *Mauretania* in Dienst stellte.

überhaupt, daß Cunard als einzige aller Gesellschaften, die Wegbereiter des Nordatlantikverkehrs waren, von schweren Unglücksfällen verschont blieb. Im Jahre 1875 strandete die *Deutschland,* die sich im Nebel durch den Kanal tastete, auf den Goodwin Sands und ging verloren. Weitere Verluste waren *Condor, Hansa* und *Mosel.* 1892 strandete die *Eider* an der Isle of Wight. Es sollte jedoch noch schlimmer kommen. *Elbe* sank nach einer Kollision in der Nordsee mit einem Verlust von 335 Menschenleben. Im Juni 1900 zerstörte ein verheerendes Feuer die NDL-Kaianlagen in New York und beschädigte die Dampfer *Bremen, Main* und *Saale.*

Das Flaggschiff der Gesellschaft, die herrliche *Kaiser Wilhelm der Große* von 1897, konnte freigeschleppt und vor dem Ausbrennen bewahrt werden. Dieses Schiff gab mit seinen Schwestern dem Norddeutschen Lloyd die Herrschaft über den Nordatlantik, bis die Cunardlinie im Jahre 1907 die *Mauretania* in Dienst stellte.

Im Jahre 1902 trat der Norddeutsche Lloyd in enge Beziehungen zum Morgan-Konzern, behielt jedoch seine Selbständigkeit. An der Spitze der Gesellschaft stand damals Dr. Wiegand. Anders als Ballin setzte Dr. Wiegand sein Vertrauen in schnelle Schiffe und lehnte übergroße Passagierdampfer ab. Er ließ deshalb Schiffe mittlerer Größe bauen. Das größte Schiff des Norddeutschen Lloyd auf der Linie Bremen–New York war vor dem Ersten Weltkrieg die *George Washington* mit 25 570 BRT. Bis zur Indienststellung der *Columbus* nach dem Kriege blieb *George Washington* der größte Lloyd-Dampfer. Dr. Wiegand starb im März 1909, sein Nachfolger war Philipp Heineken. Wie alle anderen deutschen Reedereien verlor der Norddeutsche Lloyd alle seine Schiffe durch den Krieg und seine Folgen und mußte sich in den 20er Jahren an den Wiederaufbau machen. Nach dem Bau der *Columbus*, eines gelungenen Passagierdampfers von 32 354 BRT, brachte der Lloyd eine Reihe kleinerer Schiffe heraus. Im Jahre 1929 trat der Norddeutsche Lloyd jedoch wieder in den Kampf um das »Blaue Band« ein und stellte den Ozeanriesen *Bremen* in Dienst, dem ein Jahr später die Halbschwester *Europa* folgte.

Diese beiden wundervollen Schiffe stachen bis zum Ausbruch des Zweiten Weltkriegs auf dem Nordatlantik hervor. Bis 1933 hielten sie das »Blaue Band«, verloren es dann jedoch an die italienische *Rex*. Dennoch muß man *Bremen* und *Europa* zu den sechs bis sieben besten Ozeandampfern zählen, die je gebaut worden sind.

Bremen ging während des Krieges durch Feuer verloren. *Europa* geriet zunächst in amerikanische Hände, wurde jedoch 1946 Frankreich zugesprochen und in *Liberté* umbenannt. Abermals war der Norddeutsche Lloyd gezwungen, seine Passagierschiffsflotte wieder aufzubauen. Hierzu bediente man sich alter schwedischer Tonnage; die 1955 in Dienst gestellte *Berlin* war 1924 als *Gripsholm* von Stapel gelaufen. Dann wurde die ursprünglich für den Südamerikaverkehr gebaute große franzö-

Die *Columbus* (32 565 BRT) des Norddeutschen Lloyd von 1923 (das Bild zeigt ihren Salon erster Klasse) erhielt zur Steigerung der Geschwindigkeit 1929 Getriebeturbinen, um gemeinsam mit den Superschiffen *Bremen* und *Europa* eingesetzt werden zu können.

Rechts: Ein Plakat zum fünfzigjährigen Bestehen des Norddeutschen Lloyd im Jahre 1907

sische *Pasteur* angekauft. In *Bremen* umbenannt, wurde sie zwischen Deutschland und Amerika eingesetzt. Später kam noch die in *Europa* umgetaufte ehemals schwedische *Kungsholm* hinzu. Sie ist noch heute im Einsatz, meist jedoch auf Kreuzfahrten. Im Jahre 1970 schlossen sich der Norddeutsche Lloyd und die Hapag zur Hapag-Lloyd AG zusammen.

Wie schon dargelegt, waren sowohl der Norddeutsche Lloyd als auch die Hapag im Passagierverkehr nach Südamerika engagiert. Die bedeutendste Passagierlinie dorthin war jedoch die Hamburg-Südamerikanische Dampfschiffahrts-Gesellschaft, kurz Hamburg-Süd genannt. 1871 gegründet, war sie 1914 die größte Gesellschaft im Südatlantik-Verkehr. In jenem Jahr stellte sie auch die *Cap Trafalgar* von 18 805 BRT in Dienst, die jedoch schon am 14. September 1914 nach einem erbitterten Gefecht mit dem zum Hilfskreuzer umgerüsteten englischen Ozeandampfer *Carmania* vor der Insel Trinidad unterging. Bis zum Ausbruch des Zweiten Weltkriegs betrieb die Hamburg-Süd auch das größte Schiff auf dem Südatlantik. Dies war die 27 560 BRT große *Cap Arcona*, ein eindrucksvoller Ozeanriese mit drei Schornsteinen. Sie ging noch am 3. Mai 1945 bei einem Angriff englischer Jagdbomber in der Lübecker Bucht verloren.

Auch viele englische Reedereien unterhielten Liniendienste nach Südamerika. Zu ihnen gehörte die Royal Mail Line, die die bei den englischen Kreuzfahrtanhängern nach dem Zweiten Weltkrieg so beliebte *Andes* von 25 689 BRT in Fahrt gebracht hatte, und die Pacific Steam Navigation Company, die einen Dienst entlang der Westküste nach Chile unterhielt. Weitere berühmte Linien im Südamerika-Verkehr waren die Blue Star Line, die Blue Funnel Line, die Booth Line und die Nelson Line. Der Ruhm, das größte Passagierschiff gebaut zu haben, das jemals nach Südamerika verkehrte, gebührt jedoch der französischen Compagnie de Navigation Sud-Atlantique.

Bremen

Das deutsche Superschiff

Wie alle deutschen Reedereien verlor der Norddeutsche Lloyd nach dem Ersten Weltkrieg seine großen Passagierschiffe. 1929 trat die Gesellschaft mit *Bremen* und *Europa,* die zu den sechs bis sieben je gebauten Spitzenschiffen zählen, erneut in den Kampf um das »Blaue Band« ein. Die langen, schnittigen Linien gaben der *Bremen* ein ganz neuartiges und modernes Aussehen, während ihre Innenausstattung die revolutionären Auffassungen deutscher Formgebung der zwanziger Jahre widerspiegelte.

Reichspräsident v. Hindenburg bei der Indienststellung der *Bremen* im Jahre 1929 in Bremerhaven

Der massige Rumpf der *Bremen* auf der Helling (links) und nach dem Stapellauf in seinem Element (rechts)

Das Katapultflugzeug der *Bremen* diente zum Transport der Eilpost nach New York, es wurde gestartet, wenn das Schiff in Flugreichweite der Küste war.

Die *Bremen* passiert auf ihrer Südamerika-Kreuzfahrt den Panamakanal. Man beachte die hohen Schornsteine, die verlängert werden mußten, um den Niederschlag von Rauchgasen auf den Decks zu unterbinden.

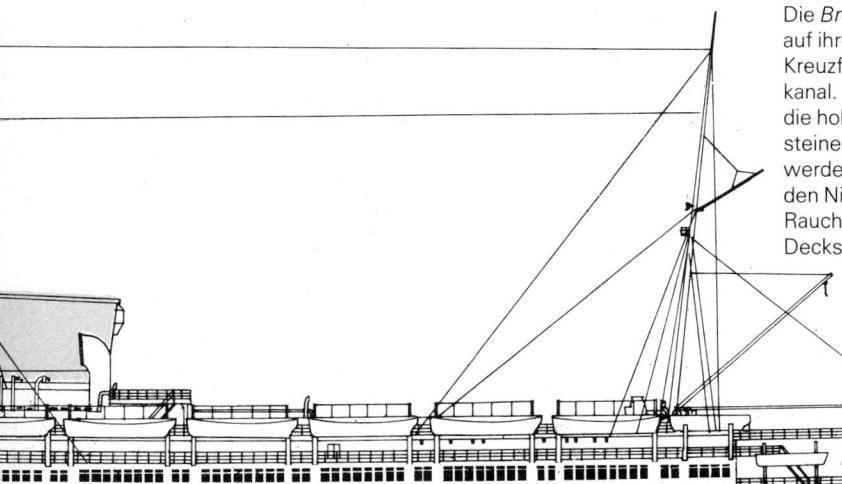

Die Compagnie Générale Transatlantique, kurz C. G. T. genannt, führte als erste Gesellschaft 1883 auf ihrer *Normandie,* hier in Le Havre liegend, regelrechte sanitäre Installationen ein. Die Reederei wurde 1855 von den Brüdern Emile und Isaac Pereire gegründet und entwickelte sich, wie dieses Plakat aus dem 19. Jahrhundert zeigt, zu einer der größten Gesellschaften.

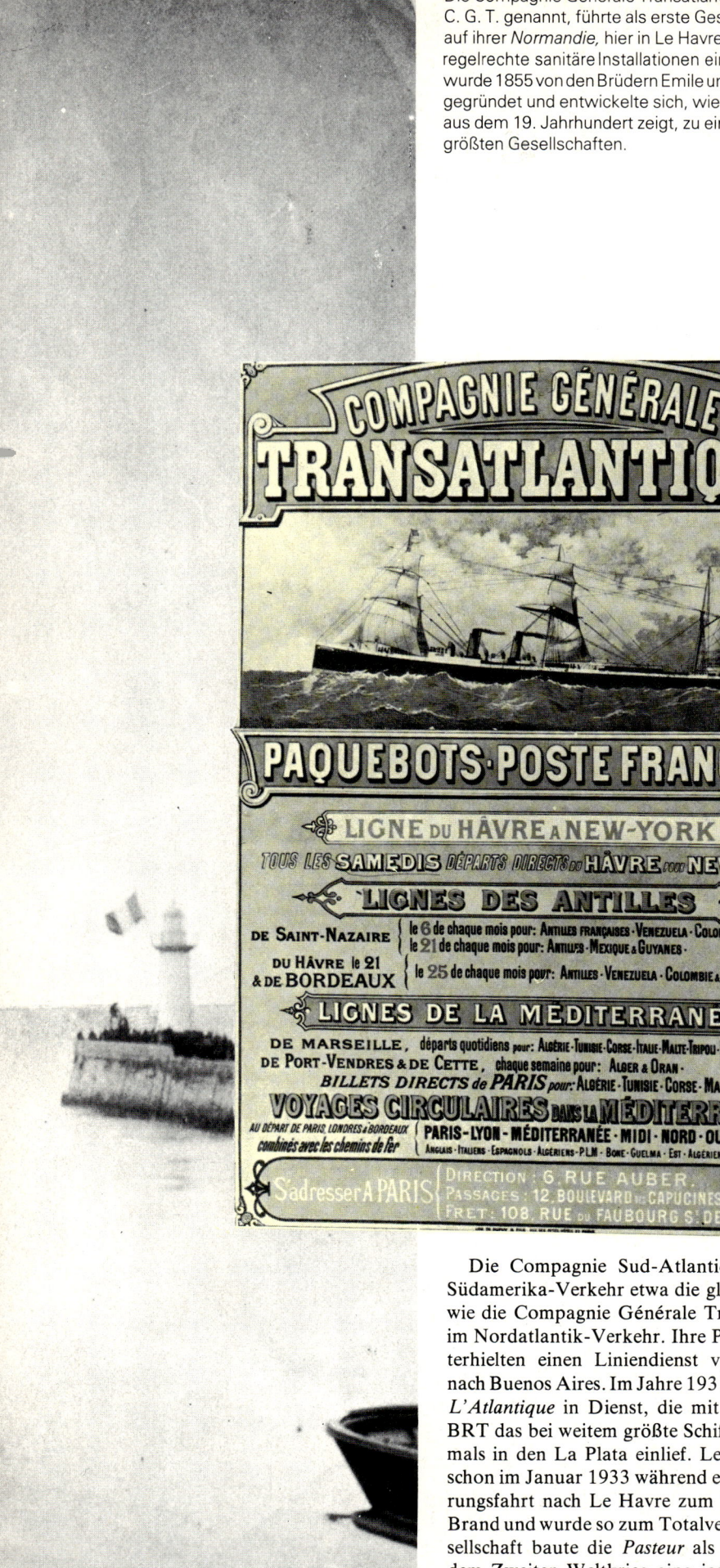

Die Compagnie Sud-Atlantique hatte im Südamerika-Verkehr etwa die gleiche Stellung wie die Compagnie Générale Transatlantique im Nordatlantik-Verkehr. Ihre Postschiffe unterhielten einen Liniendienst von Bordeaux nach Buenos Aires. Im Jahre 1931 stellte sie die *L'Atlantique* in Dienst, die mit ihren 42 512 BRT das bei weitem größte Schiff war, das jemals in den La Plata einlief. Leider geriet sie schon im Januar 1933 während einer Überführungsfahrt nach Le Havre zum Eindocken in Brand und wurde so zum Totalverlust. Die Gesellschaft baute die *Pasteur* als Ersatz. Nach dem Zweiten Weltkrieg ging jedoch der Verkehr auf dieser Linie stark zurück, und die *Pasteur* wurde nie in dem Dienst eingesetzt, für den sie gebaut worden war.

Die Compagnie Générale Transatlantique stand an Bedeutung kaum hinter den deutschen und englischen Gesellschaften zurück. Die den Reisenden in England und den USA als French Line bekannte Reederei wurde 1855 von den Brüdern Emile und Isaac Pereire gegründet. Sie fanden Unterstützung durch die französische Regierung, die von der im Krimkrieg von 1854 zutage getretenen Schwäche der eigenen Handelsflotte beunruhigt war. Schon 1861 unterhielt die Gesellschaft eine Flotte von 27 Schiffen. Zwar erlitt sie durch den deutsch-französischen Krieg 1870/71 Rückschläge, dennoch gehörte sie bereits 1885 zu den stärksten Gesellschaften im Nordatlantik-Verkehr. *La Normandie* hatte als erster Ozeandampfer ein sanitäres Installationssystem. Es folgte bis in die ersten Jahre des 20. Jahrhunderts eine Reihe mittelgroßer Passagierschiffe von hohem Ausrüstungsstandard. 1912 stellte die Gesellschaft ihren ersten Ozeanriesen, die 23 666 BRT große *France,* in Dienst, dessen luxuriöse Ausstattung ihn sofort zum Favoriten der Transatlantikreisenden machte.

Die *France* war der erste große Passagierdampfer mit Turbinenantrieb, der in Frankreich gebaut wurde. Sie lief in England regelmäßig Plymouth an.

Nach dem Ersten Weltkrieg brachte die C.G.T. 1921 die *Paris* heraus und ließ 1927 die glänzende *Île de France* folgen, einen der ewigen Lieblinge der Nordatlantik-Passagiere. *Île de France* war ein großartiges Schiff und gewann zu Recht einen hervorragenden Ruf. Erfahrene Reisende warteten oft eine ganze Woche, um mit ihr fahren zu können. Ihr Name ging sogar in die damaligen Schlager ein.

Die krönende Leistung dieser großen Gesellschaft kam 1935 mit der Indienststellung der *Normandie,* die in der Größe nur von *Queen Elizabeth* übertroffen wurde, das berühmte »Blaue Band« gewann und wahrscheinlich der hervorragendste Ozeanriese aller Zeiten war. Die *Normandie* zeichnete sich durch viele Neuerungen aus, und ihr tragischer Verlust durch ein Schadenfeuer in New York im Jahre 1942 gehört zu den größten gesellschaftlichen und wirtschaftlichen Katastrophen unserer Zeit.

Nach dem Ende des Zweiten Weltkriegs ließ die C.G.T. die *Île de France* modernisieren und übernahm die ehemals deutsche *Europa,* die in

Die *Paris* (34569 BRT) der C. G. T. von 1921 geht in See.

Rechte Seite: Die große Treppe der *Paris* zeigt Flair und Eleganz französischer Innenarchitektur.

Unten: Drei beliebte Schiffe der Nordatlantikstrecke im Jahre 1935 in Le Havre: *Paris*, *Île de France* und *Normandie* (von links nach rechts)

Liberté umgetauft wurde. Letztere war bis zur Indienststellung der *France* im Jahre 1961 das Flaggschiff der Gesellschaft. *France,* die eine würdige Nachfolgerin der *Normandie* war, wurde 1974 außer Dienst gestellt. Inzwischen hat die C.G.T. auch ihre Passagierdienste nach Mittel- und Südamerika und den Fernen Osten eingestellt und betreibt Fährverkehr im Mittelmeer und Frachtdienste.

Es ist eine merkwürdige Tatsache, daß während der frühen Jahre unseres Jahrhunderts, in denen sehr viel amerikanisches Kapital in die Passagierschiffahrt floß, keine große Gesellschaft unter der amerikanischen Flagge entstand. J. P. Morgan scheint als kluger Geschäftsmann stets damit zufrieden gewesen zu sein, Passagierverkehr durch europäische Gesellschaften zu betreiben, anstatt patriotische Gefühle dadurch zu verletzen, daß er seine Anteile an englischen Linien in amerikanische Schiffsregister übertragen ließ. Bei diesen Überlegungen war auch von Bedeutung, daß die Betriebskosten englischer und deutscher Schiffe unter denen amerikanischer lagen.

Wenn es auch auf dem Nordatlantik keine große amerikanische Reederei gab, wehten auf anderen Meeren die »Stars and Stripes« in den Toppen der Schiffe mehrerer stolzer Gesellschaften. Ein typisches Beispiel war die Matson Navigation Company in San Franzisko. Sie wurde von Kapitän William Matson gegründet, der schon eine Flotte von Segelschiffen zwischen

Links: Ein Werbeplakat von Cassandre, das den Liniendienst der C. G. T. nach New York ankündigt

Unten: Die *Normandie* am Kai in Le Havre; sie galt von ihrer Jungfernreise 1935 bis zu ihrem tragischen Ende im Jahre 1942 für viele als das beste Schiff der Welt.

Hawaii und dem amerikanischen Mutterland betrieb. Die neue Gesellschaft nahm den Verkehr im Jahre 1908 mit der *Lurline* auf, die als erstes Passagierschiff ihre Maschinenanlage am Heck hatte. Auf die 125,9 Meter lange *Lurline* folgte eine Reihe ähnlicher Schiffe, die alle den ockerfarbenen Schornstein mit blauem Topp und dem blauen »M« der Matson-Linie führten. Die Rumpffarbe wechselte mit der Indienststellung der 17 232 BRT großen *Malolo* im Jahre 1927 von Braun zu einem leuchtenden Weiß. Die *Malolo* läuft noch heute als *Queen Frederica* der griechischen Chandris-Gruppe.

Im Laufe ihrer Geschäftstätigkeit im Verkehr nach Hawaii, Polynesien und Australien übernahm die Matson-Linie mehrere Konkurrenzgesellschaften an der Westküste. Heute unterhält sie neben einer Flotte von Frachtern mit schwarzen Rümpfen die kleinen, aber luxuriösen Passagierdampfer *Mariposa* und *Monterey*, mit denen sie den Liniendienst nach Hawaii betreibt.

Zwei weitere berühmte amerikanische Gesellschaften vor dem Ersten Weltkrieg waren die Dollar Line (die spätere American President Lines Ltd.) im Nordpazifik und die Moore-McCormack Lines Inc., die von den Häfen der Ostküste nach Rio de Janeiro und zum La Plata lief. In den Nordatlantik-Verkehr kamen die Amerikaner jedoch erst nach dem Ersten Weltkrieg mit der Gründung der United States Lines im Jahre 1921 zurück.

Bei Kriegsende sah sich die amerikanische Regierung im Besitz einer großen Zahl ehemals deutscher Passagierdampfer, unter denen sich auch zwei frühere Gewinner des »Blauen Bandes« befanden. Die meisten dieser Schiffe waren in den Jahren nach 1917 als Truppentransporter im Einsatz und bedurften kostspieliger

Überholungen, um sie wieder für den Passagierverkehr brauchbar zu machen. Unter dieser unglücklichen Flotte war auch die *Amerika*, die *George Washington*, die *Kaiser Wilhelm II.*, die *Kronprinz Wilhelm* und die in *Leviathan* umgetaufte riesige *Vaterland*. Das United States Shipping Board, eine staatliche Behörde, verwaltete die Schiffe, und es war offensichtlich, daß kein privater Reeder über die erforderlichen finanziellen Mittel verfügte, um eine derart große Zahl alternder Passagierschiffe wieder in zivilen Einsatz zu bringen. In jedem anderen Land hätte man diese Schiffe ohne großes Aufheben verschrottet. Dies war jedoch das Amerika der zwanziger Jahre, dem noch die Erfahrung der Weltwirtschaftskrise fehlte. Irgend jemand hatte den Gedanken, daß für die USA jetzt die Zeit gekommen sei, eine eigene Flotte von Luxusdampfern auf dem Atlantik zu haben. So wurde die United States Line mit Hilfe großer staatlicher Unterstützung gegründet. Sie übernahm einige der größeren Schiffe, darunter auch die *Leviathan*. Die verbleibenden Schiffe legte man auf, um sie in einem neuen Krieg als Truppentransporter verwenden zu können.

Die Wiederherstellung der *Leviathan* als Passagierschiff erwies sich als ungeheure Aufgabe, die erst 1923 bewältigt war. Unbegrenzte Mittel und ein Arbeitsteam unter Leitung des glänzenden Konstrukteurs William Gibbs (der später die *United States* entwarf) ließen die *Leviathan* als ein nahezu neues Schiff wiedererstehen, das auf der Probefahrt 27 Knoten machte. Ihre Reeder erhofften sich große Dinge, als sie die *Leviathan* auf der Route New York–Southampton in Fahrt brachten. Das große Schiff wurde als »weltgrößtes« angekündigt. Diese Ehre wurde ihr durch die amerikanischen Vermessungsregeln zuteil, nach denen sie 59956 BRT hatte. Das zahlende Publikum wurde jedoch nicht darüber unterrichtet, daß die *Majestic* der White Star Line unter Anwendung dieser Regeln über 61000 BRT gehabt hätte.

Neben *Leviathan* kamen *George Washington* und *America* in Fahrt; die Reederei stellte jedoch fest, daß es nahezu unmöglich war, die Schiffe voll auszulasten, und sie erzielte nie Gewinne. Die Gründe waren unschwer zu finden. Es waren dies die Jahre der Prohibition in den Vereinigten Staaten, und die Bestimmungen des Vorsted-Gesetzes galten auch für amerika-

Die 1873 für die Inman- (später American-) Linie gebaute *Pennsylvania*

Die *Leviathan*, scherzhaft auch »Levi Nathan« genannt, war die grundüberholte deutsche *Vaterland,* die nach dem Ersten Weltkrieg als Reparation an Amerika abgeliefert werden mußte. Sie lief unter Regie des United States Shipping Board, einer staatlichen Behörde.

nische Schiffe auf hoher See. Sogar ausländische Schiffe hatten ihre Alkoholvorräte bei Erreichen der amerikanischen Zwölf-Meilen-Zone einzuschließen. Reguläre Reisende, die die Wahl hatten, mieden »trockene« Schiffe, und die amerikanischen litten entsprechend. Mitte der zwanziger Jahre erschwerten die amerikanischen Gesetze dann die Einwanderung in die USA, und daraus ergab sich ein weiterer Rückgang im Passagieraufkommen. 1929 hatte die amerikanische Regierung schließlich genug öffentliche Gelder durch die beiden Schornsteine der *Leviathan* (der dritte war ein blinder) verschwinden sehen und zog ihre Hilfsgelder zurück. Die Linie ging in die Hände von P. W. Chapman über, der die *Leviathan* durch zwei Schiffe von 45000 BRT ersetzen wollte. Diese Pläne wurden jedoch durch die Weltwirtschaftskrise durchkreuzt, und die Linie wechselte Ende 1930 erneut den Besitzer, als sie von der International Mercantile Group aufgekauft wurde. *Leviathan* wurde aufgelegt und 1937 auf Abbruch verkauft. Die United States Lines brachten statt dessen die kleineren, aber wirtschaftlicheren Passagierschiffe *Manhattan* und *Washington* in Fahrt, zwei Schiffe von 24000 BRT, die vor allem nach Aufhebung der Prohibition sehr beliebt wurden. Dies ermöglichte den Bau der *America* von 1939, des mit 26454 BRT bis dahin größten in Amerika gebauten Schiffs. Die *America* ist noch heute als *Australis* der bekannten griechischen Chandris-Gruppe in Dienst.

Der Zweite Weltkrieg lehrte die US Navy viele neue Dinge über den Einsatz großer Truppentransporter. Die Amerikaner waren von der Bedeutung der beiden Cunard-»Queens« für die alliierte Strategie beeindruckt. Sie transportierten einen großen Teil der amerikanischen Armee für das Unternehmen »Overlord« nach Europa, das zur Befreiung des europäischen Festlandes führte. Im übrigen verlangte auch das nationale Prestige, daß ein amerikanischer Herausforderer der »Queens« gebaut würde. Der amerikanische Stolz kam nie ganz über die Tatsache hinweg, daß die beiden großen Schwestern in England gebaut worden waren und England gehörten. Tatsächlich überquerten viele amerikanische Soldaten den Atlantik auf den »Queens« in dem festen Glauben, auf amerikanischen Schiffen unter amerikanischer Flagge zu reisen.

Als die United States Line 1950 eine staatliche Subvention von 48 Millionen Dollar für den Bau eines Ozeanriesen von 50000 BRT erhielt, spielten seestrategische Überlegungen in dem Entwurf von William Gibbs und seinen Mitarbeitern eine große Rolle. Das neue Schiff war sehr schnell (ihre tatsächlich mögliche Geschwindigkeit wurde aus Sicherheitsgründen geheimgehalten), was es durch die Eroberung des »Blauen Bandes« mit nahezu ganzen vier Knoten höherer Geschwindigkeit als *Queen Elizabeth* im Juli 1952 bewies. Dieser Schnelläufer war die *United States*, das Meisterstück William Gibbs und das schnellste jemals gebaute Passagierschiff.

United States und *America* liefen bis 1965 gemeinschaftlich. Dann zwang der Rückgang des Verkehrs zum Verkauf des kleineren Schiffs an die griechische Chandris-Gruppe. Diese ließ sie im Piräus umbauen und setzte sie ab 1965 im Um-die-Welt-Dienst von Europa aus ein. Die *United States* verkehrte mit staatlichen Subventionen weiter, bis diese im Jahre 1969 endeten und die United Staates Lines ihren Passagierdienst einstellten. Heutzutage betreibt die Reederei einen äußerst erfolgreichen Verkehr mit schnellen Containerschiffen zwischen Amerika und Europa.

Obwohl der größte Teil des Passagierverkehrs zwischen Europa und dem amerikanischen Kontinent über Häfen der Vereinigten Staaten lief, bestand dennoch immer ein beträchtlicher Verkehr zwischen Europa und Kanada. In diesem Zusammenhang müssen der große anglokanadische Konzern Canadian Pacific Railway Company und seine Tochtergesellschaft Canadian Pacific Steamships Ltd. erwähnt werden. Der erste transkontinentale Eisenbahnzug fuhr im Juli 1886 von Montreal zur Pazifikküste. Die Direktoren der Gesellschaft waren sofort an einer Schiffahrtslinie in-

Unten: Die *United States* von 1952, von dem glänzenden Schiffskonstrukteur William Gibbs entworfen, ist mit Sicherheit das schnellste je gebaute Passagierschiff, wenngleich ihre tatsächliche Geschwindigkeit bis heute als militärisches Geheimnis behandelt wird. Obwohl bei weitem größer, ähnelt ihr Äußeres der *America*.

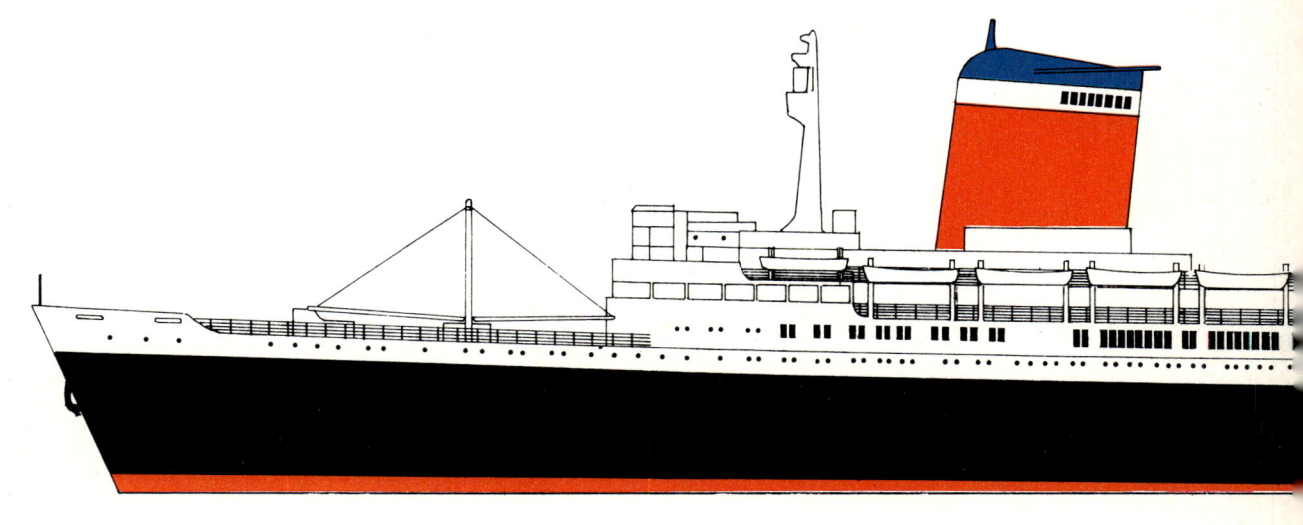

Die *America* der United States-Linie war bei ihrer Ablieferung im Jahre 1940 das größte amerikanische Schiff; sie ist noch heute als griechische *Australis* in Dienst.

teressiert, die über den Pazifik nach Yokohama verkehrte. Ein derartiger Liniendienst erforderte schnelle Schiffe ausreichender Größe, deren Bau nur mit staatlicher Unterstützung möglich war. Diese ergab sich in Form eines Postbeförderungsvertrages mit den britischen und kanadischen Behörden. Sofort wurden bei Vickers in Barrow drei schnelle Dampfer in Auftrag gegeben. Diese Schiffe waren die ersten der berühmten »Empresses«, deren weiße Rümpfe und ockerfarbenen Schornsteine bis zum Zweiten Weltkrieg auf dem Nordpazifik ein gewohnter Anblick waren. Die *Empress of India* mit 5905 BRT und ihre gleich großen Schwestern *Empress of Japan* und *Empress of China* bildeten mit ihrem Klipperbug und Bugspriet einen äußerst gelungenen Anblick. Sie boten einen Dienst an, auf dem ein durchgehendes Billet erster Klasse von Liverpool nach Yokohama im Jahre 1891 ganze 68 Pfund Sterling kostete, obwohl die Verbindung über den Nordatlantik von der White Star Line hergestellt wurde.

Einen eigenen Atlantikdienst begann die Canadian Pacific erst im Jahre 1903. Hierzu kaufte sie die 15 Schiffe der Beaver Line, die von der hauptsächlich zwischen Liverpool und Westafrika verkehrenden Elder Dempster-Linie betrieben wurden. Im Jahre 1906 traten die beiden ersten »Empresses« auf dem Atlantik hinzu, die *Empress of Britain* und die *Empress*

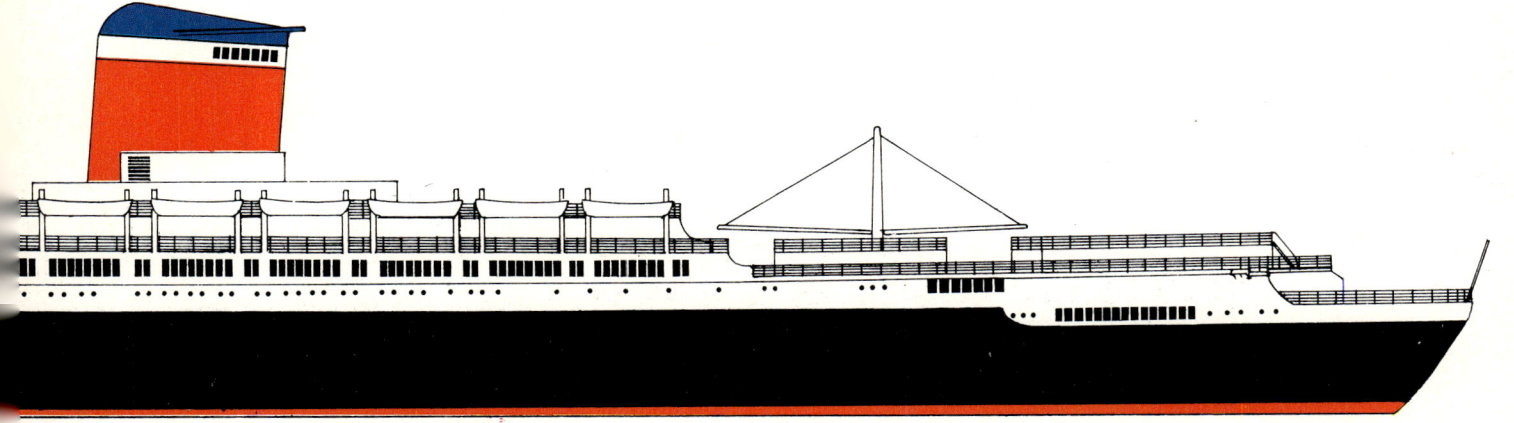

Die *Empress of Britain* der Canadian Pacific-Linie läuft den St. Lorenz-Strom in Quebec würdevoll hinauf. »Le Château Frontenac«, ein Hotel der Canadian Pacific, beherrscht die Skyline der Stadt.

Unten: Vor dem Ersten Weltkrieg machte die Allan-Linie mit den beiden Dampfern *Victorian* und *Virginian* der Canadian Pacific Konkurrenz. Im Jahre 1915 kaufte die Canadian Pacific die Allan-Linie auf.

of Ireland. Diese beiden Schiffe nahmen es mit den in diesem Verkehr etablierten Turbinenschiffen *Victorian* und *Virginian* der Allan Line auf.

Zu ihrer Zeit berühmt, entstand die nun schon lange wieder verschwundene Allan Line im Jahre 1854 in Glasgow, um am Kanada-Verkehr teilzunehmen. Die Gesellschaft hatte viele der mit dem allgemeinen Verkehr auf dem St. Lorenz-Strom nach Montreal verbundenen Unglücksfälle selbst erfahren. Zwischen 1857 und 1865 verlor sie infolge unzureichender Leuchtfeuer, durch Eis und immer wiederkehrenden Nebel insgesamt neun Schiffe und 650 Menschenleben. Trotz heftiger Konkurrenz seitens der Dominion Line und der Beaver Line hielt Sir Hugh Allan durch, und zu Beginn des 20. Jahrhunderts war seine Gesellschaft gut im Geschäft. Die Allan Line war stets sehr fortschrittlich. Sie hatte 1879 die ersten aus Stahl gebauten Schiffe herausgebracht und ließ im 20. Jahrhundert die ersten turbinengetriebenen Ozeandampfer folgen. Mit einer Dienstgeschwindigkeit von 18 Knoten und Platz für rund 1700 Passagiere erwiesen sich die *Victorian* und *Virginian* als sehr erfolgreich, bis sie von den größeren »Empresses« der Canadian Pacific Konkurrenz erhielten. Die Allan Line hielt bis 1915 durch und wurde dann von der Canadian Pacific übernommen.

Währenddessen entwickelte sich die Canadian Pacific immer weiter und gehörte 1914 zu den bedeutenden Trägern des Auswanderer- und Frachtverkehrs. In jenem Jahr erlitt die Gesellschaft einen schweren Schlag, als die *Empress of Ireland* auf dem St. Lorenz-Strom in dichtem Nebel mit einem norwegischen Dampfer kollidierte und bei einem Verlust von 1024 Menschenleben innerhalb von zwanzig Minuten sank.

Nach dem Ersten Weltkrieg setzte die Canadian Pacific ihre Dienste auf beiden Ozeanen erfolgreich fort. Neue Passagierschiffe wurden gebaut. Im Jahre 1931 stellte sie die riesige *Empress of Britain* mit 42 348 BRT in Dienst. Sie war das größte Schiff, das jemals nach Kanada verkehrte, und besaß allen Luxus, der die auf der New York-Route laufenden Schiffe auszeichnete. Ihre Dienstgeschwindigkeit von 24 Knoten bedeutete, daß ein Nordatlantikreisender über Montreal schneller nach Chikago kam als auf dem Weg über New York. Das große Schiff wurde in den Wintermonaten auf Kreuzfahrten eingesetzt. Der Verlust der *Empress of Britain* durch Kriegseinwirkung im Jahre 1940 traf zahllose Reisende, die sich ihrer gern erinnerten, sehr schwer. Mit ihren drei Schornsteinen – den größten je in ein Schiff eingebauten – bot sie einen majestätischen Anblick.

Der Zweite Weltkrieg riß in die Flotte der Canadian Pacific große Löcher. Bei Kriegsende 1945 konnte sie ihren Nordpazifik-Dienst nicht wiedereröffnen. Bis auf eines waren alle im Pazifik eingesetzten Schiffe im Krieg verlorengegangen. Als einzige Überlebende wurde die *Empress of Scotland* von 1930 in den Atlantik verlegt, wo die nun betriebenen Dienste nur ein Gerippe der vor dem Krieg unterhaltenen darstellten. Im Pazifik gründete die Gesellschaft eine Fluglinie, über die sie den gesamten Verkehr nach Japan abwickelte.

Die *Empress of Scotland* hatte ihr Leben 1930 als *Empress of Japan* begonnen; die Namensänderung erfolgte im Jahre 1942 aus politischen Gründen. Drei neue »Empresses« tra-

Die Holland-Amerika-Linie gehörte zu den erfolgreichsten Gesellschaften auf dem Nordatlantik. Sie stellte durchweg schnelle und elegante Schiffe für ihren Liniendienst zwischen Rotterdam und New York in Dienst. Noch nach 1950 wagte sie, neue Passagierschiffe, wie die noch heute für Kreuzfahrten eingesetzte *Statendam* von 1957, in Dienst zu stellen.

ten im Nachkriegsdienst hinzu: Die Schwesterschiffe *Empress of Britain* (1956) und *Empress of England* (1957) von je 25 500 BRT und die etwas größere *Empress of Canada* (1961) von 27 284 BRT. Sie waren sämtlich für den Einsatz als Kreuzfahrtschiffe während der Wintermonate ausgelegt. Durch die starke Konkurrenz der Fluggesellschaften brach der Passagierverkehr in den sechziger Jahren zusammen, und alle vier Schiffe wurden verkauft. Die *Empress of Scotland* ging 1958 an die Hamburg-Atlantik-Linie und wurde deren *Hanseatic*. Die *Empress of Britain* ging als *Queen Anna Maria* an die Greek Line. Auch die beiden letzten »Empresses« wurden als Kreuzfahrtschiffe verkauft, und die Canadian Pacific betreibt heute nur noch – abgesehen von ihren Diensten an den kanadischen Küsten – Frachtverkehr.

Zwei weitere europäische Nationen, die Niederlande und Italien, waren während der Zeit der Ozeanriesen am Atlantikverkehr beteiligt. Die Nederlands-Amerikaanse Stoomvaart Maatschappij, als Holland-Amerika Lijn später international berühmt, wurde 1855 in Rotterdam gegründet. Ihre ersten Schiffe ließ sie sich in Schottland bauen. Sie eröffnete ihren Verkehr nach New York mit den Dampfern *Rotterdam* und *Maas*. Dies waren zwei kleine Schiffe von je 1700 BRT, das größte, was den Hafen von Rotterdam vor dem Bau des Nieuwe Waterweg von Hoek van Holland anlaufen konnte. So mußte die Gesellschaft in ihren ersten Jahren ihre größeren Ozeandampfer von dem Tiefwasserhafen Amsterdam aus einsetzen. Diese frühen Jahre waren voller Kampf und Unglück. Auf den Schiffbruch des Dampfers *Edam* im Jahre 1882 folgten in schneller Reihenfolge die Verluste der *Amsterdam*, *Rotterdam* und *Maasdam*. Sie mußten durch englische Zweithand-Tonnage ersetzt werden. Um 1900 war die Gesellschaft jedoch fest etabliert und konnte zwei Jahre später ein kluges Geschäft mit J. P. Morgan und seinen Gesellschaftern abschließen. Die Holland-Amerika Lijn bewahrte ihre Selbständigkeit, erlangte jedoch große finanzielle Unterstützung von Morgans Verbündeten in Belfast, der Werft Harland & Wolff.

In den folgenden Jahren baute Harland & Wolff eine Reihe neuer Ozeandampfer für die Holland-Amerika Lijn, unter denen die *Nieuw Amsterdam* von 1906 mit 16 967 BRT und die *Rotterdam* von 1903, die mit ihren 24 149 BRT bis 1914 größtes holländisches Schiff blieb, wa-

Unten: Eine zu Ehren der Widerstandsbewegung 1940–45 herausgegebene holländische Briefmarke zeigt die zweite *Nieuw Amsterdam* als Truppentransporter

Oben: Die *Nieuw Amsterdam* verläßt in der ihr zugedachten Rolle als Handelsschiff das Ausrüstungsbecken in Rotterdam.

ren. Das Geschäft mit Morgan zahlte sich für die Holländer gut aus. Im Jahre 1911 begann Harland & Wolff mit dem Bau der *Statendam* von 32 234 BRT, die 1914 in Dienst gestellt werden sollte. Andere Ereignisse dieses verhängnisvollen Jahres vereitelten jedoch die Pläne der holländischen Gesellschaft, und die *Statendam* sollte die Niederlande nie sehen. Sie wurde noch unfertig von der englischen Regierung beschlagnahmt, in *Justicia* umgetauft und von der Cunard-Linie bereedert. Während einer Fahrt als Truppentransporter wurde sie am 20. Juli 1918 vor der nordirischen Küste torpediert und versenkt.

Abgesehen von diesem Verlust waren die Kriegsjahre für die neutralen Niederländer sehr gewinnbringend, und so konnten sie ihre Flotte nach Kriegsende erheblich vergrößern. Unter den Neubauten waren so berühmte Schiffe wie die *Statendam* von 1929, die mit ihren drei Schornsteinen noch heute als ein klassisches Beispiel der Schiffbaukunst gilt. Auf sie folgte ein weiterer Liebling der regelmäßigen Atlantik-Reisenden, die 36 287 BRT große *Nieuw Amsterdam* von 1938. Sie war bei den Holländern so populär, daß der Plan, sie 1967 auf Abbruch zu verkaufen, auf einhelligen Protest stieß. Nach einer Überholung blieb sie bis 1973 in Dienst und wurde erst im Januar 1974 zum Verschrotten nach Taiwan gegeben.

Eine merkwürdige Fügung des Schicksals ließ auch die dritte *Statendam* ein Opfer des Krieges werden. Sie fiel im Mai 1940 in Rotterdam einem deutschen Luftangriff zum Opfer. Nach dem Zweiten Weltkrieg nahm die *Nieuw Amsterdam* den Amerikaverkehr wieder auf. Später kamen eine neue *Statendam* und 1959 die wundervolle *Rotterdam* hinzu. Diese beiden Schiffe sind noch heute in Dienst, und wenn sie auch nur noch für Kreuzfahrten eingesetzt werden, so sind sie doch ein lebendes Beispiel der großen Tage einer der größten Schiffahrtsgesellschaften der Welt.

Zu den vielen Eigenschaften des italienischen Volkes gehören auch ein feines Empfinden für Dramatik und ein besonders ausgeprägtes künstlerisches Können. Beide Eigenschaften zeigten sich 1932, als sich die zwei größten italienischen Schiffahrtsgesellschaften zur »Italia« Societa p. A. di Navigazione zusammenschlossen. Die Partner waren die Navigazione Generale Italiana und der Lloyd Sabaudo. Beide übernahmen später noch eine dritte Reederei, die »Cosulich« Societa Triestina di Naviga-

Michelangelo

Luxus der »Italia« S.A.N. in den sechziger Jahren

Länger als viele andere Schiffahrtsgesellschaften blieb die »Italia« der großen Tradition des Passagierverkehrs auf dem Nordatlantik treu. Im Jahre 1965 wurden die leuchtend weißen Schwestern *Michelangelo* und *Raffaello* für die Route Genua – New York in Dienst gestellt. Die Bequemlichkeit und der Service auf beiden Schiffen waren so groß, daß sie in den sechziger Jahren besser als alle Schiffe anderer Nationen ausgelastet waren.

Ein Flachrelief Michelangelos im Foyer erster Klasse des nach ihm benannten Ozeanriesen

Der Bug der *Michelangelo* schwingt majestätisch aufwärts, während das Schiff seinen Stapellauf erwartet.

Bildeinsatz: Die *Michelangelo* wird eingesegnet

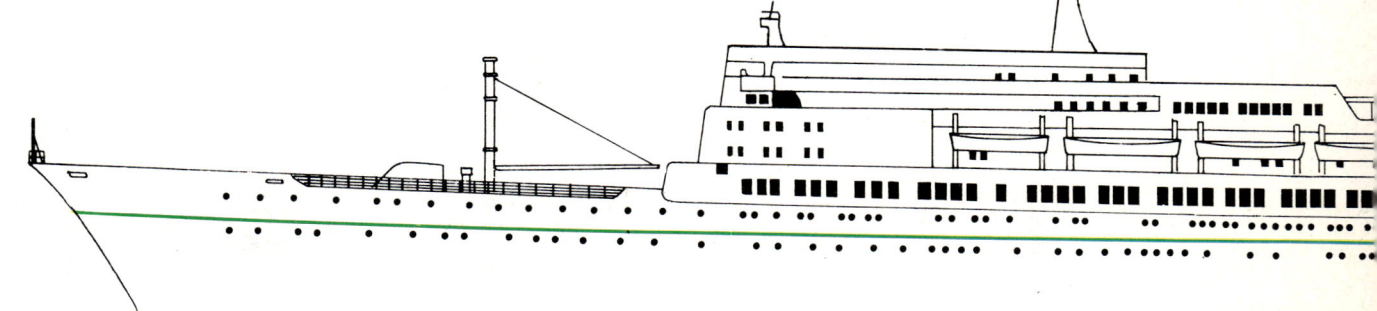

In strahlendem Weiß verläßt die *Michelangelo* Genua auf der Jungfernfahrt nach Nordamerika.

Schwesterschiffe am Liegeplatz in Genua: links *Raffaello*, rechts *Michelangelo*

Die *Michelangelo* brachte dem Passagierverkehr auf dem Nordatlantik das Gefühl von Kreuzfahrt-Erholung.

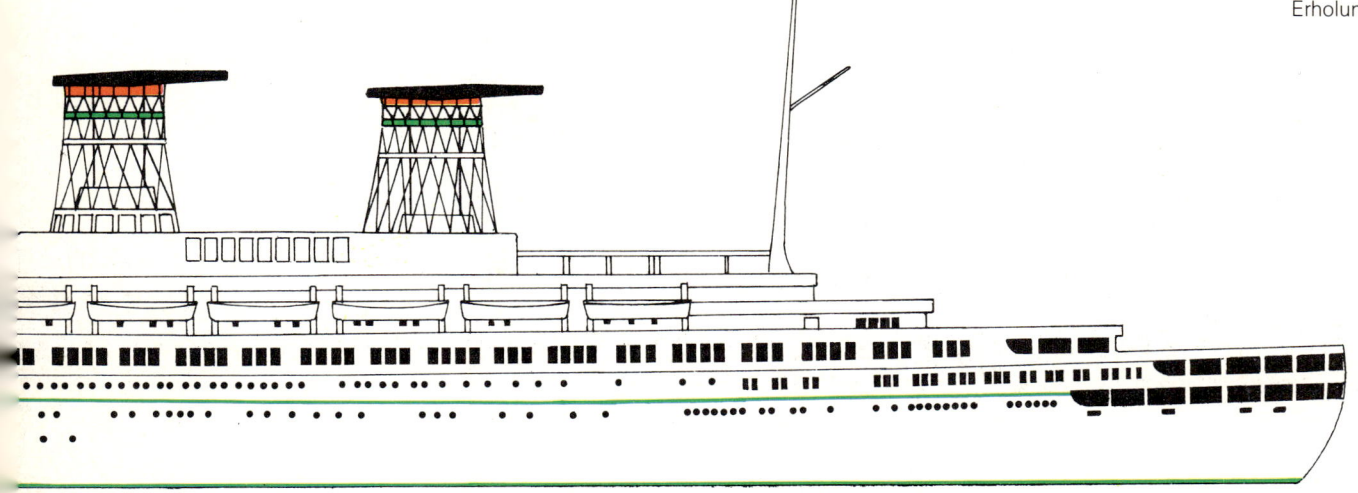

Mussolini regte den Zusammenschluß der beiden führenden italienischen Dampfschiffgesellschaften zur »Italia« S. A. N. im Jahre 1932 an, weil er das italienische Prestige durch eine Schiffahrtslinie der Spitzenklasse heben wollte. Die *Conte di Savoia* (48 502 BRT) stellte man im September 1932 in Dienst. Ihre Halbschwester *Rex* eroberte im August 1933 das »Blaue Band« für Italien. Die Inneneinrichtungen der *Conte di Savoia* und *Rex* waren ein kleines Gegenstück romanischen Stils und romanischer Anmut; das Bild zeigt die Bar der *Rex*.

zione. Die Navigazione Generale Italiana betrieb bereits große Motorschiffe wie die 32 650 BRT messende *Augustus* von 1927, die das größte jemals gebaute Passagiermotorschiff blieb.

Der Zusammenschluß ist auch auf den Einfluß Mussolinis zurückzuführen, der daran interessiert war, das italienische Ansehen durch den Besitz eines Atlantikrenners zu steigern. Die neue Reederei ließ ihn nicht im Stich. Die Navigazione Generale Italiana hatte bereits die *Rex* von 51 062 BRT auf Stapel legen lassen und die »Italia« stellte sie im September 1932 in Dienst. Ihre Jungfernreise war ein Kapitel technischer Pannen, im August 1933 gewann die *Rex* jedoch das »Blaue Band« für Italien. *Rex* gehörte mit der etwas kleineren *Conte di Savoia* zu den besten Passagierdampfern, die zwischen den Weltkriegen in Fahrt waren. Sie setzten ihren Dienst auch noch fort, als ihre deutschen und englischen Konkurrentinnen sich schon im Kriege befanden. *Rex* und *Conte di Savoia* hatten die für den italienischen Schiffbau charakteristischen klaren Linien. Beide gingen im Kriege durch Luftangriffe verloren.

Im Jahre 1945 stand die »Italia« ohne den größten Teil ihrer Flotte da, die entweder im Krieg zerstört oder von den Alliierten übernommen worden war. Die Italiener begannen daher mit dem Bau einer neuen Flotte, die alle anderen Passagierschiffsreedereien an Zahl und Qualität der Schiffe übertraf. Als erste kamen 1951 die *Guilio Cesare* von 27 078 BRT und ihre Schwester, die zweite *Augustus*. Es folgte ein weiteres schönes Paar, die *Cristoforo Colombo* von 1954 und ihre unglückliche Schwester *Andrea Doria*, die am 25. Juli 1956 bei einer Kollision mit dem schwedischen Passagierschiff *Stockholm* im Nebel sank. *Andrea Doria* wurde durch die ebensogut aussehende *Leonardo da Vinci* von 33 340 BRT ersetzt, die 1960 in Fahrt kam. Alle diese Schiffe waren luxuriös ausgestattet und hatten mit die bestausgebildeten Besatzungen im Atlantikverkehr. Luxus und Service fanden in den 45 900 BRT großen Schwesterschiffen *Michelangelo* und *Raffaello* von 1965 ihren Höhepunkt. Diese leuchtenden weißen Monster waren die Vollendung des Passagierschiffbaus und profitierten eine gewisse Zeit von der Vorliebe der Südeuropäer für Seereisen. So waren die italienischen Ozeandampfer denn auch in den sechziger Jahren besser ausgelastet als diejenigen anderer Nationen. Dennoch war diese Wiederbelebung des Verkehrs von kurzer Dauer, und schon 1975 hatte die »Italia« alle Passagierdienste eingestellt und ihre eleganten Riesen entweder aufgelegt oder als altes Eisen verkauft.

Die riesigen Weiten des Atlantiks sahen den Aufstieg des Passagierschiffs bis in seine goldene Zeit und wurden Zeugen seines langen Niedergangs. So ist es unvermeidlich, daß der größere Teil dieser Geschichte den Schiffen gewidmet ist, die auf den Atlantikrouten verkehrten. Dennoch wurden von europäischen Häfen auch andere Reisen unternommen, die denen auf den grauen nördlichen Wegen an Gefahr nicht nachstanden und Mut und körperliche Ausdauer verlangten. Vor der Einführung des Dampfschiffs und geregelter Fahrpläne liefen Segelschiffe nur dann aus, wenn sie eine genügende Zahl von Passagieren für die Reise gefunden hatten. Der Reisende konnte sich bis zu sechs Monate zum Ausharren auf einem engen Schiff bei mäßiger Nahrung verurteilt sehen, während der Segler von den Stürmen der »Roaring Forties« umhergetrieben wurde oder in der drückenden Hitze der Tropen in eine Flaute geriet. Alle diese Situationen konnte man auch auf den Hauptschiffahrtswegen des britischen Empires nach Indien, dem Fernen Osten oder Australien und Neuseeland antreffen. Viele Fahrgastlinien stiegen im Laufe der Jahre in diesen Fahrtgebieten auf und gingen wieder unter. Von denjenigen Linien, die bis in die siebziger Jahre überlebten, sind die beiden größten in englischen Händen – die Union Castle Mail Steamship Co. Ltd. und die Peninsular & Oriental Steam Navigation Co. Nur sie sind noch übrig, um dem zeitlosen geschäftlichen Geschick der Griechen und dem riesigen, staatlich unterstützten Apparat der sowjetischen Passagierlinien zu trotzen.

Die Union Castle Mail Steamship Company entstand im Februar 1900 durch den Zusammenschluß der beiden größten Linien im Verkehr zu den britischen Kolonien in Südafrika. Die Union Line reichte bis 1853 zurück, und

Alle späteren Schiffe der nun als Union Castle-Linie firmierenden Reederei erhielten »Castle«-Namen, wie die *Windsor Castle* von 1960 (rechte Seite).

Gegen Ende des 19. Jahrhunderts herrschte zwischen der Union-Linie und der Castle-Linie ein heftiger Wettbewerb um den gewinnträchtigen Verkehr mit den britischen Kolonien in Südafrika. Die führenden Konkurrentinnen im Rennen zum Kap der Guten Hoffnung waren die *Scot* der Union-Linie und die *Dunnottar Castle* der Castle-Linie. Der Konkurrenzkampf endete im Februar 1900 mit dem Zusammenschluß beider Gesellschaften.

ihre große Rivalin, die Castle Line, wurde 1872 von Sir Donald Curry gegründet. Die im Mai jenes Jahres nach Kapstadt auslaufende *Walmer Castle* war der Vorläufer der kommenden großen Flotte von Passagierschiffen der Castle Line. Gegen Ende des Jahrhunderts waren die *Scot* der Union Line und die *Dunnottar Castle* die führenden Konkurrenten im Rennen zum Kap der Guten Hoffnung. Der von der *Scot* im Jahre 1893 aufgestellte Rekord von etwas über vierzehn Tagen sollte 43 Jahre Bestand haben, bis er 1936 durch das Motorschiff *Stirling Castle* gebrochen wurde. Eine derartige Konkurrenz war jedoch sehr aufwendig, und so kam es zum Zusammenschluß. Die Farben der Union Castle-Schiffe waren und sind sehr typisch. Der Rumpf ist lavendelfarben, die Aufbauten sind weiß, während die Schornsteine hochrot sind und schwarze Toppen haben. Alle Schiffe der neuen Linie erhielten Namen, die mit »Castle« endeten.

Als einzige englische Reederei verlor die Union Castle während des Ersten Weltkriegs kein größeres Schiff. Nach dem Krieg ließ sie noch größere Schiffe bauen und begann 1922 einen Rund-um-Afrika-Dienst. 1926 brachte die Gesellschaft mit der *Carnavon Castle* das erste einer langen Reihe von großen Motorschiffen in Fahrt. Bis zum Ausbruch des Zweiten Weltkriegs erhielten alle Schiffe der Union Castle diesen Antrieb, der seinen Höhepunkt in der 27 002 BRT großen *Capetown Castle* von 1938 fand.

Nach dem Kriege wurden neue Schiffe in Auftrag gegeben. Im Jahre 1956 ging die Union Castle jedoch in die Hände der British and Commonwealth Shipping Company, der in London ansässigen Besitzer der Clan Line, über. Die neuen Eigner brachten 1960 die *Windsor Castle,* ein Monster von 37 640 BRT, heraus, die die ständige Entwicklung der Wirtschaft Südafrikas widerspiegelte. In den sechziger Jahren blieben die regelmäßigen Liniendienste erhalten, wenngleich auch der Rund-um-Afrika-Verkehr 1961 aufgegeben wurde. Schließlich gingen auch hier, wie überall auf der Welt, die Passagierzahlen zurück, und die Union Castle gab bekannt, daß ihre letzten Abfahrten im Passagierdienst im April 1977 stattfinden würden.

Die Außerdienststellung der Passagierschiffe der Union Castle hat die Peninsular & Oriental zur letzten der alten Gesellschaften werden lassen, die noch regelmäßige Passagierdienste unterhält statt Kreuzfahrtanhängern schwimmende Ferien zu ermöglichen. Zwar nehmen solche Kreuzfahrten einen erheblichen Teil des Geschäfts der P. & O. ein, doch fährt sie – wenn auch mit abnehmender Häufigkeit – noch immer fahrplanmäßig nach Australien und Neuseeland.

Der Ursprung der P. & O. geht auf das Jahr 1836 zurück, in welchem Arthur Anderson und Brodie Willcox, zwei Londoner Kaufleute, als Vertreter der Peninsular Steam Navigation Company ihren ersten Dampfer für die Spanienfahrt charterten. Im folgenden Jahr erhielten sie einen Auftrag der Admiralität für die Postbeförderung zwischen Lissabon, Cadiz und Gibraltar.

Drei Jahre später dann sicherte sich die Gesellschaft die Postbeförderung nach Alexandria. Von dort aus wurde sie über Land nach Suez gebracht und ging dann auf Segelschiffen durch das Rote Meer und den Indischen Ozean nach Indien. Entsprechend wurde der Name der Gesellschaft in Peninsular & Oriental Steam Navigation Company geändert, der bald darauf zu dem allgemein üblichen P. & O. abgekürzt wurde. Schon 1854 hatte die Gesellschaft auch die Teilstrecke Suez–Bombay übernommen

Die Peninsular & Oriental-Linie, oftmals auch als »Cunard des Fernen Ostens« bezeichnet, beherrschte in der Blütezeit des britischen Empires den Verkehr nach Indien und Australien.

Oben: Die *Orsova der Orient-Linie* von 1909 unter der Brücke an der Hafeneinfahrt von Sydney

Rechts: Die *Orcades* von 1948, eines der besten Schiffe der Nachkriegsflotte der Orient-Linie

Die *Oriana* (41 915 BRT), eines der modernen Schiffe der P & O-Orient-Linie, am Liegeplatz in Southampton

und daran Dienste nach Hongkong, Singapur und Sydney angeschlossen.

Die Eröffnung des Suezkanals im Jahre 1870 brachte für die Einrichtungen der P. & O. große Umwälzungen. Dies traf zeitlich mit der Notwendigkeit zusammen, viele Schiffe der Gesellschaft mit den neuen Verbunddampfmaschinen auszurüsten, die wirtschaftlicher als die bis dahin eingebauten einfachen Expansionsdampfmaschinen waren. Die notwendigen Änderungen wurden vorgenommen, und so galt die P. & O. gegen Ende des 19. Jahrhunderts als die »Cunard-Linie des Fernen Ostens« und beinahe als ein Stützpfeiler des britischen Reichs. Zu jener Zeit spiegelte die Gesellschaft alle jene militärische Würde und den Konservativismus der englischen Offiziere und Zivilbediensteten wider, die die Kabinen der ersten Klasse auf gemächlichen Reisen von und nach dem Fernen Osten belegten. Die Schiffe der P. & O. waren niemals besonders schnell oder groß, jedoch immer für den Fernost-Verkehr gut geeignet und im Besitz staatlicher Unterstützung in Form von Post- oder Truppenbeförderungsverträgen. Vor dem Ersten Weltkrieg liefen nur wenige Schiffe der P. & O. schneller als 12 Knoten. Auch die Farben der Schiffe waren sehr zurückhaltend – schwarze Rümpfe mit sandfarbenen Aufbauten und schwarzen Schornsteinen.

Während jener Jahre stand die P. & O. nie an der Spitze des technischen Fortschritts und zog es bis Ende der zwanziger Jahre vor, auf allen ihren Schiffen Kolbendampfmaschinen beizubehalten. Sie ließ jedoch Zwei-Schrauben-Dampfer bauen, weniger aus Gründen der Geschwindigkeit als vielmehr zur Vermeidung der mit einem Bruch der Antriebswelle in fernöstlichen Gewässern verbundenen Schwierigkeiten. 1930 war aber auch die P. & O. zur Dampfturbine und sogar zum turbo-elektrischen Antrieb übergegangen. In den dreißiger Jahren stellte sie eine Reihe von Schiffen in Dienst, die allgemein als »Strath«-Klasse bezeichnet wurden. Dies waren moderne Schnelldampfer im wahren Sinn des Wortes, und die Gesellschaft ließ ihre Rümpfe weiß streichen, was eine erhebliche Verbesserung bedeutete.

Nach dem Zweiten Weltkrieg fand sich die P.& O. in einer weitgehend veränderten Welt wieder. Großbritannien hatte Indien aufgegeben, und die Fluggesellschaften waren in die Postbeförderungsverträge eingetreten. Dennoch gab es einen starken Auswandererverkehr zwischen Europa und Australien zu erobern, und so wurde eine Anzahl neuer Passagierdampfer gebaut, sämtlich große Schiffe, die mit den typischen P. & O.-Dampfern der frühen Jahre unseres Jahrhunderts keine Ähnlichkeiten hatten. Ein gutes Beispiel dieser Schiffe war die 29 614 BRT große *Iberia* von 1954.

1960 schloß sich die P. & O. mit der Orient Steam Navigation Co., einer weiteren alteingesessenen Gesellschaft im Fernost- und Australienverkehr, zusammen. Die Orient Line konnte ihre Anfänge bis in das Jahr 1820 verfolgen. Sie brachte der P. & O. eine Flotte moderner Nachkriegsbauten in der 28 000 BRT-Größe, wie etwa die *Orcades* von 1948, ein. Diese Schiffe waren wie die *Iberia* groß und schnell, was im Wettbewerb mit den Fluggesellschaften einfach unerläßlich war. Beide Gesellschaften hatten außerdem zur Zeit des Zusammenschlusses je einen großen Passagierdampfer in Auftrag gegeben. Der Neubau der Orient Line war die 41 915 BRT große *Oriana*, die während der Probefahrten im Oktober 1960 mehr als 30 Knoten lief. Die *Oriana* wurde ein sehr erfolgreiches und bei Kreuzfahrtpassagieren sehr beliebtes Schiff, das noch 1977 in Dienst war.

Auch das neue Schiff der P. & O. war sehr groß. Mit ihren 45 270 BRT war die *Canberra* von 1961 nach der *Titanic* das größte von Harland & Wolff in Belfast gebaute Schiff. Der fast revolutionär zu nennende Entwurf verlegte den turbo-elektrischen Antrieb an das Heck, was für eine charakteristische Silhouette sorgte und eine sehr geräumige Unterbringung der rund 2200 Passagiere möglich machte. Auch *Canberra* war 1977 noch in Dienst. Der größte Teil der übrigen Passagierschiffe der P. & O. ist dagegen aus der Fahrt genommen worden. Die

Gesellschaft unterhält jedoch neben einer großen Flotte von Frachtschiffen mehrere mittelgroße Kreuzfahrtschiffe, die von amerikanischen Häfen aus operieren.

Dies waren die Passagierschifflinien, die sich im Laufe der Zeit aus kleinen Anfängen unter oft schwierigen und gefährlichen Umständen zu den machtvollsten Wirtschaftsunternehmen der Welt entwickelten. Die Eigner der großen Gesellschaften waren auf dem Gipfel ihrer Macht und ihres Ruhmes Freunde gekrönter Häupter und Berater der Regierungen. Ihre durch das Können Tausender Werftarbeiter und Ingenieure geschaffenen riesigen Dampfer sicherten diesen wie Hunderten von Besatzungsmitgliedern und Landpersonal Lohn und Brot. Die Reedereien ließen auf See eine einzigartige –

Die *Canberra* (45 270 BRT), das Flaggschiff der modernen P & O-Orient-Linie. Das Bild zeigt sie auf der Helling von Harland & Wolff in Belfast, wo sie 1960 von Stapel lief. Ihr revolutionärer Entwurf, der den turboelektrischen Antrieb ins Achterschiff verlegte, trug zu ihrem ungewöhnlichen Aussehen bei.

längst verschwundene – Welt entstehen, in der größter Luxus und größte Eleganz nur wenige Decks von den Unterkünften des Zwischendecks getrennt waren, dessen Fahrpreise das Höchste waren, was die meisten Reisenden aufbringen konnten. Die Ozeandampfer waren in Wirklichkeit ein getreues Spiegelbild der Gesellschaft Europas und Amerikas im ausgehenden 19. und beginnenden 20. Jahrhundert, und sie geben auch die Veränderungen wieder, die sich in jüngster Zeit ereignet haben.

Die größten von Menschenhand geschaffenen Transportmittel waren vor allem schwimmende Tempel des eleganten Lebens, und mit dem Untergang des Lebensstils und der geistigen Haltung der zwanziger und dreißiger Jahre gingen auch die Ozeanriesen dahin. Ihr Vermächtnis ist eine Aufzählung glänzender technischer und wirtschaftlicher Leistungen, die an eine Zeit erinnern, in der begnadete Männer ihre Wunschträume verwirklichen konnten und einen ihren Vorstellungen entsprechenden Lebensstil führten, mit dem sie jedermann ihren persönlichen Erfolg zeigten □

Kapitel III

SCHWIM-MENDE STÄDTE

Bau und Ausstattung der Passagierschiffe

Eleganz des ausgehenden 19. Jahrhunderts auf der deutschen *Kaiser Wilhelm II.* von 1889.

Das riesige Balanceruder und die beiden Backbordschrauben der *Aquitania* ragen über einem Trupp Werftarbeiter auf, der mit Unterhaltungsarbeiten während einer der regelmäßigen Werftliegezeiten des Schiffs beschäftigt ist.

Rechte Seite: Die Reedereien gaben sich große Mühe, die Öffentlichkeit von den gigantischen Abmessungen ihrer Passagierschiffe zu überzeugen. Die Illustration zeigt die in den Londoner Trafalgar Square eingezeichnete *Queen Mary* der Cunard-Linie.

Während der ersten vier Jahrzehnte des 20. Jahrhunderts, in denen die Zeit der Ozeandampfer ihren Höhepunkt erreicht hatte, wurde in jedem Presseartikel und jeder Werbeschrift der Schiffahrtslinien über neue Schiffe durchweg der Ausdruck »schwimmende Stadt« verwandt. Diese Bezeichnung blieb in der öffentlichen Meinung haften, weil sie treffend war und genau die Meinung des »kleinen Mannes von der Straße« darüber widerspiegelte, wie groß ein »richtiger« Ozeanriese sein müsse.

Die Werbetexter wurden in der Verwendung überschwenglicher Vokabeln durch die berühmtesten Schriftsteller der damaligen Zeit unterstützt. »Dieses riesige schwimmende Babylon«, schrieb der Journalist und Sozialreformer W. T. Stead über die *Titanic*, von deren Deck er schon wenige Tage später in einen eiskalten Tod gespült werden sollte. Theodore Dreiser schrieb über seine geliebte *Mauretania*: »Alles zusammengenommen eine herrliche Sache – lange Wände mit Kirschholztäfelung ... vieles auf diesem Schiff war einzigartig.«
Die Schiffskonstrukteure und Innenausstatter waren in ihrem Bestreben, auch auf See den höchsten Lebensstandard zu bieten, so erfolgreich, daß jedermann das berühmt gewordene Wortspiel der Schauspielerin Beatrice Lillie verstand, die beim Betreten der *Queen Mary* ausrief:

»Sagen Sie – wann geht denn dieser Ort nach New York ab?«

Ausdrücke wie »riesig«, »herrlich« und »märchenhaft« dienten in den zwanziger und dreißiger Jahren neben anderen zur Beschreibung der schwimmenden Paläste. Die in London, Berlin und Paris erscheinenden Illustrierten brachten Zeichnungen, die die Größe und Vortrefflichkeit der Ozeandampfer verdeutlichen sollten. Um ihre Leser zu verblüffen, zeichnete man diese großen Schiffe in jedermann bekannte Umgebungen ein, die aber nie in die Verlegenheit kommen konnten, etwa einen 275 Meter langen Ozeanriesen zu beherbergen. Die *Vaterland* zeichnete man auf dem Bug stehend, um zu beweisen, daß ihr Steuerruder, falls man sie je in diese Lage bringen könnte, die Spitze des Chrysler Buildings, des höchsten Wolkenkratzers in New York, erreichen würde. *Queen Mary* zeichnete man quer über den Trafalgar Square in London, den Bug weit in Whitehall (das Gebäude der britischen Admiralität) hinein und ihre Brücke in eine Lage, die dem Kapitän (falls er dies wünschte!) eine Unterhaltung mit dem auf seiner Säule stehenden Nelson ermöglichte. Eine denkwürdigere dieser erfindungsreichen Zeichnungen zeigte eine Draufsicht des Erster-Klasse-Aufenthaltsraums der *Queen Mary*, in der neben allen drei Schiffen des Kolumbus noch Samuel Cunards *Britannia* bequem untergebracht werden konnte. Kein anderes Beispiel der Werbung für Ozeandampfer zeigte die Fortschritte in der Unterbringung der Passagiere, die in dem Jahrhundert seit der ersten Ausfahrt der *Britannia* 1840 erreicht worden waren, deutlicher.

Dabei war die *Britannia* ihrerseits von den Passagiereinrichtungen der zeitgenössischen Frachtsegler ein Zeitalter entfernt. In den langen und kahlen Zwischendecks der Segler erhielt der Auswanderer für sein Geld nur die Überfahrt, eine Waschgelegenheit und Trinkwasser, das oft genug diesen Namen nicht verdiente. Normalerweise stank es, was jedoch in dem Geruch, der die Aufenthaltsräume erfüllte, die ziemlich ungeniert für alle normalen Verrichtungen des menschlichen Körpers benutzt wurden, nicht weiter auffiel. Die modernen Einrichtungen der Hygiene waren noch fern, und der Zwischendeckspassagier kam in dieses schmutzige Durcheinander mit seinen Nahrungsmitteln, seinen Kochgerätschaften und seinem Bettzeug hinein, da er für alle diese Dinge selbst zu sorgen hatte. War man erst einmal in See, verband sich der entwürdigende Schmutz mit dem Zusammenbruch der Mägen infolge Seekrankheit, die nur an den gesündesten Verdauungsorganen vorbeiging. Die Lebensbedingungen auf den Seglern, auf denen die Passagiere nur wenig besser als Fracht behandelt wurden, waren so schlecht, daß der amerikanische Kongreß in den Jahren 1819 und 1837 zwei Gesetze verabschiedete, die die Überbelegung begrenzten und den jedem Passagier zustehenden Raum gesetzlich festlegten. Die britische Regierung folgte und setzte in dem Versuch, den Typhus als Geißel des Passagierverkehrs auszumerzen, auch Mindestrationen fest, die die Gesellschaften den Zwischendeckspassagieren wöchentlich zu liefern hatten.

Diese Gesetze verbesserten endlich das Los der Auswanderer, die bis dahin unter ziemlich den gleichen Bedingungen wie die traurigen Opfer des gerade verfemten Sklavenhandels gereist waren. Währenddessen erfreuten sich die Reichen in den gut gelüfteten Kabinen einer so bequemen Reise, wie sie Chintzvorhänge, Roßhaarpolster, Teakmöbel und das Wetter nur erlaubten.

Die Besatzungen dieser Atlantiksegler standen sich nicht besser (meist sogar noch schlechter!) als die Zwischendeckspassagiere. Von brutaler Disziplin und dem Wissen, daß Hunderte arbeitsloser Seeleute nur auf eine Heuer warteten, angetrieben, lebten die Toppsgasten der damaligen Zeit hauptsächlich von Schiffszwieback, Keksen und gekochtem Reis. Trotz ihrer unwürdigen Arbeitsbedingungen hervorragende Seemänner, konnten die Matrosen der Frachtsegler so schnelle Überfahrten schaffen, daß jede Hin- und Rückfahrt bis zu 30 000 Dollar reinen Gewinn abwarf.

Mit dem Dampfschiff kam eine neue Konzeption in der Passagierbeförderung. Sir Samuel Cunard setzte zeit seines Lebens nur die Sicherheit seiner Passagiere über ihre Bequemlichkeit. Alle Passagiere hatten auf der *Britannia* Kabinen, und die Anordnungen über Sauberkeit wurden streng durchgesetzt. Die Schlafkabinen wurden jeden Morgen ab 05.00 Uhr gefegt (über die Reaktion der Passagiere über diese frühmorgendlichen Tätigkeiten ist nichts bekannt, jedoch waren die Menschen der Viktorianischen Zeit weltbekannte Frühaufsteher!). Die Nachtgeschirre mußten ausgeleert werden, während die Passagiere beim Frühstück saßen (»Ich bekam ein gutes Steak und eine Flasche Rheinwein«, berichtete ein zufriedener Reisender), und das Bettzeug wurde alle acht Tage gewechselt.

Das alles war ein bedeutender Fortschritt, konnte indessen Charles Dickens nicht beeindrucken, als er 1842 auf seiner berühmten Amerika-Reise mit der *Britannia* fuhr. Der große Schriftsteller berichtete über seine Erfahrungen an Bord des Cunarders, wobei ihm seine unbestrittenen Fähigkeiten als erfahrener Beobachter zugute kamen, und hinterließ den besten Bericht über eine Ozeanreise in jenen Tagen. Trotz seiner Scharfsinnigkeit fiel Dickens auf eine Werbung herein, die den heutigen »Waschzetteln« entsprach. Als er für sich, seine Gattin Kate und deren Zofe die Reise in London buchte, sah er einen Reklamezettel von

Links: Spartanische Unterbringung auf einem Auswandererschiff in der Mitte des 19. Jahrhunderts. So primitiv der Raum auch scheinen mag, war dies doch ein großer Fortschritt gegenüber den Schnellseglern, auf denen Typhusepidemien üblich waren.

Unten: An Bord des Hapag-Dampfers *Graf Waldersee* von 1899 versammeln sich Auswanderer zum Mittagessen. Man beachte die unterschiedlichen Eßgeschirre der Passagiere. Die *Graf Waldersee* konnte bei 12 830 BRT insgesamt 2 200 Zwischendeckpassagiere befördern.

Cunard, auf dem der Salon der *Britannia* als ein Raum von nahezu unbegrenzter Ausdehnung und fernöstlich prunkvoller Ausstattung gezeigt wurde. Solche blumige Beschreibung läßt verstehen, daß Dickens dies zumindest ironisierend beschrieb.

So berichtet er, daß »der wunderbare Salon von nahezu unbegrenzter Ausdehnung« ein langer, enger Raum sei, einem riesigen Leichenwagen mit Fenstern nicht unähnlich. Es sollte noch schlimmer kommen. Dickens beschreibt die Abfahrt in Liverpool als »außergewöhnlichen und erstaunlichen Tumult«. Er mußte sich mit seinen Begleitern durch eine Menge drängender Stewards und Passagiere zu seiner Kabine durchkämpfen (dies sollte auch im 20. Jahrhundert nicht besser werden). Überall strömten Passagiere mit ihrem Gepäck unter Deck, rempelten andere Leute an, machten es sich in fremden Kabinen bequem und schufen dadurch, daß sie diese wieder räumen mußten, eine heillose Verwirrung.

Als Dickens seine Kabine erreichte, stellte er fest, daß sie eine »höchst unpraktische, gänzlich hoffnungslose und vollkommen lächerliche Schachtel« sei, deren Kojen mit dünnen Matratzen und schlaffen Steppdecken versehene Regale seien. Dickens tobte: »Außer Särgen gibt es keine kleineren Schlafgelegenheiten als diese Kojen!« Die zahlreichen Schrankkoffer seiner Ehefrau konnten in diesen engen Räumen nicht recht untergebracht werden.

Sobald die *Britannia* in See war, wurden Charles und Kate Dickens seekrank. »Jedes Holz und jede Planke knarrte ... wie ein riesiges Feuer ... nichts als das Bett konnte helfen, und so ging ich zu Bett.«

Dickens blieb zehn lange Tage im Bett, während sich die *Britannia* durch Stürme, die das Rettungsboot zertrümmerten, Planken von den Schaufelradverkleidungen abrissen und »die Schaufelräder nackt und bloß« und die Takelage »gespleißt, verwirrt, naß und triefend« ließen, nach Halifax durchkämpfte. Man kann sich kaum ein düstereres Bild vorstellen. Dickens und die *Britannia* überlebten jedoch.

Überall hatten andere Konstrukteure erkannt, daß Bequemlichkeit an Bord an Land Fahrkarten verkaufte, und größere Schiffe mit besseren Kabinen waren schon in Fahrt.

I. K. Brunel, niemals ein Mann halber Sachen, hatte in seine *Great Britain* Unterkünfte eingebaut, die nach den Maßstäben seiner Zeit verschwenderisch waren. Mittschiffs waren die

großen Maschinen, die die Passagierdecks in zwei Hälften teilten. Achtern war auf zwei Decks die erste Klasse, der Eßsaal unten, darüber der Aufenthaltsraum. Beide Außenseiten des Schiffs waren den Kabinen vorbehalten. Das Vorschiff war in gleicher Weise ausgelegt und beherbergte die zweite Klasse. Offiziere und Mannschaften hatten ihre engen Unterkünfte in vier Decks am Bug. Wahrscheinlich waren mittschiffs in den oberen Zwischendecks die (von Kapitän Claxton erwähnten) sechsundzwanzig Toiletten mit Wasserspülung untergebracht, obwohl darüber keine genauen Unterlagen vorhanden sind. Wassertoiletten stellten jedenfalls einen erheblichen Fortschritt gegenüber Nachttöpfen dar! Andererseits blieben die Kabinen nach wie vor ziemlich klein. *Great Britain* hatte große Flächen, die mit Teppichen ausgelegt waren. Die Zeitungen berichteten, in den Passagierdecks seien 900 Meter bester Brüsseler Ware (die in Bristol geknüpft worden war) verlegt. Claxton wies als geschäftsführender Direktor schon bald darauf hin, daß die Gesellschaft dies nicht als nutzlose Ausgaben ansah, die nur eine prunkvolle Ausstattung schaffen sollten. Im ganzen Schiff waren Spiegel angebracht, um den Eindruck von Geräumigkeit hervorzurufen. Es gab eine nur den Damen vorbehaltene Kombination von Boudoir und Aufenthaltsraum. Claxton schrieb über den Eßsaal der ersten Klasse:

»Dies ist wirklich ein schöner Raum. Seine Einrichtung ist sowohl von edler Schlichtheit als auch elegant. Längs der Mitte stehen zwölf weiße Säulen mit goldenen Verzierungen.«

Für all diesen Komfort verlangte Brunels Gesellschaft 35 Guineen je Fahrt in der besten Kabine erster Klasse und 20 Guineen in der zweiten Klasse. Cunard verlangte damals 30 Guineen je Kabinenplatz auf allen Schiffen.

Wo Brunel und Cunard vorangingen, mußten die anderen schon bald folgen; nicht so sehr, weil sie sich als Sozialreformer des Lebens auf See sahen, sondern weil eine geschickt bekanntgemachte Neuerung die Passagiere von den Schiffen der Konkurrenz weglocken konnte. Eine echte Reform, die Beseitigung der strengen Trennung zwischen erster und zweiter Klasse sowie den Zwischendeckspassagieren, wurde jedoch erst lange nach dem Ersten Weltkrieg in Angriff genommen. Mehr noch als an Land bekam man auf See genau das, wofür man bezahlt hatte.

Die Geschichte der Schiffsinnenausstattung wurde im 19. Jahrhundert teilweise durch den Wettbewerb der Gesellschaften untereinander, teilweise aber auch durch die Anwendung neuer Erfindungen auf See gestaltet.

Kaum hatte sich die Cunard-Flotte auf dem Atlantik häuslich niedergelassen, als ihre Vorherrschaft auch schon durch die amerikanische Collins Line bedroht wurde. Collins machte sich daran, den Verkehr für amerikanische Schiffe zurückzuerobern. Wie er meinte, lag die Lösung zum Teil darin, Luxus an Bord zu bieten. Frische Lebensmittel, so rechnete er, war der andere Teil des Problems. In der Mitte des 19. Jahrhunderts war die Kost auf Schiffen äußerst einfach und bot vier bis fünf Tage nach Verlassen des Hafens nur noch wenig Leichtverderbliches. Frische Milch war, wenn auch aus offenkundigen Gründen nicht überreichlich, zu erhalten, da Schiffe wie die *Britannia* zumindest eine Kuh an Bord hatten. So sah Collins für seine *Atlantic* einen Eisraum mit einer Kapazität von 40 Tonnen Eis vor, das erst nach 14 Tagen völlig aufgetaut war und alle den Passagieren bis dahin unerreichbaren Delikatessen konservieren konnte. Die *Atlantic* konnte unter den neun Gängen eines Essens Fischgerichte anbieten, und bei einem gewöhnlichen Dinner waren mehr als vierzig verschiedene Dinge erhältlich. Wenn man mit Collins reiste, dinierte man stilvoll. »Kein Gemüse, kein Obst, kein Wild oder andere Leckerbissen, die man fünfzehn Tage lang in großen Eismassen halten kann, wird vergessen«, schrieb ein zufriedengestellter amerikanischer Reisender.

Collins' Schiffe hatten Dampfheizung und Baderäume, bis dahin völlig unbekannte Annehmlichkeiten. Eine weitere Neuerung, die Collins' Schwäche für Lebensart und guten Geschmack bewies, war ein kompletter Frisiersa-

Ein zeitgenössischer Druck, der die Beschäftigung des viktorianischen Englands mit der Seekrankheit wiedergibt

lon, damit die Herren so gut gepflegt erscheinen konnten, als schritten sie noch immer über den Piccadilly oder den Broadway. Die Gemeinschaftsräume zeigten noch mehr Brokat und die damals so beliebten Plüschpolster, überall waren Tische mit Marmorplatten und Spiegel. Die Kabinen waren jedoch nicht größer als die der Cunard-Schiffe, und manche Passagiere beklagten sich, sie seien so eng, daß das Ankleiden zu einem Problem werde. Man müsse »aus der Koje springen, um in die Hosen zu kommen.« Ein weiterer Nachteil der Schiffe Collins' war die durch das unaufhörliche Stampfen der Maschinen hervorgerufene Vibration, da die amerikanischen Kapitäne bestrebt waren, immer schnellere Überfahrten zu schaffen.

Trotz kleiner Kabinen und der Vibration waren Collins' Bemühungen um den von Cunard betriebenen Verkehr erfolgreich, und schon zwei Jahre nach der Jungfernfahrt der *Atlantic* beförderten seine Schiffe zweimal so viel Passagiere wie die Cunard Line. Nur eine Sache stimmte nicht. Collins' hohe Komfortmaßstäbe und seine hervorragende Küche kosteten mehr, als durch die Fahrpreise hereinzuholen war. Nachdem mehrere Unfälle das Vertrauen der Öffentlichkeit schwinden ließen, verlor Collins schließlich die Regierungssubventionen, und seine Linie brach zusammen. Zuvor hatte Collins jedoch die Anfänge einer Tradition von Luxus, Stil und feinschmeckerischen Vergnügungen auf den transatlantischen Passagierschiffen gesetzt, die noch großartiger und für das öffentliche Interesse noch anziehender werden sollte.

Wenn Brunel seine *Great Britain* zu einer Verlockung für die Passagiere gemacht hatte, so übertraf er sich mit seinem Monsterschiff *Great Eastern* von 1859 selbst. Brunel scheute die wortreiche Sprache seiner Zeit, in der der viktorianische Mensch nichts mit einem Wort sagte, wenn er es auch mit deren fünf konnte. Als man ihm am Tage des Stapellaufs eine Liste mit geeigneten Namen vorlegte, wischte Brunel die Vorschläge gereizt mit folgender Antwort beiseite: »Was mich betrifft, könnt Ihr sie Däumling nennen!« Brunel war, wenn nichts anderes, zumindest ein Neuerer und Beweisführer und setzte mit der *Great Eastern* Maßstäbe, die noch ein Jahrhundert später Gültigkeit haben.

Die *Great Eastern* konnte rund 3000 Passagiere aufnehmen und mit einem Bekohlungsaufenthalt in Kalkutta bis nach Australien laufen. Ihre kleinsten Kabinen waren doppelt so groß wie die größten auf irgendeinem zeitgenössischen Schiff, und jede hatte ein Waschbekken, einen Schaukelstuhl, eine Frisierkommode und ein Sofa, das eine halbversteckte Badewanne verbarg. Letzterer Luxus verfügte sogar über fließend warmes und kaltes Wasser. Hätten nicht das eigene WC, die elektrische Beleuchtung und die Klimaanlage gefehlt, hätte die *Great Eastern* über alle diejenigen »privaten Annehmlichkeiten« verfügt, die der Kreuzfahrtpassagier der Gegenwart verlangt.

Die Gemeinschaftsräume der *Great Eastern* waren eine Orgie von rotem Samtpolster, vergoldeten Säulen und einheimischer Bildhauerkunst, deren namenlose Schöpfer Zeitgeist und -geschmack durch die Wahl schlichter und frommer Vorbilder ihrer Kunst widerspiegelten.

Trotz allem hatte die *Great Eastern* ihre Nachteile. Ihr riesiger Rumpf schwang wie eine ungeheure Geige, und das Klavierspiel in einem Salon konnte für einen unglücklichen Passagier, der das halbe Schiff entfernt war, zur Hölle werden. Ein weiteres Problem war das ungewöhnlich starke Schlingern; im Sturm wurde die *Great Eastern* hin- und hergeworfen, wodurch unter Deck große Verwüstungen angerichtet wurden. Einrichtungsgegenstände, die nicht mit dem Deck verschraubt waren, flogen dann durch den ganzen Salon, krachten in die Wandspiegel und überschütteten alle die Unglücklichen, die nicht die realtive Sicherheit ihrer Kabinen aufgesucht hatten.

Andere Schiffe folgten dem Vorbild der *Great Eastern*. Gegen Ende der sechziger Jahre des vergangenen Jahrhunderts wurde elektrische Ausrüstung begrenzten Umfangs in die *Britannic* der White Star eingebaut, auf der man den Steward mittels elektrischer Klingel herbeirufen konnte. Auf den Cunardern *Umbria* und *Etruria* von 1886 verschwanden schließlich die Öllampen, und die von vier Siemens-Generatoren erzeugte Helligkeit elektrischen Lichts erstrahlte. Auf diesen Schiffen gab es eine weitere Neuigkeit, die für alle diejenigen verbindlich werden sollte, die den Dünkel übermäßigen Wohlstands hatten. Nunmehr konnten Familien mehrere zusammenhängende Kabinen buchen. So entstand die Luxussuite, die seitdem in alle Passagierdampfer bis zur *Queen Elizabeth 2* eingebaut worden ist. Die Stromerzeugung diente nicht nur der Beleuchtung. Mit ihr wurden u. a. auch die ersten Kühlschränke auf

Charles Dickens' Kabine auf der *Britannia*, die er als eine »höchst unpraktische, gänzlich hoffnungslose und vollkommen lächerliche Schachtel« beschrieb

See betrieben, und der Eisraum gehörte der Vergangenheit an. Die privaten Zimmerfluchten beeindruckten die Inman Line so sehr, daß sie auf ihren Dampfern *City of New York* und *City of Paris* nicht weniger als deren vierzehn vorsah. Auf beiden Schiffen ging man auch erstmals von dem langgestreckten Eßtisch mit seiner Reihe von festgeschraubten Drehstühlen ab. Einige von ihnen wurden durch kleinere Tische in Nischen ersetzt und damit hatte die Zeit des intimen Dinners auf See begonnen.

In den achtziger Jahren hatte sich ein wichtiger Wandel in der Art der Passagiere vollzogen. Die Auswanderer waren nach wie vor zahlreich und setzten ihre große Völkerwanderung in den Westen fort. Aber jetzt begann die neue industrielle Plutokratie der Ostküste der USA in steigenden Zahlen in entgegengesetzter Richtung zu strömen. Mit dem Anwachsen der Schiffsgrößen und -stärken nahmen die Gefahren einer Atlantiküberquerung ständig ab. Immer mehr Menschen, die sich die Fahrt leisten konnten, reisten jedes Jahr nach Osten, um die Kultur und die Vergnügungen der Alten Welt kennenzulernen. Zu dieser Zeit boten die Passagierdampfer alle Annehmlichkeiten eines erstklassigen Hotels. Die neuen Kunden wollten jedoch noch mehr; sie suchten den Standard, den ihnen ihre Wohnungen an der Fifth Avenue täglich boten. Sie lebten in einer Welt, die Plüsch als selbstverständlich ansah, die ex-

Die Gesellschaftsräume erster Klasse auf *Lusitania* und *Mauretania,* den Cunardern des Jahres 1907, wurden von 300 arabischen Handwerkern aus poliertem braunen Mahagoni im französischen Stil des 18. Jahrhunderts geschaffen.

quisite Küche erwartete und mit kritischer Anerkennung entgegennahm und die alles, was nicht Überfluß war, als zweitklassig betrachtete. Jene Gesellschaftsschicht sorgte dafür, daß die folgende Generation der Ozeandampfer von seetüchtigen Hotels zu den »schwimmenden Palästen« des 20. Jahrhunderts aufrückte.

Der Übergang begann mit dem Cunarder *Campania* von 1893, auf dem die Ausstatter einen Stil in Mahagoni, Sandelholz und bemaltem Glas verwirklichten, den man nur als »Englischen Freiherrnstil« bezeichnen kann, und der Schlafzimmer- und Saloneinrichtungen englischer Landsitze erforderte. Die Cunard Line, die dies als »stumme Predigt guten Geschmacks« ausgab, sah sich hierzu nicht ungern verpflichtet, und die Auswirkungen auf traditionshungrige Amerikaner waren wirklich eindrucksvoll. Sie kamen in Scharen, um sich in die stets ausgebuchten Passagierlisten der *Campania* und ihrer Schwester *Lucania* einzuschreiben. Von den freiherrlichen Einrichtungen der *Campania* bis zu den palastartigen der *Mauretania* und *Lusitania* war es für die Cunard Line nur noch ein kleiner Schritt.

In knapp dreizehn Jahren verdreifachte sich die Größe des Atlantik-Liners und das damit verbundene Anwachsen der für die Passagiere verfügbaren Räume gestattete eine neue Art schwimmender Pracht. Das neue Jahrhundert brachte neue Geschmacksrichtungen, und die Ausstattung der *Mauretania* hatte viel von der schweren Überbetonung der viktorianischen Zeit verloren. Die um die Aufzugsschächte der vier riesigen Schornsteine angeordneten Gesellschaftsräume verloren dadurch nichts an Ansehen. Vielmehr schuf die maßvolle Täfelung aus poliertem Mahagoni im Aufenthaltsraum erster Klasse eine beruhigende Atmosphäre der Festigkeit. Überall gingen die Flächen harmonisch in Schnitzereien über, die von dreihundert eigens hierzu aus Palästina herangeholten arabischen Künstlern geschaffen worden waren.

Im großen und ganzen planten die Direktoren der Cunard wie die meisten anderen britischen Schiffahrtsmagnaten ihre Ozeandampfer wie ihre eigenen Häuser. Sowohl die *Mauretania* als auch die spätere *Aquitania* erinnerten an die stattlichen Landsitze der britischen Aristokratie in den Grafschaften. In diesen Herrenhäusern waren alle Stilarten vertreten, und die Schiffe kamen ihnen gleich.

Die Bücherei der *Mauretania* war im Stil

Der Eßsaal erster Klasse auf der *Olympic* im Stil Ludwig XVI. mit vergoldeten Säulen und chintzbezogenen Stühlen. Die *Titanic* war im gleichen Stil eingerichtet, ihr Eßsaal war jedoch vollständig mit Teppichboden ausgelegt, während die *Olympic* in ihren ersten Jahren mit Linoleum auskommen mußte.

Ludwig XVI. gehalten, die Bücherschränke waren den Originalen im Schloß Trianon nachgebildet. Der Hauptaufenthaltsraum war ebenfalls im französischen Stil des 18. Jahrhunderts; der Speisesaal erster Klasse sprang dagegen zwei Jahrhunderte in die Zeit Franz I. zurück. Das Veranda-Café, eine neue Einrichtung, die ein nicht im Fahrpreis enthaltenes Menü à la carte anbot, war dagegen urenglisch und der Orangerie von Hampton Court nachempfunden.

Die Weltpresse konnte die ganze Pracht im voraus besichtigen und erklärte sie als für den anspruchsvollsten Genüßling geeignet. Gewissermaßen als nachträglicher Einfall wurden die Fahrstühle erwähnt, deren zwei im Schacht der Haupttreppe eingebaut waren. Sie waren die ersten ihrer Art auf einem englischen Schiff, wenngleich die deutsche *Amerika* bereits ein Jahr zuvor als erstes Schiff überhaupt Fahrstühle erhalten hatte.

So ging der Luxus mit *Mauretania* in See. Das ganze Wesen eleganter Gelassenheit erhielt jedoch schon bei der ersten Schnellfahrt einen schweren Schlag. Die Wahrheit kam heraus: Bei allen Fahrtstufen, die an die Höchstgeschwindigkeit herankamen, vibrierte das Schiff sehr heftig. Obwohl der Einbau dreiflügeliger Schrauben an Stelle der ursprünglichen vierflügeligen die Vibration auf ein annehmbares Maß verringerte, blieb dieser Mangel der *Mauretania* während ihrer ganzen Dienstzeit treu.

Das erste Jahrzehnt des 20. Jahrhunderts sah den Beginn der vorletzten Entwicklungsstufe des Ozeanriesen. Die Antwort der White Star und der Hapag auf die Cunard-Initiative war unvermeidbar. Das Ergebnis waren sechs große Schiffe, von denen vier den Atlantik im folgenden Vierteljahrhundert beherrschen sollten.

Im Herbst des Jahres 1907, während die *Mauretania* und ihre Schwester ihre aufregenden Jungfernreisen unternahmen und als »Wunderwerke des Jahrhunderts« bejubelt wurden, trafen zwei Herren an der Tafel eines Hauses in Londons vornehmem Belgrave Square zusammen. Einer von ihnen war Bruce Ismay, Vorsitzender der White Star Line und eine der Hauptpersonen in Morgans Schiffahrtsreich. Der andere war Lord Pirrie, ein außerordentlicher Schiffbauer und Chef der Werft Harland & Wolff, der für den Bau von mehr großen Passagierschiffen verantwortlich war als jeder andere Konstrukteur in der Geschichte der modernen Seefahrt. Das Ergebnis der mitternächtlichen Diskussionen dieser beiden Mächtigen waren die Riesen *Olympic*, *Titanic* und *Britannic*, deren jeder noch um die Hälfte größer war als die beiden Cunarder, und die damit die überhaupt größten Schiffe waren. Das Zusammenwirken späterer Ereignisse sollte das Trio zur tragischsten Klasse aller Ozeandampfer machen, die Tausende von Menschenleben kostete und den Untergang der White Star Line ankündigte.

Alles das lag jedoch noch in der Zukunft, als die *Olympic* am 14. Juni 1911 zu ihrer Jungfernreise von Southampton in See ging. Die White Star hatte vier Jahre zuvor ihre Hauptpassagierabfertigung dorthin verlegt. London war nur eineinhalb Stunden mit der Eisenbahn entfernt und der große französische Hafen Cherbourg mit seinem Zugang zum kontinentalen Europa lag ganze achtzig Meilen hinter dem südlichen Horizont. Nach dem Ersten Weltkrieg verließen auch die Prestigeschiffe der Cunard Liverpool, und Southampton wurde zum Heimathafen aller britischen Ozeanriesen. Als sich die ersten Passagiere der *Olympic* auf dem Schiff umsahen, konnten die der ersten Klasse die unterschiedlichsten Stilarten bestaunen, die nicht nur die nun schon obligatorischen Louis XIV., Louis XV. und Louis XVI., sondern auch Empire, italienische Renaissance, englisch Jakob I., Königin Anna und georgianischen Stil sowie einen oder zwei Kamine nach Art Adams umfaßten.

Diejenigen Passagiere, die die verschiedenen Stilarten der Schiffseinrichtung unterscheiden konnten – und das waren nicht wenige – äußerten sich lobend über die sie umgebende Eleganz. Diejenigen, die dies nicht verstanden, waren zumindest davon beeindruckt, daß der Speisesaal im Stile Louis XVI. der seinerzeit größte auf einem Schiff war. Diese Tatsache war wichtiger als der Umstand, daß der Fußbodenbelag aus dunkelrotem, aber sehr praktischem Linoleum bestand. Erst auf *Titanic* waren die Speisesäle mit Teppichboden ausgelegt. Die Gesellschaftsräume der White Star-Schiffe hatten weniger Holztäfelung als die der Cunard-Schiffe. Die *Olympic* wirkte dadurch »leichter« als die *Mauretania* mit ihrer viktorianischen Atmosphäre.

Für Betriebsame war die *Olympic* gegenüber allem bisher Angebotenen ein echter Fortschritt. Auf dem Bootsdeck erwartete eine komplett ausgestattete Turnhalle einschließlich fest angestelltem Turnlehrer alle diejenigen, die

Unten: Die Haupttreppe der ersten Klasse auf *Olympic*. Die Auslegeware auf der Treppe fehlt noch, doch die elegante Täfelung ist bereits vollständig. Die Holzschnitzerei stellt Ehre und Ruhm dar, die die Zeit krönen. Auf *Titanic* fand ein ähnliches Thema Verwendung.

DIE AUSSTATTUNG GROSSER PASSAGIERSCHIFFE

Die Feinheit des Entwurfs überwand in der *Normandie*, dem schönsten französischen Ozeandampfer aller Zeiten, die reine Größe des Schiffs. Die führenden französischen Innenarchitekten verwandelten das Schiff in eine schwimmende Ausstellung gestaltender Kunst der dreißiger Jahre. Im Gegensatz zum Flair und der Eleganz der Inneneinrichtung der *Normandie* schien die Ausstattung der britischen *Queens* eine Nüchternheit auszudrücken, die den nationalen Aussichten der Engländer in jenen Jahren vielleicht mehr entsprach.

Oben: Flachrelief mit Nickelüberzug im Salon der Touristenklasse auf *Queen Mary*
Unten: Kaminausschmückung im Rauchsalon der *Queen Elizabeth*

Links: Dekorative Ausschmückung einer Einzelkabine auf *Queen Mary*

Die Statue »La Normandie« von Baudry auf dem oberen Absatz der großen Freitreppe der *Normandie*

Links: »Die See«, ein Gemälde von Edward Wadsworth im Rauchsalon der Kabinen-Klasse

Rechts: Gemälde auf Holz im Salon der *Normandie*

Links: Gemälde auf Holz von Jean Dupas im großen Salon erster Klasse auf *Normandie*

sich der aufkommenden Manie des »Fitbleibens« der Zeit Eduards VII. anschließen zu müssen glaubten. Elektrische Pferde und Fahrräder, Rudertrainer und Vibratoren standen bereit, um die im Restaurant angegessenen überflüssigen Pfunde wieder abzuarbeiten, damit man in New York körperlich ertüchtigt und munter an Land gehen konnte und auf alles vorbereitet war, was das Geschäftsleben dieser Stadt einem entgegenschleuderte. Unter Deck befanden sich ein Rakett-Platz mit Originalabmessungen und – Wunder über Wunder – das erste Schwimmbad auf See, eine Attraktion, ohne die in Zukunft kein Passagierdampfer mehr auskommen konnte. Um die Perfektion vollkommen zu machen, gab es ein türkisches Bad und eine Sauna mit fest angestellter Masseuse. »Die *Olympic* ist ein Wunder«, frohlockte Ismay völlig zu Recht. Sein und Lord Pirries großer Plan wurden in diesem großartigen Schiff mehr als verwirklicht. Es enthielt dank des Könnens der Konstrukteure in Belfast in einem schlanken Rumpf von 45 000 BRT, der auch bei schlechtestem Wetter ruhig blieb, jene luxuriöse Pracht, wobei der vierschornsteinige Riese einen Anblick bot, dem nur wenige Schiffe jemals gleichgekommen sind.

Dank der Entscheidung der White Star Line, der Bequemlichkeit der Passagiere den Vorzug vor Rekordfahrten zu geben, litt *Olympic* nicht unter störenden Vibrationen wie die *Mauretania*. Ähnlich war es mit den drei großen deutschen Passagierschiffen, die Albert Ballin zur gleichen Zeit für die Hapag bauen ließ. Deutschland wiederholte seine Offensive auf dem Atlantik mit neuen Rekordbrechern, diesmal allerdings mehr in bezug auf Größe als auf Geschwindigkeit. Ballin und seine Mitarbeiter wollten den Gipfel an Größe, Überfluß und Komfort erreichen. Wieder einmal fanden sie die volle und begeisterte Unterstützung des deutschen Kaisers. Wilhelms II. Interesse war

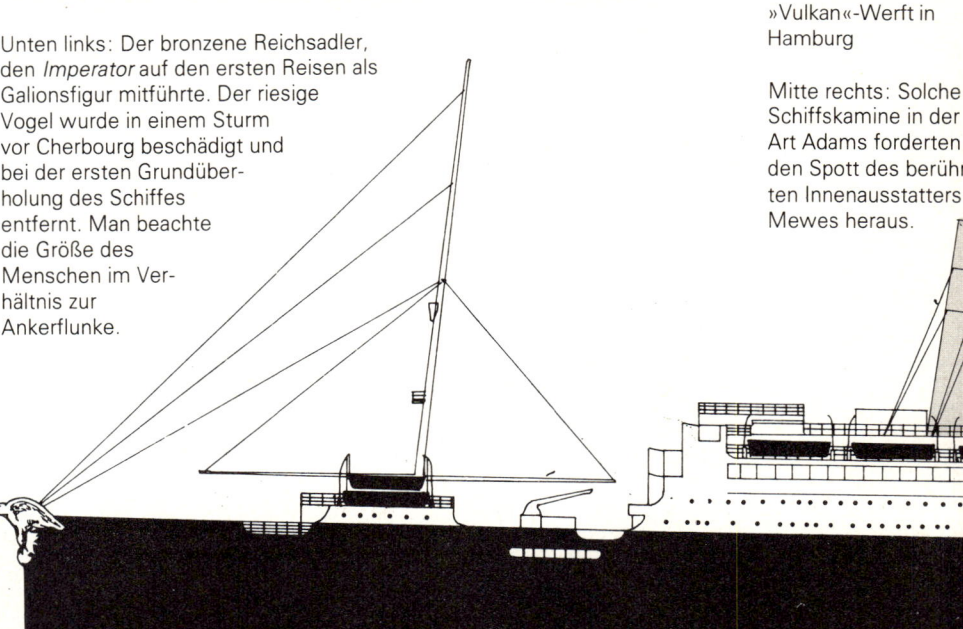

Oben Mitte: Der Ritz-Carlton-Grill auf der *Imperator*. Allgemein im französischen Stil des 18. Jahrhunderts gehalten, hatte Mewes dennoch Züge anderer Stilrichtungen dort aufgesetzt, wo er es für erforderlich hielt. Hier konnten die Passagiere gegen Aufgeld wie in den an Land errichteten Ritz-Hotels dinieren.

Mitte links: Kaiser Wilhelm II. beim Stapellauf der *Imperator* am 23. Mai 1912 auf der »Vulkan«-Werft in Hamburg

Mitte rechts: Solche Schiffskamine in der Art Adams forderten den Spott des berühmten Innenausstatters Mewes heraus.

Unten links: Der bronzene Reichsadler, den *Imperator* auf den ersten Reisen als Galionsfigur mitführte. Der riesige Vogel wurde in einem Sturm vor Cherbourg beschädigt und bei der ersten Grundüberholung des Schiffes entfernt. Man beachte die Größe des Menschen im Verhältnis zur Ankerflunke.

derart groß, daß sich der Aufsichtsrat der Hapag in letzter Minute zu einer Änderung des Namens des ersten Schiffs entschloß. Es sollte ursprünglich *Europa* heißen, erhielt jedoch mit Rücksicht auf den kaiserlichen Schirmherrn, der das Schiff selbst von Stapel laufen lassen wollte, den Namen *Imperator*. Die beiden weiteren Schiffe hießen *Vaterland* und *Bismarck*. Ihre Namen regten diejenigen an, die von einer deutschen Expansion träumten, hatten jedoch für den Rest von Europa einen unheilverkündenden Klang, da man den weltpolitischen Zielen des Kaisers mißtraute.

Als ob man die Vermutungen aller derjenigen, die ein argwöhnisches Auge auf die deutschen Expansionsbestrebungen hielten, vorsätzlich bestätigen wollte, rüstete die Hapag die *Imperator* mit der erstaunlichsten Bugzier aus, die jemals auf See zu sehen war. Es handelte sich um einen riesigen bronzierten Reichsadler, der seine Klauen in eine mit der Aufschrift »Mein Feld ist die Welt« versehene Erdkugel schlug. Die Kritiker Deutschlands glaubten genau zu wissen, was das bedeutete. Der wahre Grund für die Montage dieser Galionsfigur lag indessen darin, daß die Hapag die damit verbundene Extralänge benötigte, um die *Imperator* auch gegenüber der damals bei Brown, Clydebank in Bau befindlichen *Aquitania* in der Gesamtlänge überlegen sein zu lassen. Was im-

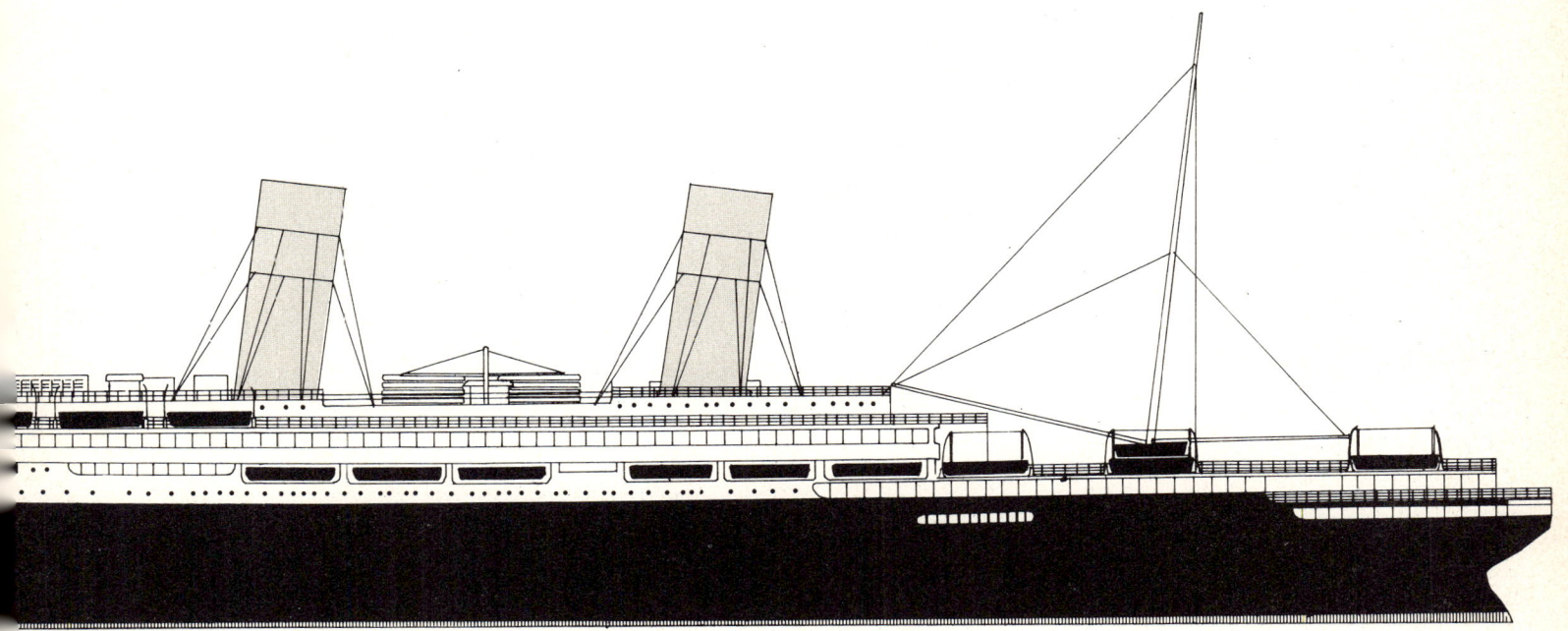

Die zwanziger Jahre auf der *Statendam III*.

mer auch der Grund für die Anbringung des Adlers gewesen sein mag, so konnte doch niemand bestreiten, daß seine großen, toten Augen äußerst kummervoll blickten und daß die Gesamtwirkung für das Schiff, das schon als äußerlich wenig elegant kritisiert wurde, sehr ungünstig war.

War man jedoch erst einmal an Bord der *Imperator*, verwandelten sich alle negativen Bemerkungen über das äußere Erscheinungsbild in einen Lobgesang über die Pracht der Ausstattung und Inneneinrichtung.

Hatten *Mauretania* und *Olympic* die englischen Herrensitze auf See gebracht, so übertraf *Imperator* dies alles, indem sie einen schwimmenden Kaiserpalast darstellte. Um dies zu erreichen, hatte sich Ballin an den international bekannten Innenausstatter Karl Mewes gewandt, dessen Hauptateliers in Köln beheimatet waren. Mewes war durch seine Zusammenarbeit mit dem großen Hotelier César Ritz, dessen Name längst in viele Sprachen als Synonym für üppige Pracht eingegangen war, bekannt geworden. Beide hatten bereits die großen Hotels, darunter die in Paris und London, geschaffen, die die Ritz-Hotelkette zur berühmtesten der Welt machten, als Ballin Mewes mit der Ausstattung des Passagierdampfers *Amerika* von 1905 beauftragte. Mewes leistete so hervorragende Arbeit, daß die *Amerika* bis zur Indienststellung der *Mauretania* im Jahre 1907 das eleganteste Schiff auf dem Atlantik war. Man sagt, daß sich Ballin zu diesem Schritt entschloß, nachdem er einer der ersten Gäste im Glanz des Londoner Ritz Carlton Grill war. Das Essen machte auf Ballins Gaumen einen ebenso großen Eindruck wie die Innenausstattung auf sein Auge.

Auf *Amerika* ließ er das erste »À la carte«-Restaurant einrichten, das – von den Eßsälen des Schiffs getrennt – gegen Aufpreis zu jeder Tages- und Nachtzeit Essen servierte. Dies Konzept eines exklusiven Clubs innerhalb eines ohnehin schon herausgehobenen Personenkreises erwies sich als gewinnträchtige Einschätzung menschlichen Charakters. César Ritz erhielt den Vertrag für die Ausarbeitung der Speisenkarte, die Küche und die Bedienung. Um dieser Aufgabe gerecht zu werden, versicherte sich Ritz der Erfahrung und Hilfe keines Geringeren der Haute Cuisine als des großen Auguste Escoffier selbst. Die einzige Anweisung, die Ritz seinem Küchenchef gab, war die, das Essen genau so zu servieren wie im Ritz

Carlton Grill im weit entfernten Paris. Der Name Ritz verpflichtete, und in den kommenden Jahren erhielten mehrere der weltberühmtesten Restaurateure Konzessionen auf Ozeandampfern. Auf der *Titanic* lag diese Konzession in den Händen des Londoner Unternehmens Gatti und Luigi. Gatti ertrank mit seinem gesamten Personal, als das Schiff unterging.

Der Erfolg der *Amerika* machte es unumgänglich, Mewes mit der Ausstattung der *Imperator* zu betrauen. Er war damals auf dem Höhepunkt seines Könnens und setzte mit seinem gleichermaßen brillanten jungen Teilhaber Arthur Davis auf *Imperator* neue Maßstäbe, die ihre Auswirkung auf alle folgenden Schiffe hatten. Mewes war Elsässer und damit zur damaligen Zeit deutscher Staatsbürger. Er besaß jedoch ein französisches Formempfinden, das die Großartigkeit seiner Entwürfe auszeichnete, diese zugleich aber Räume bleiben ließ, in denen man sich aufhalten konnte. Die Räume erster Klasse auf der *Imperator* wurden zum schwimmenden »Ritz« und noch zu mehr. Das Fehlen eines vierten Schornsteins ließ viel mehr Platz für die großen Gesellschaftsräume, die auf Mewes' Reißbrett entstanden. Dem französischen Stil des 18. Jahrhunderts, der die Grundlage bildete, gab er durch die Verwendung großer Mengen Marmor eine besondere Note, die atemberaubend war. Weiter unten im Schiff schuf Mewes unter Verwendung seiner Entwürfe für das Gebäude des Königlichen Automobil-Clubs in Pall Mall ein Schwimmbad, das buchstäblich eine Marmorhalle war. Diesen Entwurf wiederholte er auf den beiden folgenden Schiffen. Er setzte sich auch in einem langwierigen Streit mit Ballins Schiffskonstrukteuren durch. Seit langem hatte er gefordert, die riesigen Abgasschächte der Schornsteine, die die Rauchgase der Kessel abführten, zu teilen und an den Seiten des Schiffs hochzuführen, damit man in der Schiffsmitte längs des ganzen Decks blicken konnte. Beim Entwurf der *Vaterland* und der *Bismarck* setzte er sich mit dieser Forderung durch, und so wurde der Eindruck großer Geräumigkeit erzeugt. Diese Anordnung der Abgasschächte wurde auf der *Normandie* der französischen C.G.T. mit besonders eindrucksvollen Ergebnissen wiederholt.

Imperator wurde im Mai 1913 in Dienst gestellt und verschreckte ihre Besatzung während der Probefahrten durch ihre Neigung, beim geringsten Seegang heftig zu rollen. Die einfache Tatsache war die, daß *Imperator* topplastig war. Nach Schluß der ersten Saison wurden Hunderte Tonnen an Ausrüstung entfernt, die schlanken Schornsteine gekürzt und Ballast in der Bilge eingebaut. Die merkwürdige Galionsfigur überlebte diesen Prozeß zur Erlangung größerer Stabilität, ging jedoch in schwerer See vor Cherbourg teilweise verloren und wurde bei Rückkehr des Schiffs nach Cuxhaven unauffällig entfernt.

Bei seinen Bemühungen, den Passagieren erster Klasse perfekten Service zu bieten, vergaß

Unten: Die *Vaterland* verläßt die Bauwerft Blohm & Voss in Hamburg. Nach nur vier Rundreisen unterbrach der Erste Weltkrieg ihre Dienstzeit. Nach Kriegsende wurde sie die *Leviathan* der United States-Linie.

Rechts: Das Schwimmbad der *Vaterland*, dessen Marmorsäulen zwei Decks hoch reichten. Das Vorbild dieses Entwurfs ist im Royal Automobile Club in London zu besichtigen.

Die Queen Mary

Ein Synonym für das Größte

Als »glückliches Schiff« bekannt, ging der *Queen Mary* einiges vom Schwung und Flair der zeitgenössischen französischen Schiffe ab. Dennoch hatte sie ihren Platz im Herz des englischen Volks, während überall Nationalstolz und Prestige verflachten. Ihre reine Größe ließen sie zu einem Synonym für Größe und Großartigkeit werden. Wie diese Zusammenstellung von Zigarettenbildern zeigt, war das öffentliche Interesse an allen mit ihr zusammenhängenden Dingen sehr groß.

Rechts: Eleganz im Stile Eduards VII. auf dem Cunard-Liner *Aquitania* von 1913, der ganze 37 Jahre im Dienst war.
Oben rechts: Eine Ecke im Rauchsalon erster Klasse
Oben links: Teil einer Kabine
Mitte links: Das Schwimmbad der *Aquitania*
Mitte rechts: Der Ballsaal
Unten links: Die »Palladian Lounge«, vielfach als elegantester Raum auf See bezeichnet
Unten rechts: Die Treppe der ersten Klasse

Links: Der Eßsaal dritter Klasse auf der *Vaterland*. Im Jahre 1914 gab es, wie das Bild zeigt, sogar schon Stewards im Zwischendeck.

Ballin jedoch niemals, daß das Gedeihen seiner Gesellschaft gleichermaßen auf dem Auswandererverkehr beruhte, der die Zwischendecks seiner Schiffe füllte. Die *Imperator* allein konnte 1772 Zwischendeckpassagiere aufnehmen, und die Hapag hatte ihre Lage erheblich verbessert. Es gab Rauchsalons und Aufenthaltsräume, und die Nahrung war reichlich, wenn auch nicht gerade wegen etwaiger Vielfalt berühmt. In jenen Tagen nach der *Titanic*-Katastrophe war jedermann an Bord ein Platz in einem Rettungsboot sicher. Die früheren Auswanderer-Schlafsäle mit vierzig und mehr Kojen gehörten jetzt der Vergangenheit an. Auf der *Aquitania* der Cunard, die ein Jahr nach der *Imperator* in Dienst kam, waren die meisten der 1998 Passagiere dritter Klasse in Zwei- bzw. Vierbettkabinen untergebracht. Dennoch waren die Schranken zwischen den unterschiedlichen Klassen nach wie vor starr, und es sollten weitere fünfzig Jahre vergehen, bevor das Ein-Klassen-Schiff eine ständige Einrichtung des Seeverkehrs wurde. Es ist überflüssig zu erwähnen, daß die Einrichtung der ersten Klasse auf *Aquitania* allem gleichkam, was es damals gab, und ihre von Mewes' Partner Davis geschaffene »Palladian Lounge« stellt den Höhepunkt der Inneneinrichtung von Schiffen im Stile Eduards VII. dar.

Zugegebenermaßen ist der Krieg eines der wirksamsten Mittel gesellschaftlichen und künstlerischen Fortschritts. In den wenigen Jahren, in denen die Ozeandampfer vom Ersten Weltkrieg mit Beschlag belegt wurden, beeinflußten die durch den Konflikt verursachten Umwälzungen den allgemeinen Geschmack so sehr, daß die Schiffe bei ihrer Rückkehr in den Zivildienst altmodisch wie viktorianische Museen mit schweren teutonischen Glanzlichtern wirkten. Einer kriegsmüden Welt, die geistige Befreiung von den gesellschaftlichen Zwängen des 19. Jahrhunderts suchte, eröffnete die Schlichtheit der Linienführung und die reichliche Verwendung von Farbe in zarten Pastelltönen erregende neue Entwurfskonzepte. Wie viele andere lebenssprühende und gewalttätige Jahrzehnte hatten die zwanziger Jahre viele Erscheinungen, die man besser vergißt. Im Jahre 1927 kam jedoch aus der Penhoët-Werft in St. Nazaire ein Schiff, das der Erinnerung wert ist: die *Île de France*. An der Spitze der C.G.T. stand zu dieser Zeit Jean Piaz, dessen Devise lautete: »Leben heißt nicht nachahmen, sondern schöpfen!« Mit diesem Befehl in den Ohren warb der technische Stab der C.G.T. dreißig der besten europäischen Innenarchitekten an. Die Ergebnisse waren ein Spiegel der Zeit. Erstaunlich harmonisch beeindruckten sie die ältere Generation der Atlantikreisenden nicht. Die Jungen, zumindest aber diejenigen, die sich irgendwie zur Avantgarde rechneten, strömten auf das neue Schiff. Sie erholten sich in Gesellschaftsräumen, die von Jeanniot, Bouchard und Saupique ausgeschmückt waren, gingen um Statuen von Baudry herum und aßen in einem Eßsaal für 700 Personen von Pierre Patout, der Pyrenäen-Marmor in drei verschiedenen Grautönen verwandt hatte. Im übrigen trug die *Île de France* ihren Teil zur Liste der »erstmaligen Dinge« bei, indem sie mit der ersten geweihten römisch-katholischen Kapelle in See ging. Mehr als jedes andere Schiff war die *Île de France* bei Tausenden von Passagieren beliebt, nicht so sehr wegen ihrer Größe, ihrer Geschwindigkeit oder gar wegen ihres Komforts, sondern wegen ihres französischen Schwungs, der sich in dem Leben an Bord ausdrückte. So ist es kein Wunder, daß die *Île* in viele Schlager der dreißiger Jahre, darunter auch Cowards »These Foolish Things«, Eingang fand.

Zeitgenossen der *Île de France* waren die beiden deutschen Gewinner des Blauen Bandes, die *Bremen* und *Europa*. Im Vergleich mit den neuen deutschen Schiffen mit ihrem wulstigen Bug, dem schnittigen modernen Rumpf und den flachen Schornsteinen wirkte die *Île de France* ganz sicher veraltet, sie übertraf diese jedoch in bezug auf die Innenausstattung mit Längen. Die deutschen Innenarchitekten hatten auf ihren Schiffen den neuen Trend zur sparsamen Linienführung übertrieben, und viele fanden, daß die Ausstattung der *Bremen* klinisch wirkte. Trotz dieses ziemlich kahlen Inneren begann mit *Bremen* das Zeitalter neuer Materialien in Plastik und Kunststoff, das schließlich zum feuersicheren Schiff führen sollte.

Das Jahr 1930 ist ein Wendepunkt in der Geschichte der schwimmenden Paläste. In jenem Jahr entstanden in den europäischen Konstruktionsbüros sechs Ozeanriesen, je zwei in England, Frankreich und Italien. Damals kamen die englischen Innenarchitekten vom Weg ab und schwelgten in schokoladebraunen Formen, indem sie Zoll für Zoll mit Nußbaumtäfelung bedeckten. Das erste Beispiel war die *Empress of Britain* der Canadian Pacific Line von

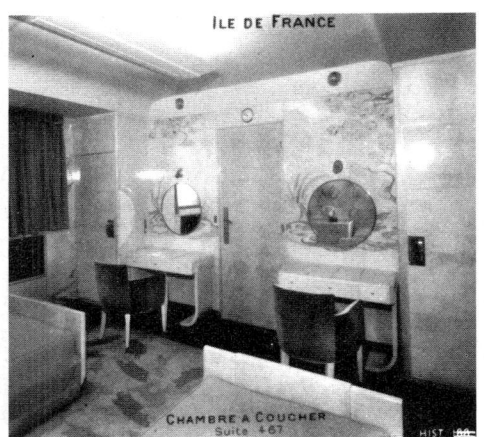

Links: Der »Grand Salon« der Île de France. Die Gesellschaftsräume der Île, Entwürfe von Jeanniot, Bouchard und Saupique, waren eine Abkehr von allem, was man bis dahin kannte. Das Säulenwerk ist größtenteils in Marmor gestaltet.
Oben: Schlafkabine erster Klasse auf Île de France

1931. Frank Brangwyn und Sir John Lavery schufen Räume, die in ihren Abmessungen großartig waren, aber den Stempel der damals gängigen Londoner Hotels trugen. Viel von dieser Auffassung ging auch in die *Queen Mary* über. Als Schiff, das für den Einsatz in allen Wetterlagen auf dem Nordatlantik entworfen war, kam ihr nur ihre ebenso seetüchtige Halbschwester *Queen Elizabeth* gleich. Die Innenausstattung beider Schiffe war indessen weniger gelungen. Zwar waren sie beim Publikum sehr beliebt, und der Cunard-Service suchte seinesgleichen, dennoch paßte das Innere der Schiffe mehr in die Welt eines »Über-Kinos«, wenn man einmal vom Geschmack der Engländer zu Ende der dreißiger Jahre absah.

Die Italiener gingen bei der Ausstattung der *Rex* und *Conte di Savoia* kein Risiko ein und griffen auf das große Zeitalter des italienischen Barocks zurück. Die Decke des Hauptgesellschaftsraums der *Conte di Savoia* hätte der Sixtinischen Kapelle keine Schande gemacht. Die für die günstigen Wetterverhältnisse der südlichen Route ausgelegten italienischen Schiffe taten sich mit offenen Schwimmbädern und Sonnenterrassen hervor.

Im Jahre 1935 kam jedoch aus Frankreich die legendäre *Normandie*, ein Ozeanriese, der von allen Schiffen den berechtigtsten Anspruch auf ewige Größe erheben kann.

Von Vladimir Yourkevitch, einem russischen Emigranten, dessen Karriere in der Petersburger Admiralität begonnen hatte, entworfen, führte der Rumpf des 83 000 BRT-Giganten Konstruktionsprinzipien ein, die im heutigen Schiffbau allgemeingültig sind. Ein Wulstbug verschmälerte sich zur Wasserlinie hin zur rasiermesserscharfen Kante und sprang dann in einem majestätischen Bogen nach oben, der in die stromlinienförmigen Seiten eines Atlantikbugs überging. Der Gesamteindruck war einmalig und verlieh dem Schiff zusammen mit

Oben: Die von Frank Brangwyn entworfene »Chinese Lounge« auf der *Empress of Britain* der Canadian Pacific

Unten links: Das geschmackvolle Schwimmbad der *Bremen*

Unten rechts: Die strengen rechtwinkligen Linien des großen Gesellschaftsraums der *Bremen*

Mehr als jedes andere Schiff konnte die riesige *Normandie* von 1935 Anspruch auf den Titel »Elegantestes Schiff der Welt« erheben. Die Abbildung zeigt den Entwurf des Theatereingangs von Bouwen und Expert, der durch die geteilten Rauchgasschächte an Geräumigkeit gewann.
Auch der übersättigste und blasierteste Passagier konnte sich den aufregenden Barockthemen in der glänzenden Haupthalle der *Conte di Savoia* nicht entziehen.

den drei riesigen freitragenden Schornsteinen ein kraftvoll-majestätisches Aussehen. Die freitragenden Schornsteine, in deren unteren Teilen die Ventilatoren zusammengefaßt waren, ließen freie Decksflächen entstehen, wie man sie in den folgenden dreißig Jahren nicht wiedersehen sollte. Diese Schornsteine hatten eine weitere, bereits genannte Eigenheit: Ihre Rauchgasschächte waren an den Schiffsseiten hochgeführt und ließen so in der Schiffsmitte auf einer Länge von 150 Metern eine ununterbrochene Folge von Räumen zu, die für die Passagiere bestimmt waren. Erneut hatte die C.G.T. die besten Künstler zusammengerufen, um einen Ausdruck des Besten des zeitgenössischen französischen Stils zu finden, und sie lösten diese Aufgabe in einmaliger Weise. Die Entwurfskonzepte auf *Normandie* waren unter Zugrundelegung jeglicher Maßstäbe gewaltig. Wenn man sich jedoch die Illustrationen, die allein von diesem großen Schiff der dreißiger Jahre übergeblieben sind, vor Augen hält, bemerkt man, daß die Feinheit der Linienführung die reine Größe ausglich. Der große Aufenthaltsraum und der ebenso geräumige Rauchsalon, ein Werk von Acon und Patout, konnten zu einem riesigen Salon vereinigt werden. Davor lag ein voll ausgestattetes Theater und dahinter führte eine Mitteltreppe zu einer weiteren Halle und zum Veranda-Grill, der die Heckterrassen überblickte. In dem darunterliegenden Deck bildete der Eßsaal einen »Kraftakt« getönten Glases, das in großen Mengen als Wandverkleidung und in Form von beleuchteten Glassäulen, die sich fast durch den ganzen Raum zogen, Verwendung gefunden hatte. Dieser wundervolle Raum war noch etwas länger als der berühmte Spiegelsaal im Schloß von Versailles. Noch weiter unten bot das Schwimmbad einen schönen Kontrast von blauem Marmor und Messingarmaturen. Die Kapelle – die größte jemals auf einem Schiff – war in byzantinischem Stil mit Marmortäfelung gehalten.

In großer Zahl wurden auf *Normandie* auch plastisch verzierte Bronzetüren verwandt. Allein der Eßsaal verfügte über nicht weniger als acht solcher Türpaare. Die riesigen Haupttüren waren aus vergoldeter Bronze und führten auf eine Treppe, die zu einer mit algerischem Onyx ausgekleideten Vorhalle hochschwang. Man kann sich gut vorstellen, mit welchem Gehabe die Damen jene Treppe herabgeschritten sind, um am Eingang kurz zu verharren, damit der

gesamte Saal Gelegenheit hatte, sie zu bewundern.

Die Karriere der *Normandie* dauerte ganze vier Jahre, da sie den Zweiten Weltkrieg nicht überlebte. Als Frankreich so weit war, nochmals einen Ozeanriesen zu schaffen, wurde dies ein Schiff mit der gleichen gallischen Eleganz des Erscheinungsbildes. Die *France* von 1961 hatte zwei Schornsteine mit Stummelflügeln, die sehr bald ihr besonderes Kennzeichen werden sollten. Die »alten Hasen« des Atlantikverkehrs waren jedoch über die Passagierräume dieser Nachfolgerin der *Normandie* enttäuscht. Ihr Eßsaal war indessen eine schweigende Studie in Gold, und die riesigen Mengen von Teppichen gaben ihr einen Hauch von Luxus, der der *United States* und den beiden *Queens* fehlte. Die *United States* war der erste Neubau eines Ozeanriesen nach dem Zweiten Weltkrieg. Damals war das große Zeitalter der Innenausstattung vorüber und die Zeit streng funktionaler Einrichtungen angebrochen. Auf *United States* wirkte alles sauber und rationell wie in irgendeinem der von amerikanischen Ketten in der ganzen Welt betriebenen Hotels. Selbst für die reichliche plastische Ausschmückung der grünen Wände auf den vielen Korridoren des Schiffs hatte man auf Aluminium zurückgegriffen. Nachdem das anfängliche Interesse für diese meist patriotischen Motive verschwunden war, blieb der Eindruck der Langeweile.

Das Hotelvorbild beherrschte in den sechziger Jahren die Innenausstattung so sehr, daß die offizielle Werbebroschüre, die den italienischen Ozeanriesen *Michelangelo* beschrieb, tatsächlich auf die Ähnlichkeit ihrer drei Foyers mit Vorbildern an Land hervorhob. Vieles an ihrer in modernen feuersicheren Materialien – nahezu alle synthetisch – ausgeführten Einrichtung erinnerte den Betrachter an die besseren modernen Kurorte Italiens.

Als sich die *Queen Elizabeth 2* im Jahre 1968 ihrer Fertigstellung näherte, beruhigten die Presseveröffentlichungen von Cunard die anspruchsvollen Passagiere keineswegs. »Lange genug sind Schiffe langweilig gewesen!« schrien die Reklameflächen, und die Neugierigen warteten mit gewisser Angst ab, wie gerade Cunard einen Lebensstil, den diese Linie wie keine andere geprägt hatte, beleben wollte. Tatsächlich erwiesen sich die Sorgen als unbegründet. Wenn man davon ausging, daß man sich in der zweiten Hälfte des 20. Jahrhunderts befand und sich alle Maßstäbe weltweit rasch

änderten, erwies sich der mutmaßlich letzte aller Ozeanriesen insgesamt als ein Sieg des guten Geschmacks. Wie die Cunard Line offen zugab, hatte das Entwurfsteam von James Gardner das Schiff als eine schwimmende Erholungsstätte geplant und deshalb ein gewisses Maß an Vergnügungsmöglichkeiten in Form von Discotheken, Clubs und Restaurants vorsehen müssen. Dennoch machten die gelungenen Formen und Farben der Passagierräume die *Queen Elizabeth 2* zum schönsten Schiff ihrer Zeit. Der von dem Australier John Bannenberg entworfene »Double Room«, von roter Auslegeware und blauer Wildledertapete beherrscht, und der eindrucksvolle »Queens Room« von Michael Inchbald halten den Vergleich mit allem aus, was es bis dahin gegeben hatte. Das »Columbia«-Restaurant, das sich über die ganze Breite des Schiffs erstreckt, hat eine durch die großen Fenster unterstützte geräumige Atmosphäre, verfügt jedoch dennoch über eine erhöhte Plattform am Eingang.

So fährt die *QE 2* in die siebziger Jahre, ohne große Ähnlichkeit mit den großartigen Einrichtungen früherer Schiffe zu haben. Dennoch gelten auch für sie dieselben Grundsätze hervorragender Ausstattung und feinschmeckerischer Genüsse, nach denen Ballin, Mewes und Escoffier strebten und die in der *Normandie* ihren Höhepunkt fanden. Man kann nur hoffen, daß sie auch in den künftigen Jahren all denen, die darauf Wert legen, zur Verfügung stehen werden □

An der Schwelle zum 21. Jahrhundert. Die zentrale Halle der *Queen Elizabeth 2* vereinigt einen Hauch von Raumfahrt-Zeitalter mit praktischer Bequemlichkeit für die Passagiere.

Kapitel IV

DIE FEINDLICHEN ELEMENTE

Große Katastrophen auf See

Die französische *L'Atlantique* treibt am 4. Januar 1933 heftig brennend und außer Kontrolle im Ärmelkanal.

Die großen Ozeane sind die einsamsten Stätten der Welt. Mehr als Gebirge und Wüsten ist die See das feindlichste Element, das der Mensch auf seinem Heimatplaneten antrifft. Der Bergsteiger, der den Mount Everest auf der Südseite über die Direktroute ersteigt, oder der Kameltreiber, der die Wüste Gobi durchquert, hat zumindest festen Boden unter den Füßen und eine gute Aussicht auf Rettung, wenn irgend etwas schiefgehen sollte. Der Ozean bietet auch nicht die geringste derartige Unterstützung. Niemand kann auf ihm ohne fremde Hilfe für mehr als wenige Stunden überleben. Die riesigen, eintönigen Wüsten unruhigen Wassers machen es nahezu unmöglich, ein Rettungsboot aufzuspüren. So nimmt es nicht wunder, daß der Europäer zumindest bis ins Mittelalter nur wenig Ansporn fand, den Atlantik zu befahren. Zunächst mußte sich der Seefahrer der frühen Jahre von dem Gedanken freimachen, ein jeder, der zu weit nach Westen segle, falle über einen Rand aus dieser Welt hinaus. Danach hatte er mit Stürmen, dem Nebel, Havarie, Feuer, Hungertod, Skorbut, meuternden Besatzungen und, falls er das Glück hatte, alle diese Gefahren zu überleben, mit feindlich gesinnten Eingeborenen zu kämpfen. Mit der Zeit wurden die Schiffe immer größer und sicherer. Dennoch arbeiteten die Versicherungsgesellschaften noch zu Beginn des 19. Jahrhunderts auf der Grundlage, daß jedes sechste Schiff, das aus europäischen Häfen auslief, seinen Bestimmungsort nie erreichen würde. Viele dieser Schiffe waren die berüchtigten »Särge«, die, bis zum Dollbord mit Auswandererfamilien vollgestopft, ihren skrupellosen Eignern riesige Profite abwarfen, falls sie heil ankamen. In den Tagen der Segelschiffe waren Havarien nichts Ungewöhnliches und ein Schiffsbrand auf See eine normale Gefahr. Andererseits waren Kollisionen selten verhängnisvoll, da beide Schiffe kräftigen Wind brauchten, um ausreichenden Schwung für eine ernsthafte Beschädigung zu haben. Ein im Nebel liegengebliebenes Schiff wurde aufgehalten, mußte aber nicht damit rechnen, Schaden zu erleiden. Mit dem Beginn der Dampfschiffahrt änderte sich all das. Einerseits bedeutete der Dampfantrieb größere Sicherheit, da die Schiffsführer durch sie die Kraft erhielten, um mit Stürmen zu kämpfen und von gefährlichen Küsten Abstand zu halten. Dieser Vorteil wurde jedoch durch das Risiko aufgewogen, ohne Kohle liegenzubleiben oder in jenen Tagen ohne Radar bei Nacht oder Nebel mit einem anderen Schiff zusammenzustoßen.

Die Nordatlantikstürme sind die schlimmsten der ganzen Welt. Im Frühling und Herbst treiben im Gebiet der Großen Neufundlandbänke Nebelfelder, die die Sicht auf Null absinken lassen und das ganze Meer mit einer geräuschhemmenden Decke überziehen, die man erlebt haben muß, um sie zu glauben. Unter solchen äußeren Bedingungen trugen sich die ersten Unglücke von Dampfschiffen zu, obwohl viele Schiffsführer den Nebel eher als Ärgernis denn als etwas anderes ansahen. Der berühmte erste Kommodore der Cunard-Linie, Kapitän Judkins, ging bei Nebel auf höchste Fahrtstufe und raste geradewegs durch die Dunkelheit, da man, wie er sagte, »dann um so schneller hindurch war«.

In einem derartigen Nebel kam die *Arctic* der Collins Line am 27. September 1854 im Gebiet der berüchtigten Neufundlandbänke in Schwierigkeiten. Kapitän Luce, ein erfahrener Segelschiffer, den Collins auf seine Dampfer übernommen hatte, lief mit voller Fahrt weiter. An Bord befand sich auch Edward Collins' Ehefrau Mary Ann, sein jüngster Sohn Henry und seine einzige, nach ihrer Mutter benannte Tochter. Kapitän Luce hatte seinen körperbehinderten achtjährigen Sohn bei sich, der die Reise aus Gesundheitsgründen unternahm. Unter den Passagieren befand sich auch der neuernannte französische Botschafter in Washington, Herzog von Gramont. Während die *Arctic* mit voller Geschwindigkeit durch den Nebel stürmte, entdeckte einer der Ausguckposten plötzlich ein Schiff voraus im Dunst. Unmittelbar auf seinen Warnruf folgte die Kollision. Die *Arctic* war durch den eisernen Rumpf des französischen Dampfers *Vesta*, dessen Schatten schnell im Dunst achteraus verschwand, aufgerissen worden. Obwohl Kapitän Luce zunächst annahm, sein Schiff habe nur oberflächlichen Schaden erlitten, war es tödlich verletzt. Bald meldeten ihm die Maschinisten, daß der Rumpf an drei Stellen unterhalb der Wasserlinie durchlöchert sei, und er unternahm einen letzten, verzweifelten Versuch, das Schiff an dem 60 Meilen entfernten Kap Race auf Strand zu setzen.

Das Rennen um die Rettung war schon vorüber, bevor es richtig begonnen hatte. Das Schiff begann zu krängen und blieb liegen. Soviel Frauen und Kinder wie möglich wurden auf die Rettungsboote verteilt. Dann brach jedoch

Die *Arctic* der Collins-Linie sinkt nach Kollision mit dem französischen Dampfer *Vesta* im Gebiet der Neufundlandbank. Der hölzerne Rumpf des Schiffes lief rasch voll Wasser. Insgesamt ertranken 346 Menschen, unter ihnen auch die Ehefrau und zwei Kinder des Begründers der Gesellschaft, Edward Collins.

Die Trümmer eines der Schornsteine der *Great Eastern* nach der Kesselexplosion vor Hastings am 9. September 1859. Sieben Besatzungsmitglieder fanden den Tod, viele weitere wurden verletzt. Das Schiff mußte zu Reparaturen nach Weymouth einlaufen. Der Unglücksfall versetzte dem bereits kranken Brunel den Todesstoß. Er starb sechs Tage später.

unter der Besatzung der *Arctic* eine Panik aus. Sie stürmte alle Rettungsboote bis auf eines und verließ das sinkende Schiff. Der Oberingenieur zwängte so viele Frauen und Kinder wie möglich in das verbliebene Boot und kam mit ihm frei. Als die *Arctic* aber vier Stunden nach der Kollision unterging, überlebten von den 391 Passagieren, die in Liverpool an Bord gegangen waren, ganze 45 Menschen. Nur zwei Rettungsboote erreichten überhaupt die Küste. Unter den Opfern befanden sich Frau Collins und ihre beiden Kinder sowie der französische Botschafter. Kapitän Luce, der seinen Jungen umklammerte, ging mit dem Schiff unter. Stücke der Schaufelradverkleidung fielen auf das Kind und töteten es sofort. Luce selbst kam frei und klammerte sich zwei Tage lang an Wrackteile, bis er von der *Cambria* der Cunard-Linie aufgefischt wurde.

Die *Arctic*-Katastrophe war der erste von vielen Rückschlägen für die Collins-Linie, die bis zum Verlust dieses Schiffes gegenüber der Cunard-Linie einen Vorsprung gewonnen hatte. Sechzehn Monate später fügte der Ozean der Collins-Linie einen neuen Schlag zu, diesmal mit einer seiner grausamsten Waffen, dem Eisberg. Am 23. Januar 1856 lief die *Pacific*, ein Schwesterschiff der *Arctic* und der erste Dampfer, der den Atlantik in neun Tagen überquerte, mit 45 Passagieren und 141 Besatzungsmitgliedern an Bord aus dem Hafen von Liverpool aus. Der Mangel an zahlenden Passagieren spiegelt die Abneigung der Reisenden jener Tage wider, eine Winterreise zu unternehmen. Die *Pacific* passierte die Sandbank vor Liverpool und lief durch den St.-Georges-Kanal in Richtung New York aus. Etwa einen Tag später folgte der neue Cunarder *Persia*, der, ganz aus starkem Eisen gebaut, das Collins-Schiff schlagen und das Ansehen der Cunard-Linie wieder aufpolieren sollte. Fünf Tage nach dem Auslaufen aus Liverpool lief die *Persia* mit 11 Knoten Geschwindigkeit geradewegs in ein Eisfeld. Bevor irgendein Ausweichmanöver gefahren werden konnte, waren der Bug des Schiffes verbogen, 5 Meter Außenhaut an Steuerbord abgerissen und auf dieser Seite Schaufelrad und Radkasten schwer beschädigt. Ohne Zweifel wurde *Persia* durch ihren eisernen Rumpf gerettet. Vorlastig und mit überfluteten Bugräumen gelang es ihr, New York zu erreichen. Bei seiner Ankunft stellte Kapitän Judkins fest, daß die *Pacific* noch nicht eingetroffen war. Von dem Collins-Liner hat man nie wieder

etwas gehört oder gesehen. Die Eigner der *Pacific* konnten nur vermuten, daß ihr hölzerner Rumpf da versagt habe, wo der eiserne der *Persia* standhielt, und daß ihr Schiff mit allen Menschen in dem Eisfeld untergegangen sei.

Einige Jahre später hatte ein anderer der frühen Passagierdampfer ein Zusammentreffen mit dem Eis. Dies war die *Arizona*, Gewinner des »Blauen Bandes« für die Guion-Linie, die sich im November 1879 unter dem Kommando Kapitän Jones' auf dem Rückweg nach New York befand. Die *Arizona* geriet in einen für die Neufundland-Bank typischen Nebel. Kapitän Jones setzte die Geschwindigkeit herab, aber auch so war in dem Dunst kaum etwas zu sehen. Das Schiff lief direkt gegen einen Eisberg und drückte sich seinen Bug um 7,5 Meter ein. Die im Rauchsalon befindlichen Passagiere wurden zu Boden geschleudert. Diejenigen, die schnell genug wieder auf den Beinen waren, rannten an Deck und sahen den Bug der *Arizona* von einem Eisberg, der das Schiff um 20 Meter überragte, buchstäblich begraben. Der Bug war in der Tat bis zum Kollisionsschott zerschmettert. Das Schiff hatte jedoch kein Leck und konnte von Kapitän Jones sicher nach St. Johns in Neufundland eingebracht werden. Dort baute man einen hölzernen Notbug an, und die *Arizona* raste in aufsehenerregenden 6 Tagen, 17 Stunden und 13 Minuten nach Liverpool zurück. Kapitän Jones wurde als für das Unglück Verantwortlicher angesehen und sein Kapitänspatent eingezogen, das Ansehen der *Arizona* stieg jedoch gewaltig an. Die Reisenden waren der Ansicht, daß ein Schiff, welches eine Kollision mit einem Eisberg überlebt hatte, hierzu auch künftig in der Lage wäre. So kam es, daß mehr Passagiere ihre Reise auf der *Arizona* buchten, als auf irgendeinem anderen der damaligen Passagierschiffe. Hier erwies sich einmal ein Unglück als gewinnträchtig.

Die Jahre nach 1870 sahen das Wrack mit der höchsten Totenzahl der Dampfschiffahrt im 19. Jahrhundert, als die *Atlantic* der White Star an der Küste Neufundlands mit dem Verlust von 585 Menschenleben scheiterte. Die *Atlantic* war zunächst der Goldesel der White Star-Linie. Sie war ganze zwei Jahre alt, als sie am 20. März 1873 mit 942 Menschen an Bord von Queenstown nach New York auslief. Ihr Kohlenvorrat reichte für 15 Tage. Die Reise stand von Anfang an unter einem ungünstigen Stern, und später wurde der Vorwurf erhoben, die Offiziere des Schiffs hätten »während der gesam-

Zwei Beispiele von Schiffen, die Frontalzusammenstöße überstanden. Links liegt die *Arizona* der Guion-Linie in St. Johns, nachdem sie im November 1879 einen Eisberg gerammt hatte. Das rechte Bild zeigt den Bug des italienischen Auswandererschiffes *Florida,* nachdem das Schiff die *Republic* der White Star-Linie am 23. Januar 1909 im Nebel südlich von Nantucket rammte und versenkte. Die vordersten zehn Meter des Bugs der *Florida* sind auf etwa anderthalb Meter zusammengedrückt.

ten Fahrt Zechgelage abgehalten«. Als Oberingenieur Foxley dem Kapitän eröffnete, daß der Bunkervorrat auf 127 Tonnen zusammengeschmolzen sei, befand sich die *Atlantic* nach elftägiger Reise noch immer 400 Meilen von der amerikanischen Küste entfernt. Kapitän Williams entschloß sich, Kurs auf Halifax zu nehmen, um sein Schiff dort zu bekohlen. Als sich die *Atlantic* der Küste Neufundlands näherte, kam schwere See auf. Kapitän Williams ordnete an, er sei zu wecken, sobald die Einfahrt nach Halifax in Sicht komme, und ging trotz der gefährlichen Situation zu Bett.

Niemand weckte ihn jedoch, und Williams hörte als nächstes, wie sein Schiff um 03.15 Uhr auf die Felsen von Kap Prospect 20 Meilen vor Halifax krachte. Er stürzte sofort an Deck und übernahm den Befehl über die Besatzung, unter der sich rasch eine Panik ausbreitete. Der Seegang spülte alle Rettungsboote der Backbordseite weg, und als die *Atlantic* auf die Seite rollte und unterging, war lediglich ein Rettungsboot der Steuerbordseite zu Wasser gelassen. Bug und Teile der Bemastung blieben über Wasser, und die hilflosen Überlebenden klammerten sich an diese letzte Zuflucht, bis sie von Fischerbooten aus Halifax gerettet wurden. Bei der späteren Seeamtsverhandlung zog man zwar Kapitän Williams' Patent ein, erkannte jedoch seine tapfere Haltung nach dem Unglück an. Die *Atlantic*-Tragödie war dennoch ein entscheidender Rückschlag für die aufstrebende White Star-Linie. Zum Erstaunen der Verantwortlichen der Reederei kam das Seeamt zu dem Ergebnis, die *Atlantic* sei mit zu geringem Bunkervorrat aus Liverpool ausgelaufen. Sie mühten sich mehrere Jahre ab, diese Entscheidung durch Prozesse zu ändern. Kapitän Williams war schon zwei Jahre nach der *Atlantic*-Affäre wieder auf der Brücke eines White Star-Dampfers.

Auch die Inman-Linie hatte in den siebziger Jahren des vergangenen Jahrhunderts ihren Teil an Unglücksfällen. Ihre *City of New York* strandete auf Daunts Rock außerhalb von Queenstown und war ein Totalverlust. Dann geriet die *Glasgow* auf hoher See in Brand und mußte aufgegeben werden. Die schlimmste Katastrophe traf die Liverpooler Reederei jedoch im Januar 1870. Am 28. Januar 1870 verließ die *City of Boston* Halifax in Richtung Liverpool. Sie war mit 177 Personen an Bord aus Boston gekommen, und nachdem sie Halifax verlassen hatte, hat man nie wieder etwas von ihr gehört oder gesehen. Ihr Name wurde auf die Liste der Schiffe gesetzt, die in die Vergessenheit gefahren sind.

Selbst in den heutigen Tagen überlegener technologischer Herrschaft verschwinden hin und wieder mit modernsten Funk- und Navigationsanlagen ausgerüstete Schiffe spurlos. Im 19. Jahrhundert waren derartige Vorfälle alltäglich, und selbst die ersten Jahre des neuen Jahrhunderts können das Beispiel eines neuen, gutgeführten Passagierdampfers bieten, der nahezu in Sichtweite des Landes verschwand. Dies war die *Waratah* der Blue Anchor-Linie, ein Auswandererschiff im Dienst zwischen Großbritannien und Australien über das Kap der Guten Hoffnung. Im Juni 1909 lief die *Waratah* auf der Heimreise Durban an und machte sich dann auf die kurze Fahrt längs der Küste nach Kapstadt. Während des ersten Teils dieser nahezu in einer Nacht zurückzulegenden Strecke wurde sie von mehreren anderen Schiffen gesichtet. Dann verschwand sie und wurde nie wieder gesehen. Der Verlust der *Waratah* bleibt eines der nie geklärten großen Geheimnisse des Meeres oder eines anderen Elements. Ein moderner gutgebauter Passagierdampfer, der über Funk verfügte, wurde durch eine unbekannte Gewalt hundert Meilen vom Hafen auf einem dicht befahrenen Seeweg vernichtet, ohne daß ein einziges Ruder, eine Planke oder ein verstümmelter menschlicher Körper zurückblieb, die angezeigt hätten, daß und durch welche Einflüsse hier ein großes Schiff verlorengegangen war.

Die Einführung der drahtlosen Telegraphie um die Jahrhundertwende verbesserte die Sicherheit des Menschen auf See für alle Zeiten. Doch dauerte es wie bei anderen gesellschaftlichen oder technologischen Fortschritten, die

Oben: Die Funkstation eines Passagierdampfers in den Kinderjahren der drahtlosen Telegraphie. Der Funker nimmt einen Funkspruch auf, rechts im Bild sind die Übertragungsschlüssel zu erkennen. Die Funker gehörten nicht zur Besatzung, sondern waren Angestellte der Marconi-Gesellschaft.

Rechts: Die *St. Paul* (11 629 BRT) der American Line, von der aus Marconi im Jahre 1898 erstmals drahtlos Nachrichten an eine Landstation gab.

den Gang der Geschichte ändern sollten, mehr als ein Jahrzehnt, bis sich die ganze Welt der Möglichkeiten von Marconis Erfindung bewußt wurde. Der hartnäckige kleine Italiener brauchte die ganze Fülle seiner reichen Überzeugungskraft, um die Finanzwelt der Viktorianischen Zeit zur Unterstützung seiner Ideen zu bewegen. 1898 sandte er von dem amerikanischen Passagierdampfer *Saint Paul* die ersten Nachrichten in den Äther. Die erste feste Marconi-Funkstation wurde im Jare 1900 auf der *Kaiser Wilhelm der Große* eingebaut. Dennoch ging es nur langsam voran, und viele Schiffseigner waren nicht bereit, gutes Geld für neumodische Apparate auszugeben, deren einziger Nutzen in der Kenntnis der Börsenkurse bestand, wenn das Schiff in den Sendebereich der Landstationen kam. Wenn auch die Schiffahrtsgesellschaften nur langsam begriffen, so erkannten die Marinestäbe auf der ganzen Welt, daß hier ein neues Element der Seekriegführung vorlag. Bei dem Sieg der Japaner über die Russen im Mai 1905 spielte die Funkentelegraphie eine entscheidende, wenn auch weithin nicht bekannte Rolle.

Dann ereigneten sich im Zeitraum von nur drei Jahren zwei Schiffsunglücke, die Marconi und seinen Zauberkasten in den Mittelpunkt des Weltinteresses rückten. Der erste Zwischenfall war aufregend, der zweite apokalyptisch. An ihm war das damals weltgrößte Schiff beteiligt, und er wurde zur berühmtesten Schiffskatastrophe der Geschichte.

Beide Zwischenfälle betrafen Schiffe der White Star-Linie, die damals auf dem Höhepunkt ihres Ansehens und ihrer Macht stand und von vielen Menschen als das fortschrittlichste Seeverkehrsunternehmen der Welt angesehen wurde. Als die Morgendämmerung am 23. Januar 1909 über Nantucket anbrach, befand sich die *Republic* (15 378 BRT) der White Star-Linie gerade südwestlich der Insel mit fast 2000 Menschen an Bord auf dem Weg in das sonnige Mittelmeer. Sonne brauchte die *Republic* selbst am meisten, denn sie tastete sich vorsichtig durch einen typischen Nordatlantik-Nebel. Um 05.40 Uhr sah ein entsetzter Ausguck ein anderes Schiff undeutlich im Dunst auftauchen. Bevor irgendein Ausweichmanöver möglich war, krachte das andere Schiff in die Backbordseite der *Republic*, drehte ab und verschwand ebenso schnell, wie es aufgetaucht war. Der White Star-Liner lag allein im Nebel, mit überflutetem Maschinenraum und gefährlicher Schlagseite nach Backbord und drohte zu sinken. Nun machte Marconis Erfindung den ersten funkentelegraphischen Notruf in der Geschichte der Schiffahrt. Das Schiff, das der *Republic* den Todesstoß versetzt hatte, war die italienische *Florida*, die mit 900 Auswanderern, zumeist Flüchtlingen des jüngsten Erdbebens von Messina, nach New York bestimmt war. Als sie die *Republic* aufschlitzte und drei Passagiere tötete, zerstörte sie auch die Funkstation, in der der Funker Jack Binns fest schlief. Als das Wasser in die Generatorenräume lief, brach die Stromversorgung zusammen. Binns schloß jedoch sein Funkgerät schnell an Notbatterien an und setzte seinen historisch gewordenen Funkspruch ab: »CQD. An alle. Seenot. *Republic* von unbekanntem Dampfer 26 Meilen südwestlich von Nantucket gerammt. Hilfe dringend erforderlich!« Der Funkspruch wurde sofort von der *La Touraine* der C.G.T. und der *Baltic* der White Star aufgefangen, die sofort ihren Kurs änderten und zur Unglücksstelle liefen. Obwohl die *Baltic* nur 64 Meilen entfernt

Wasserdichte Schottüren, wie sie auch auf *Titanic* eingebaut waren. Die Türen wurden hydraulisch betätigt, sie sind hier in geöffnetem und teilweise in geschlossenem Zustand zu sehen. Der Kollisionsschaden an *Titanic* war jedoch so groß, daß die wasserdichte Unterteilung das Schiff nicht retten konnte.

stand, lief sie wegen des Nebels 200 Meilen, bevor sie die *Republic* um 19.00 Uhr desselben Tages erreichte. Zu dieser Zeit hatte sich die *Florida* zu der fahrunfähigen *Republic* zurückgetastet. Beide Kapitäne hatten entschieden, daß die auf der *Republic* befindlichen Menschen an Bord des italienischen Schiffes sicherer seien. Mit der Ankunft der *Baltic* wurden sie dann auf diese gebracht. Nun erst verließ Jack Binns seinen Posten auf der *Republic*, die bei dem Versuch, sie nach New York einzuschleppen, am folgenden Morgen sank. Binns war von einem Tag zum anderen ein Held geworden und erhielt eine typische New Yorker Begrüßungsparade. Tausende erwarteten das Einlaufen der *Baltic* mit den Geretteten. Viel wichtiger war jedoch eine Flut von Presseartikeln, in denen die baldige Ausrüstung aller großen Schiffe mit Funkanlagen gefordert wurde.

Ganze zwei Monate nach dem *Republic*-Unglück legte man bei Harland & Wolff in Belfast den Kiel für das größte Schiff der White Star-Linie. Das neue Monster war das zweite der drei großen Schiffe, mit denen Bruce Ismay, der Vorsitzende der White Star-Linie, seiner Flotte die absolute Vorherrschaft im Nordatlantikverkehr verschaffen wollte. Auf diesen Schiffen sollte noch nie dagewesener Luxus für alle diejenigen vorhanden sein, die es sich leisten konnten, und unter Deck einfachere, aber nicht weniger gewinnbringende Quartiere für Auswanderer sein, die noch immer zu Tausenden in die Neue Welt strömten. Ismay gab seinen Schiffen Namen, die gut zu ihrer vorgesehenen

Titanic verläßt am 2. April 1912 Belfast Lough zur Probefahrt. Dreizehn Tage später sollte sie nach der größten Schiffskatastrophe in Friedenszeiten auf dem Boden des Atlantik liegen.

Aufgabe, große Dinge zu schaffen, paßten. Das erste war die *Olympic*. Auch das zweite Schiff gab den entschlossenen Bestrebungen ihrer Eigner, Großes zu schaffen, Ausdruck. Es sollte *Titanic* heißen.

Die *Titanic* wurde termingemäß für ihre Jungfernreise im April 1912 fertig und ging von Belfast nach Southampton, wo sie Passagiere der ersten Klasse aufnahm, die dem größten und luxuriösesten Schiff der Welt völlig gerecht wurden. Unter ihnen befand sich Oberst John Jacob Astor, das Oberhaupt von Amerikas größtem Finanz-Clan und Gründer des Waldorf-Astoria-Hotels, der Bankier Ben Guggenheim, Charles Hays, Präsident der Grand Trunk Railroad, und John B. Thayer, der dieses Amt bei der Pennsylvania Railroad innehatte.

Der riesige Rumpf der *Titanic* nach dem Stapellauf am 31. Mai 1911 in Belfast. Die Seiten des Rumpfes haben nur eine Außenhaut, da der Doppelboden nicht an den Seiten hochgezogen worden war. Mit einer doppelten Seitenwand hätte *Titanic* möglicherweise die Kollision mit dem Eisberg überstanden.

Rechts: Der Marconigramm-Vordruck eines der Schiffe, die den SOS-Ruf der *Titanic* auffingen

Unten: Der Funkraum auf dem Bootsdeck mit dem Zweiten Funker Harold Bride. Hier lag die Eiswarnung der *Mesaba* unbeachtet, während die *Titanic* mit mehr als 21 Knoten in das Eisfeld lief.

Die Liste der Millionäre setzte sich mit Isidor Strauss, dem Gründer des großen New Yorker Warenhauses »Maceys« fort, der mit seiner Ehefrau von einer Europareise zurückkehrte. Aus der Welt der Politik kam Major Archibald Butt, der Adjutant Präsident Tafts. Die Londoner Gesellschaft war durch die Gräfin von Rothes und Sir Cosmo und Lady Duff-Gordon vertreten. Irgendwie erlangte in jenem Frühling 1912 die Jungfernfahrt der *Titanic* eine gesellschaftliche Bedeutung, die weit über die einfache Tatsache einer Atlantiküberquerung nach Amerika hinausging. Die meisten Millionäre unter ihren Passagieren waren regelmäßige Reisende auf der Nordatlantikroute. Nicht wenige von ihnen sahen die großen Passagierdampfer lediglich als eine ganz normale Zweigstelle ihrer Büros in der Wall Street oder ihrer Landsitze in Tuxedo Park oder Oyster Bay an. Gerade auf diese Kundschaft hatten Ismay und J. P. Morgan mit ihren drei großartigen Schiffen gezielt. Ismay selbst war ebenfalls an Bord, um bei dieser Gruppe zu sein, die mehr als Passagiere, nämlich Geschäftspartner und in vielen Fällen persönliche Freunde waren.

Wenn Ismay damals das anerkannte Oberhaupt des Passagierverkehrs war, so hatte er auf

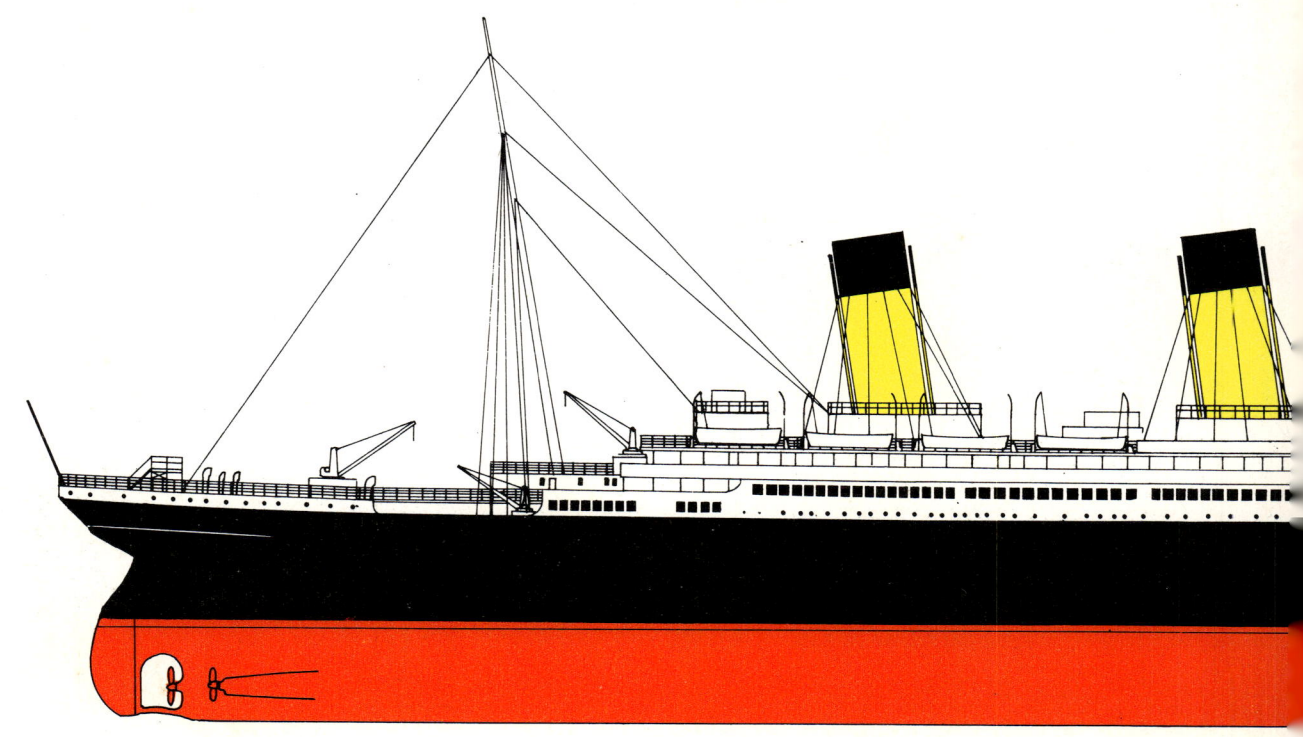

Die 46 329 BRT messende *Titanic* in der Seitenansicht. Das durch den Eisberg verursachte Leck lag an Steuerbord und erstreckte sich auf fast 90 Meter von der Vorpiek bis zum vorderen Kesselraum und ließ fünf Abteilungen voll Wasser laufen.

der *Titanic* zwei Männer bei sich, die wahrscheinlich vom Bau und Betrieb von Ozeanriesen mehr verstanden als irgendein anderes Gespann außerhalb der Cunard-Linie. Thomas Andrews, der geschäftsführende Direktor von Harland & Wolff, war mit einem Stab seiner Werft an Bord, um den sicheren Übergang des Schiffes in den Liniendienst zu überwachen oder wie er es ausdrückte, »zu sehen, ob sie der alten Firma in der Fahrt Ehre mache«. Im Jahre 1912 gehörte es noch zu den Aufgaben eines Firmenchefs, »an der Front zu führen«. Die *Titanic* hatte weitgehend auf Andrews' eigenem Reißbrett Form angenommen. Jetzt wollte er an sein Meisterwerk letzte Hand anlegen, indem er an der Jungfernreise teilnahm, um die kleinsten Schwächen in der Vollkommenheit des Dampfers zu finden. Er verwandte große Mühe darauf, die Hutablagen richtig hinzubekommen. Die zweite Hälfte dieses überragenden maritimen Duos war der Schiffsführer der *Titanic*, Kapitän Edward J. Smith. »E. J.«, wie er genannt wurde, war das Idealbild eines Schnelldampferkapitäns. Groß, bärtig und eindruckerweckend, strahlte seine bloße Anwesenheit Autorität aus. Er verfügte vielleicht über mehr Erfahrung im Umgang mit großen Passagierdampfern als irgendein anderer Seemann. Smith hatte früher die *Adriatic* und *Olympic* in Dienst gestellt, die beide von Andrews entworfen worden waren. Er kannte den Ingenieur aus Belfast daher sehr gut.

Die Geschichte der Jungfernfahrt der *Titanic* ist zugleich die des bekanntesten Schiffsunglücks der Geschichte. Die *Titanic* bleibt das größte Schiff, das jemals in Friedenszeiten auf hoher See gesunken ist, und die Zahl der mit ihr umgekommenen Menschen ist nur in den Kriegsjahren übertroffen worden. So ist es nicht verwunderlich, daß im Laufe der Jahre ein Wald von Legenden um das Schiff gewachsen ist. Bedeutungslose Vorfälle, die zunächst nicht beachtet wurden, gewannen später im Lichte der Katastrophe eine unheilverkündende Bedeutung. Das erste dieser Omen ereignete sich am 10. April 1912 zur Mittagszeit, nur wenige Minuten nachdem die *Titanic* die Leinen im Ocean Dock in Southampton losgeworfen hatte. Der Ozeanriese mußte einige in der Nähe festgemachte Schiffe passieren, um in den Verbindungskanal zum Meer zu gelangen. Eines von ihnen war die *New York* (10 508 BRT) der American-Linie, als frühere *City of New York* der Inman-Linie Gewinnerin des »Blauen Bandes«. Als die *Titanic* an ihr vorbeilief, riß der Sog des großen Rumpfes die *New York* von ihrer Vertäuung los und drehte sie mit dem Heck voraus in die Fahrrinne. Während brechende Trossen die Zuschauer auf dem Hafenkai auseinandertrieben, stoppte Kapitän Smith die Maschinen, und die Gefahr war gebannt. Die *Titanic* lief nach Cherbourg und von dort nach Queenstown. Nachdem das letzte Zubringerschiff abgedreht hatte, ging die riesige, prachtvolle, luxuriöse, majestätische, wunderbare – und nach Ansicht vieler Leute unsinkbare – *Titanic* am 11. April 1912, einem Donnerstag, um 14.00 Uhr mit 1308 Passagieren und 898 Mann Besatzung an Bord in See.

»E. J.« selbst hatte zu dem Ruf der *Titanic*, unsinkbar zu sein, beigetragen. Einem Reporter, der ihn während seiner Zeit als Kapitän des White Star-Dampfers *Adriatic* über die Wahrscheinlichkeit einer Schiffskatastrophe befragte, erklärte er: »Der moderne Schiffbau ist darüber hinausgekommen.« Bestimmt war die *Titanic* so sicher, wie es die damaligen Richtlinien verlangten. Sie war in fünfzehn wasserdichte Abteilungen aufgeteilt und konnte selbst dann noch schwimmen, wenn zwei Abteilungen voll Wasser liefen. Eine noch ungünstigere Si-

Kapitän Edward J. Smith, Kommandant der *Titanic*, war der höchstbezahlte Seemann seiner Zeit.

Als der Untergang der *Titanic* bekannt wurde, belagerten auf beiden Seiten des Atlantiks große Menschenmengen die Büros der White Star-Linie. Auf dem Bild wartet eine Menschenmenge vor dem New Yorker Büro auf neue Meldungen. Britische und amerikanische Zeitungen brachten immer neue Ausgaben heraus, während weitere Einzelheiten der Katastrophe durchsickerten. Es begann mit der optimistischen Meldung, alle Passagiere seien gerettet, und schlug sehr schnell ins Gegenteil um, als das volle Ausmaß des Unglücks bekannt wurde.

tuation konnte sich niemand vorstellen. Die Schiffssicherheitsbehörden waren so vertrauensselig, daß ein Schiff von der Größe der *Titanic* lediglich Rettungsboote für 1178 Personen – die gesetzlich geforderte Höchstzahl – mitführen mußte. Dasselbe Gesetz erlaubte es aber dem Schiff, mit 2206 Personen an Bord in See zu gehen.

Bis zum folgenden Sonntag verlief die Reise ohne Zwischenfälle. Kapitän Smith fuhr das Schiff vorsichtig ein, und erst an diesem Tage arbeitete das Maschinenpersonal die Geschwindigkeit auf 22 Knoten hoch. Das Wetter war gut, das Essen und die Gesellschaft ausgezeichnet. Selbst im Zwischendeck herrschte unter den Hunderten von Auswanderern Hochstimmung.

Während des 14. April 1912 erhielt der Funker der *Titanic* Warnungen vor Eisbergen, die in Fahrtrichtung des Schiffes vorauslagen. Sowohl die *Caronia* der Cunard-Linie als auch die *Baltic* der White Star-Linie funkten Eiswarnungen. Diejenige der *Baltic* hielt Kapitän Smith für so wichtig, daß er sie Bruce Ismay zeigte und später im Kartenhaus ablegte. Um 21.40 Uhr, bei Wachwechsel, nahm Jack Phillips, der Erste Funker der *Titanic*, folgenden Funkspruch der *Mesaba* der Atlantic Transport-Linie entgegen:

»Auf 42–41° 25' nördlicher Breite, 49–50° 30' westlicher Länge viel Packeis, eine große Zahl schwerer Eisberge und ein Eisfeld gesichtet.«

Jack Phillips war überlastet. Den ganzen Tag hatte er private Depeschen von Passagieren über die Funkstation Kap Race weitergeben müssen und war noch immer mit seiner Arbeit im Rückstand. So gab er weiterhin Funksprüche auf und leitete die Warnung der *Mesaba* nicht zur Brücke weiter. Er verkehrte noch immer mit Kap Race, als ihn eine Stunde später der Funker des Leyland-Dampfers *Californian* anrief, um der *Titanic* mitzuteilen, daß sein eigenes Schiff in dem von *Mesaba* gemeldeten Eisfeld festliegt. Phillips reagierte mit der barschen Aufforderung, aus der Funkwelle zu gehen. Funker Cyril Evans tat, wie ihm gesagt wurde, und schloß um 23.30 Uhr seine Funkstation.

Unter klarem Himmel glitt die *Titanic* über vollkommen glatte See. Die Wache auf der Brücke ahnte nicht, daß sie geradewegs in das durch den nur wenige Schritte entfernt in der Funkstation liegenden Funkspruch der *Mesaba* gemeldete Eisfeld hineinsteuerte. Dann schlug

Links: Bruce Ismay, Vorsitzender der White Star-Linie, sagt als Zeuge vor dem britischen Seeamt im *Titanic*-Prozeß aus. Der Präsident des Gerichtshofes, Lord Mersey, sitzt zur rechten Hand; der Raum wird von einem Modell des untergegangenen Passagierdampfers beherrscht.

Bildeinsatz: Der zweite Funker Harold Bride vor dem Seeamt. Er wurde im letzten Augenblick von der *Titanic* in die See gespült und überlebte. Während der folgenden 48 Stunden unterstützte der übermüdete Bride, dessen Füße erfroren waren, den Funker der zur Hilfe geeilten *Carpathia*.

das Unheil mitten aus der friedlichen Nacht heraus zu. Der Ausguck Fred Fleet bemerkte etwas voraus, betätigte die Warnglocke des Krähennestes dreimal und meldete der Brücke: »Eisberg rechts voraus!« Es war 23.40 Uhr. Der Zweite Offizier Murdoch, zu dieser Zeit Wachoffizier, befahl »Ruder hart Backbord«. Es war jedoch zu spät. Fleet beobachtete voller Entsetzen, wie *Titanic* mit ihrer Steuerbordseite längs eines gigantischen Eisbergs lief, der über das Schiff hinausragte und dann achteraus verschwand. Ein leichtes Zittern durchlief, von vielen der schlafenden Passagiere unbemerkt, das Schiff. Einige standen auf, um festzustellen, was geschehen sei. Die meisten Passagiere legten sich jedoch wieder schlafen. Kapitän Smith und seine Offiziere konnten nicht so gleichgültig sein. Unten drang Wasser ein, und eine schnelle Untersuchung des Schadens ergab, daß der Rumpf der *Titanic* an Steuerbord auf fast 90 Meter Länge aufgeschlitzt war. Auf der Brücke beriet Smith mit Andrews, der völlig ruhig erklärte, es bestehe keine Aussicht, daß das Schiff schwimmfähig bleibe, da die ersten sechs Abteilungen dem Eindringen des Wassers offenstünden. Es wurde befohlen, die Rettungsboote klarzumachen und Frauen und Kinder auszubooten.

Die folgenden Ereignisse vereinten alle Bestandteile der klassischen Tragödie und des Heldentums. Phillips setzte den ersten Hilferuf um 00.15 Uhr über Funk ab. Sechs Schiffe, darunter das Schwesterschiff *Olympic*, antworteten sofort. Am nächsten stand die *Carpathia* der Cunard-Linie, die in 58 Meilen Entfernung mit 11 Knoten gemächlich auf dem Weg nach Gibraltar und Neapel war. Kapitän Rostron wendete und erklärte seinem Funker Harold Cottam: »Sag ihm, daß wir so schnell wie möglich kommen!« In jener Nacht holte Rostron ungeahnte Geschwindigkeiten aus seinem Schiff heraus, während er einem Eisberg nach dem anderen auswich und auf die letzte bekannte Position der *Titanic* zulief. Er kam jedoch zu spät. Langsam sank die große *Titanic* über den Bug, während die Rettungsboote zu Wasser gebracht wurden. Den Tod vor den Augen, wuchs Andrews zum Helden, während er vielen Frauen half, das von ihm entworfene und gebaute Schiff zu verlassen. Er kam mit allen anderen Männern aus Belfast ums Leben. Ebenso starben Chefingenieur Bell und das gesamte Maschinenpersonal, die ihre Pflicht bis zuletzt erfüllten und das Schiff bis zum endgültigen Untergang mit elektrischer Energie versorgten. Mit ihnen gingen Astor und alle Millionäre unter. Die betagte Mrs. Strauss lehnte es ab, sich von ihrem Mann zu trennen, und sagte, sie hätten zusammen angefangen und würden auch zusammen enden.

Während der ganzen Zeit des Unterganges sahen viele Menschen auf *Titanic* in etwa 10 Meilen Entfernung ein hellerleuchtetes Schiff. Später stellte das englische Seeamt fest, daß es sich bei diesem geheimnisvollen und untätigen Zuschauer um die glücklose *Californian* handelte. An ihrem unglücklichen Schiffsführer Kapitän William Lord blieb während seiner ganzen langen Laufbahn dies Schandmal haften. Bis heute ist diese Angelegenheit ungeklärt.

Auch einige Männer gingen in die Boote. Heizer, Auswanderer und einige andere, wie Sir Cosmo Duff-Gordon, die dazu von den Schiffsoffizieren aufgefordert wurden. Bruce Ismay traf seine eigene Entscheidung. In einem im letzten Augenblick gefaßten Entschluß, den er sein ganzes restliches Leben bedauert haben muß, bestieg der Vorsitzende der White Star-Linie ein Rettungsboot. Sobald er an Land war, wurde er zur Zielscheibe der bösartigeren amerikanischen Zeitungen, die nicht zu Unrecht behaupteten, Ismay hätte seinen Platz in dem Boot irgendeiner der Frauen oder einem der Kinder aus dem Zwischendeck überlassen müssen, die zu Hunderten bei der Katastrophe umkamen.

Das Ende kam am 15. April 1912 um 02.20 Uhr. Die *Titanic* stand, von Hunderten Tonnen Seewasser kopflastig geworden, fast senkrecht auf dem Bug. So verharrte sie etwa eine Minute und glitt dann unter den Augen der entsetzten Zuschauer in den Rettungsbooten langsam in die Tiefe. Sie nahm 1503 Menschen mit sich. Zwei Stunden später langte die *Carpathia* an. Rostrons Männer holten die benommenen Überlebenden an Bord. Dann lief die *Carpathia* nach New York, wo einige Zeitungen bereits umlaufende Gerüchte ernst genommen und in ihren Schlagzeilen die Rettung aller an Bord der *Titanic* gewesenen Personen meldeten. Als die Tatsachen bekannt wurden, brach ein weltweiter Sturm der Kritik über die unglückliche White Star-Linie herein.

Die *Titanic*-Katastrophe war ein Wendepunkt in der Geschichte der Schiffahrt. Es wurden Gesetze erlassen, die das Vorhandensein von Rettungsbooten für alle an Bord befindlichen Personen zwingend vorschrieben. Eine internationale Eisberg-Patrouille wurde errichtet, um die riesigen Klötze zu entdecken und alle Schiffe vor ihnen zu warnen. Die Marconi-Aktien schnellten in die Höhe, während sich die Erfindung des kleinen Italieners erneut im Rampenlicht der Öffentlichkeit sonnte. Die Regierungen der wichtigeren seefahrenden Nationen legten strengere Maßstäbe für die Konstruktion der Schiffsrümpfe fest. So mußte auch

Unten: Werbung nach dem *Titanic*-Unglück für das Schwesterschiff *Olympic*, die auf die neuen doppelten Seitenwände und zusätzlichen wasserdichten Schotten hinwies. Diese Änderungen wurden im Winter 1912–13 auf *Olympic* vorgenommen.

die *Olympic* in die Werft nach Belfast, in der ihre Schotten erhöht und zusätzliche Rettungsboote an Bord genommen wurden. Die Tatsache, daß der Prozentsatz der geretteten männlichen Passagiere der ersten Klasse über demjenigen der geretteten Kinder der dritten Klasse lag, entging der Kommentierung der zeitgenössischen Presse, was heutzutage kaum möglich wäre. Die nachfolgenden Untersuchungen durch die amerikanische und britische Regierung waren in ihrer Kritik am Schiffseigner und den Offizieren erstaunlich nachsichtig. Es kann nicht abgestritten werden, daß die vollbesetzte *Titanic* mit hoher Geschwindigkeit in ein Seegebiet geführt wurde, in welchem mehrmals Eisberge gemeldet worden waren. Wie man dies Vorgehen auch sonst bezeichnen will, so muß man es zumindest als leichtsinniges seemännisches Verhalten verurteilen, das katastrophale Folgen hatte.

Vieles an der *Titanic*-Katastrophe bleibt ungeklärt. Obwohl die Rettungsboote für 1178 Menschen Platz boten, befanden sich in den von der *Carpathia* aufgenommenen Booten ganze 703 Personen. Seit der Nacht, in der die *Titanic* sank, geht der Streit um die *Californian* unvermindert weiter. Es wird behauptet, daß das von der *Titanic* aus beobachtete Schiff nicht die *Californian* war. Es steht jedoch außer Zweifel, daß ein Schiff in Sicht gewesen sein muß, denn zu viele Zeugen haben seine Lichter in der Ferne gesehen.

Geblieben sind auch die Legenden. Die bekannteste rankt sich um das Musikstück, welches die Bordkapelle beim Untergang des Schiffes spielte. Die von der Presse in den folgenden Wochen befragten Überlebenden erklärten sämtlich, Kapellmeister Hartley und seine Musiker hätten die Hymne »Näher, mein Gott, zu Dir« angestimmt, als das Bootsdeck untertauchte. Hartley konnte man ebenso wenig befragen wie seine Musiker, da sie sämtlich umgekommen waren. Gute Beobachter, die später Berichte über die Katastrophe verfaßten, vertraten jedoch die Ansicht, die Bischofshymne »Autumn« sei die letzte Melodie gewesen. Indessen verblaßt vor dem Heldenmut der Männer, die bis zu ihrem Tode weiterspielten, jeder Streit über diese Frage.

Nach dem Untergang der *Titanic* erholte sich die White Star-Linie nie wieder. Sie hatte zwar noch rund zwanzig Jahre vor sich, doch blieb die Erinnerung an das Unglück wach. In den folgenden Jahren wird kaum ein Passagier ein Schiff der White Star-Linie betreten haben, ohne zumindest flüchtig an die *Titanic* zu denken. Während die White Star-Linie zwanzig Jahre zum Sterben brauchte, wurde Bruce Ismay über Nacht vernichtet. Innerhalb Jahresfrist hatte er sich von allen Vorstandsposten zurückgezogen und lebte wie ein Einsiedler in Irland. Er starb in den dreißiger Jahren.

Der Untergang der *Titanic* war so verheerend, daß die öffentliche Meinung alle späteren Schiffsunglücke automatisch an ihr maß. Zwei Jahre später ereignete sich auf dem St.-Lorenz-Strom eine Katastrophe von fast gleichem Ausmaß, die im Verhältnis zur Publizität des *Titanic*-Vorfalls nahezu unbeachtet blieb.

Im Vergleich zur *Titanic* kann man die *Empress of Ireland* der Canadian Pacific-Linie kaum als schwimmenden Palast bezeichnen. Sie war 14191 BRT groß und verkehrte auf der profanen Route zwischen Kanada und England. Am 28. Mai 1914 verließ sie Quebec in Richtung Liverpool. Auf ihren Passagierlisten fehlten die berühmten und privilegierten Namen, die auf der New York-Route gang und gäbe waren. *Empress of Ireland* stand unter dem Kommando von Kapitän Kendall, der den berüchtigten Dr. Crippen festnahm. Kendall setzte in der Nacht zum 29. Mai 1914 den Lotsen an der üblichen Stelle vor Father Point ab. Bald darauf kam dichter Nebel auf, in welchem die *Empress of Ireland* mit dem kleinen norwegischen Frachter *Storstad* kollidierte. Die *Storstad* hatte 10000 Tonnen Kohle geladen und riß ein riesiges Loch in die Wasserlinie der *Empress of Ireland*, die sofort zu sinken begann. Sie ging in weniger als 15 Minuten unter, wobei sie auf die Seite rollte und verschwand, bevor viele ihrer Passagiere das Bootsdeck, geschweige denn die Rettungsboote erreichen konnten. 1024 Menschen kamen ums Leben. In der Öffentlichkeit nahm diese Tragödie niemals die legendären Ausmaße des *Titanic*-Vorfalls an. Heutzutage ist sie nur noch wenigen Menschen bekannt. Vielleicht haben auch der Ausbruch des Ersten Weltkriegs drei Monate später und die riesigen Verlustlisten beider Parteien an der Westfront dazu beigetragen, solche unbedeutenden Angelegenheiten wie Schiffsverluste aus dem Bewußtsein der Öffentlichkeit zu verdrängen.

Die Jahre zwischen den Weltkriegen waren durch eine Reihe schwerer Schiffsbrände, einer weiteren großen Gefahr für den Seefahrer, gekennzeichnet. In jener Zeit gingen drei große französische Passagierschiffe durch Feuer verloren. Wenn auch die Menschenverluste gering waren, wurde der ganzen Welt klar, daß ein

Tragödie auf dem St.-Lorenz-Strom: Der Untergang der *Empress of Ireland*

Die *Empress of Ireland* der Canadian Pacific verläßt Liverpool auf einer ihren Reisen nach Kanada. Zur Zeit des Unglücks war sie mit 1370 Passagieren auf der Fahrt von Quebec nach England und ging innerhalb von fünfzehn Minuten mit einem Verlust von 1024 Menschenleben unter.

Oben: Die *Empress of Ireland* legte sich so rasch auf die Seite, daß die Rettungsboote der Backbordseite nicht zu Wasser gebracht werden konnten.

Oben: Der beschädigte Bug des norwegischen Kohlenfrachters *Storstad,* der die *Empress of Ireland* rammte und zum Sinken brachte.

Rechts: Zeitgenössische Darstellung des Unglücks

Links: Das Ende der *Morro Castle*: Schaulustige drängen sich am 8. September 1934 auf dem Vorland bei Ashbury Park, New Jersey, um die letzten Stunden des verlassenen Passagierschiffs zu beobachten, das auf Grund sitzend ausbrennt. Der Kapitän der *Morro Castle* wurde später nach amerikanischem Seefahrtsrecht angeklagt.

Rechts: Nach dem Zweiten Weltkrieg wurde die *Europa*, die das »Blaue Band« für Deutschland errungen hatte, als *Liberté* an Frankreich abgeliefert. Noch vor ihrer Überholung riß sich die *Liberté* am 8. Dezember 1946 in Le Havre während eines Sturms los und trieb gegen das Wrack der *Paris*. *Liberté* sank und konnte erst vier Jahre später in Dienst gestellt werden

modernes Passagierschiff mit einer Intensität brennen konnte, die alle Löschversuche zum Scheitern verurteilte. In den zwanziger Jahren gab es auch auf der *Berengaria* ein gefährliches Feuer. Die deutsche *Europa* wurde 1929 während der Endausrüstung am Kai durch einen Großbrand schwer beschädigt. Beide Schiffe konnten gerettet werden, doch mußte man *Europa* auf Grund setzen, um das Feuer zu ersticken.

Erst lange Zeit nach dem Zweiten Weltkrieg erschienen auch auf anderen als der Nordatlantikroute zwischen Europa und den USA bzw. Kanada Ozeanriesen.

Anfang der dreißiger Jahre gab es jedoch eine Ausnahme. Sie betraf die Südatlantikroute zwischen Bordeaux und Rio de Janeiro sowie dem La Plata, auf der die französische Compagnie Sudatlantique verkehrte.

Im Jahre 1928 gab diese Gesellschaft bei Penhoët in St. Nazaire ein Riesenschiff in Auftrag, das größte, das jemals für den Passagierverkehr nach Südamerika gebaut worden ist. Wegen des engen Seekanals in der Girondemündung war das Schiff bei einem Raumgehalt von 42 512 BRT auf eine Länge von nur 226,7 Meter beschränkt. Ihre dadurch bedingte große Breite verlieh ihr zusammen mit ihren drei kurzen Schornsteinen ein untersetztes Aussehen. Dies verbesserte sich auch dann nicht wesentlich, als die Schornsteine während der ersten jährlichen Werftliegezeit verlängert wurden.

Das völlige Fehlen eines Deckssprungs trug zu ihrem häßlichen Aussehen bei.

Das Schiff erhielt den Namen *L'Atlantique* und zeichnete sich durch einen Einrichtungsstandard aus, der demjenigen der Nordatlantikdampfer entsprach. Ihr Eßsaal erster Klasse war ebenso verschwenderisch ausgestattet wie diejenigen, die man später auf *Normandie* und *France* einbaute. Sie hatte einen zentralen Gang längs der Schiffsachse, der 140 Meter lang und 6 Meter hoch war. An seinen Seiten lagen Luxusgeschäfte, die ihm bei Passagieren und Besatzung bald den Namen »Rue de la Paix« verschafften.

Die *L'Atlantique* war allerdings zu groß, um auf der Gironde bis Bordeaux selbst kommen zu können, und machte deshalb stromabwärts am Quay Paulliac fest. Ihre Jungfernreise im September 1931 setzte neue Maßstäbe im Südatlantikverkehr. Das große Schiff sollte jedoch nicht lange fahren. Als sie am 4. Januar 1933 zum jährlichen Eindocken von Bordeaux nach Le Havre lief, brach um 03.30 Uhr in einer Position 22 Meilen westlich der Kanalinsel Guernsey in der Passagierkabine 232 im E-Deck ein Feuer aus, das sich schnell ausbreitete. Die Stammbesatzung verließ das Schiff im Morgengrauen, 19 Seeleute waren in den Flammen umgekommen. Vollkommen in Brand, trieb das Wrack auf die Küste von Dorset bei Portland Bill zu, von wo man es am 5. Januar 1933 klar erkennen konnte. Der französische Minenleger *Pollux* stand in der Nähe, um das Wrack notfalls zu versenken.

Am 6. Januar 1933 konnte die *L'Atlantique* endlich in Schlepp genommen und nach Cherbourg eingebracht werden. Ein langer Rechtsstreit zwischen den Versicherern und den Eignern folgte. Die Reederei wollte die *L'Atlantique* zum Totalverlust erklären und verlangte den gesamten Wert des Schiffes (2 Millionen Pfund), obwohl Harland & Wolff in Belfast die vollständige Reparatur wesentlich niedriger (1,2 Millionen Pfund) veranschlagte. Das Wrack lag in Cherbourg, bis der Rechtsstreit zugunsten der Compagnie Sudatlantique entschieden wurde. Im Februar 1936 wurde es an die schottische Firma Smith and Houston Ltd. verkauft und in Port Glasgow abgebrochen. Der Brand der *L'Atlantique* bestätigte, daß ein großes, mit hoch brennbaren Einrichtungsgegenständen, vor allem Holz und Teppichstoffen, an oft unzugänglichen Stellen vollgestopftes Schiff eine schwimmende Feuergefahr ersten Ranges ist. Die Löschmannschaften eines Schiffes sahen sich zwei Schwierigkeiten gegenüber. Zunächst mußten sie oft feststellen, daß der Brandherd an einer unzugänglichen Stelle lag. Hatten sie den Brandherd dann erreicht, konnte die Verwendung von zuviel Löschwasser die Stabilität des Schiffes aufheben und zum Kentern führen.

Ein Jahr nach dem Brand der *L'Atlantique* zog ein weiteres tödliches Feuer die Aufmerk-

samkeit der Weltpresse auf sich. Die *Morro Castle*, ein mittelgroßes Schiff von 11520 BRT, verkehrte zwischen New York und Havanna auf Kuba. Sie war für eine ganze Reihe amerikanischer Passagierschiffe ähnlicher Größe, die von den Häfen der Ostküste in die Karibik verkehrten, typisch. In den frühen Morgenstunden des 8. September 1934 entdeckte man in der Schiffsbücherei ein Feuer. Die *Morro Castle* stand zu dieser Zeit 20 Meilen südlich des Scotland-Feuerschiffs an der Einfahrt zum New Yorker Hafen. An Bord befanden sich 318 Passagiere und 240 Mann Besatzung. Das Feuer faßte bald Fuß und breitete sich schnell im ganzen Schiff aus. Viel zu spät rief man über Funk Hilfe herbei und von den insgesamt zwölf Rettungsbooten des Schiffes konnten nur acht zu Wasser gebracht werden. Gute Schwimmer unter den an Bord befindlichen Menschen stürzten sich ins Wasser, einige von ihnen erreichten tatsächlich die Küste von New Jersey, doch kamen 180 Personen ums Leben. Die *Morro Castle*-Katastrophe erschütterte die amerikanische Öffentlichkeit. Mehrere Besatzungsmitglieder wurden wegen Vernachlässigung ihrer Pflichten verurteilt. Ein weiteres Ergebnis des Unglücks war die ganz erhebliche Verschärfung und Überwachung der amerikanischen Sicherheitsbestimmungen.

Die dreißiger Jahre endeten mit einem weiteren aufsehenerregenden Schiffsbrand. Am 19. April 1939 geriet die in Le Havre liegende *Paris* (34569 BRT) der C.G.T. in Brand. Sie hatte bereits im August 1929 ein Feuer überlebt, diesmal jedoch verließ sie das Glück. Die Löschtrupps pumpten so viel Wasser an Bord, daß sich das Schiff nach Backbord überlegte und schließlich an seinem Liegeplatz sank. Ihre großen Masten hinderten die *Normandie*, das Trockendock zu verlassen, in welchem sie gerade überholt worden war. So mußten die Masten der *Paris* abgeschnitten werden, um der *Normandie* den Weg frei zu machen. Der Ausbruch des Krieges sechs Monate später führte dazu, daß das Wrack bis 1946 unberührt liegenblieb. Erst dann begann man mit den Arbeiten zu seiner Beseitigung. Da aber war auch die mittlerweile in französische Hände übergegangene *Europa* schon mit dem Wrack der *Paris* kollidiert und gesunken!

Der Zweite Weltkrieg brachte auf dem Gebiet der Navigationshilfen neue Entwicklungen, unter denen auch das Radar war. Diese ausgezeichnete Erfindung gestattete es den Schiffen, die sie umgebende See sorgfältig abzusuchen und selbst im dicksten Nebel oder in dunkelster Nacht jedes sich nähernde Schiff oder sonstiges Hindernis festzustellen. Dennoch sind in der Folgezeit immer wieder Schiffe gescheitert und einige auch spurlos verschwunden. Eine ganze Reihe von Passagierschiffen ging durch Schadenfeuer verloren. Der aufsehenerregendste Brand ist bereits beschrieben worden – die Zerstörung der *Queen Elizabeth* im Januar 1972.

Zwei Unglücksfälle unterstrichen in der Nachkriegszeit, daß die Weltmeere trotz moderner Erfindungsgabe und technischen Fortschritts nach wie vor gefährlich sind und von allen, die auf ihnen fahren, große Wachsamkeit verlangen. Am 19. Dezember 1963 verließ die *Lakonia* (20314 BRT) der Greek Line Southampton zu einer Weihnachtskreuzfahrt nach den Kanarischen Inseln. Das unter dem Kommando von Kapitän Mathios Zarbis stehende Schiff hatte 651 Passagiere und 390 Mann Besatzung an Bord. Drei Tage später, als die *Lakonia* 200 Seemeilen vor Madeira stand, brach in einer ihrer Aufenthaltsräume ein Feuer aus, das sich rasch durch die Oberdecks ausbreitete. *Lakonia* war ein altes Schiff, das vor dem Kriege für eine holländische Gesellschaft gebaut worden war, und das Feuer erwies sich als so stark, daß es die Besatzung nicht unter Kontrolle bringen konnte. Andere Schiffe kamen zu Hilfe. Allein die argentinische *Salta* nahm 500 Überlebende an Bord. Dennoch kamen 91 Menschen ums Leben und weitere 64 wurden vermißt, als man schließlich das Schiff den Flammen überließ. *Lakonia* sank eine Woche später, während sie nach Gibraltar geschleppt wurde. Der Vorfall rief heftige Kritik an den griechischen Passagierdampfern und der Disziplin und Ausbildung ihrer Besatzungen hervor. Die Athener Regierung erließ neue strenge Gesetze, um eine Wiederholung eines solchen Unglücks zu verhindern.

Links: Die *Stockholm* der Svenska Amerika-Linie nach ihrer Kollision mit der *Andrea Doria*. Ihr Bug ist völlig eingedrückt und hat Teile des italienischen Schiffs und einen bedauernswerten Passagier mitgerissen. Bei dem Zusammenstoß kamen insgesamt 47 Menschen ums Leben.

Der zweite Zwischenfall erwies sich als die klassische Kollision in der Geschichte der modernen Seeschiffahrt. Im Juli 1956 lief die *Andrea Doria*, das mit allen denkbaren Radarhilfen ausgerüstete und nach modernsten Maßstäben gebaute Flaggschiff der »Italia« S.A.N., nach New York und näherte sich dem Ende ihrer Reise. Während sie durch ungleichmäßigen Nebel navigierte, zeigte ein Echo auf ihrem Radarschirm, daß ein anderes Schiff aufkam. Es handelte sich um das schwedische Passagierschiff *Stockholm*, das ebenfalls mit den modernsten Navigationshilfen ausgerüstet war. Beide Schiffe wußten um die Anwesenheit des anderen. Durch falsche Positionsbestimmung und falsche Auslegung der Anti-Kollisionsregeln krachte die *Stockholm* in die *Andrea Doria* und schlitzte in gewaltigem Zusammenstoß sieben ihrer insgesamt elf Decks auf. 43 Menschen kamen bei diesem tragischen Unglück ums Leben. Das italienische Schiff hatte sofort so starke Schlagseite, daß nur die Hälfte der Rettungsboote zu Wasser gelassen werden konnte. Die alte französische *Île de France* stand 44 Seemeilen entfernt und eilte zur Unglücksstelle, während die *Stockholm* ihre Boote zu Wasser brachte, um Überlebende aufzunehmen. Es kam nun zu einer erregenden Szene, als die Besatzung der *Stockholm* zu ihrem Mißfallen feststellen mußte, daß die Boote des italienischen Schiffs mit Stewards und anderen Besatzungsmitgliedern überfüllt waren. Wäre nicht die *Île de France* zur Hilfe gekommen und hätte nicht die *Stockholm* sofort eingegriffen, wären viele der 1134 Passagiere der *Andrea Doria* sich selbst überlassen gewesen.

Nachdem mit Glück und Geschick alle Passagiere geborgen waren, ließ man das Schiff mit

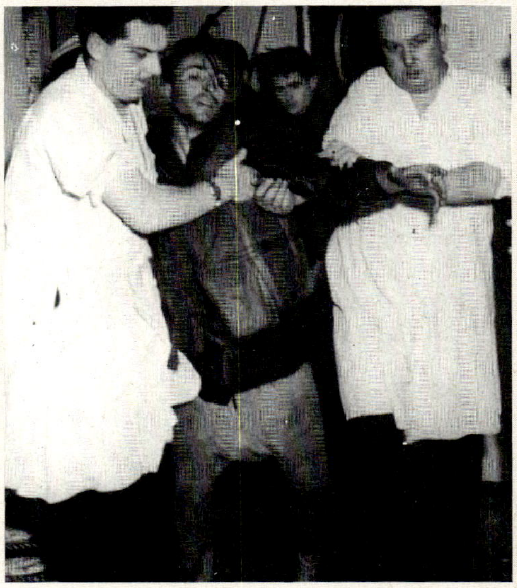

Unten: *Andrea Doria* kurz nach dem Zusammenstoß mit der *Stockholm*. Sie hat bereits starke Schlagseite nach Steuerbord. Die Schräglage verhindert das Absetzen der Rettungsboote der Backbordseite. Dennoch sind einige Fenster des vorderen Promenadendecks entfernt, um das Abfieren der Boote zu versuchen. Die *Andrea Doria* war das größte Passagierschiff, das nach dem Zweiten Weltkrieg verlorenging.

Oben rechts: Überlebende der *Andrea Doria* werden auf der *Île de France* der C. G. T. ärztlich versorgt. Die *Île de France* rettete viele Passagiere des italienischen Schiffs und wurde vom Staatspräsidenten ehrenvoll erwähnt.

Rechts: Der endgültige Untergang der *Andrea Doria*. Der Stolz der italienischen Handelsflotte geht inmitten von Rettungsringen und Liegestühlen auf den Boden des Atlantik.

Schlagseite in ruhiger See treiben. Am folgenden Morgen gegen 10.00 Uhr kenterte dann der damals größte italienische Passagierdampfer und ging innerhalb eines Kreises beobachtender Schiffe unter.

Die *Andrea Doria* sank nahezu in Reichweite der amerikanischen Küste, obwohl sie mit allen Hilfsmitteln ausgerüstet war, die ein solches Unglück verhindern konnten.

Es war dies eine traurige, aber heilsame Lehre, sich nicht auf solche Dinge zu verlassen. Ein langer Rechtsstreit zwischen beiden Reedereien schloß sich an, doch kann ein Sieg in einem Prozeß weder Tote zum Leben erwekken noch ein Schiff vom Meeresboden heraufholen. Wieder einmal hatte die See über die menschliche Technologie triumphiert. So wird es auch bleiben, solange sich Schiffe auf die Ozeane des Planeten Erde wagen □

Kapitel V

DIE HIGH SOCIETY AUF SEE

Das Leben an Bord der Passagierschiffe

An Bord der *Île de France*, des eleganten französischen Schiffs der zwanziger Jahre.

»Ich taufe dieses Schiff Queen Elizabeth 2. Möge es Gott segnen, ebenso alle, die auf ihm fahren!« Mit diesen Worten taufte Königin Elizabeth II. von Großbritannien am 20. September 1967 den letzten einer langen Reihe von Passagierdampfern, die sich königlicher Schirmherrschaft erfreuen konnten. Werbeabteilungen der Reedereien wie Journalisten hatten die großen Schiffe schon längst »Königinnen der Meere« oder »Könige der Ozeane« getauft. Ihre Größe und Pracht paßten in den äußeren Rahmen der Monarchie. Beide ergänzten sich, daher erfreuten sich fast alle europäischen Ozeanriesen bei den Stapellauffeierlichkeiten königlicher Schirmherrschaft. Selbst im republikanischen Frankreich wurden derartige Anlässe durch die Anwesenheit des Präsidenten geehrt. So war Präsident Lebrun zugegen, als seine Gattin im Oktober 1932 die *Normandie* taufte, und kein Geringerer als Präsident Charles de Gaulle sah 1960 die *France* von derselben Helling ablaufen. Präsident und Ozeanriese leisteten ihren ureigensten Beitrag zum höheren Ruhme Frankreichs.

Der Erste Weltkrieg verringerte die Zahl der europäischen Monarchen drastisch, der Zweite Weltkrieg ließ sie nahezu völlig verschwinden. Im Zeitalter der Könige nahmen die gekrönten Häupter ein gütiges und oftmals politisches Interesse an der nationalen Entwicklung immer größerer Passagierdampfer.

Kaiser Wilhelm II. von Deutschland war auf diesem Gebiet der Pionier. Seine Arroganz überdeckte oft seine positiven Eigenschaften, so war Wilhelm II. ein echter Patriot mit klarem Blick für die Seemacht. Es bedurfte kaum eines Anstoßes, um ihn für die deutsche Schiffahrt zu interessieren. Er erkannte den aus dem Besitz der weltgrößten Schiffe zu ziehenden Prestigegewinn. So war er in den Jahren vor 1914 bei fast allen Stapellauffeiern in Deutschland, einschließlich derjenigen der *Kaiser Wilhelm der Große* und der *Imperator*.

Sein Großvater Prinz Albert, Ehegatte der britischen Königin Victoria, begann mit der Beteiligung gekrönter Häupter an den Stapellauffeierlichkeiten von Dampfschiffen. Am 19. Juli 1843 verließ er bei Tagesanbruch die Londoner Paddington Station in Richtung Bristol, um an der Schiffstaufe der *Great Britain* teilzunehmen. I. K. Brunel selbst führte die Lokomotive des königlichen Zuges. Er brachte seine vornehmen Gäste in der anerkennenswerten Zeit von etwas mehr als zwei Stunden über

Die *Ophir* der Orient-Linie wurde 1901 für eine Fernostreise des Prinzen von Wales und seiner Frau als königliche Jacht in die Royal Navy übernommen.

die 100 Meilen lange Strecke. 30 000 Zuschauer warteten auf die Zeremonie die man kaum einen Stapellauf nennen konnte, da *Great Britain* bereits in ihrem Baudock aufgeschwommen war und alle hielten den Atem an, als Mrs. Miles, die Mutter eines ortsansässigen Parlamentsmitglieds, das Schiff mit der heute obligatorischen Flasche Champagner verfehlte! Nun wurde Prinz Albert der Mann der Stunde. Er ergriff eine vorsorglich bereitgehaltene zweite Flasche und schmetterte sie direkt gegen den eisernen Bug der vorbeigleitenden *Great Britain*. Das gewaltige geistige Kind Brunels war richtig getauft und sicher in seinem Element.

Zwei Jahre später, im Januar 1845, besuchten Prinz Albert und Königin Victoria die in der Themse liegende *Great Britain*. Die kleine Königin, die ihr Tagebuch unermüdlich führte, berichtete, daß alles zu ihrer Zufriedenheit und »äußerst geschmackvoll« sei. Dies war der Beginn einer langen Verbindung zwischen den Königinnen des Hauses Windsor und Passagierdampfern. Alle sollten zu ihrer Zeit Schiffe taufen, zwei von ihnen sogar die größten jemals gebauten Passagierschiffe.

Nach einer entzückenden und wahrscheinlich nicht zutreffenden Geschichte soll die Cunard-Linie als Namen der *Queen Mary* ursprünglich *Victoria* vorgesehen haben. Eine Frage König Georg V. nach dem geplanten Namen des Schiffs soll ein Offizieller der Reederei reichlich wichtigtuerisch dahin beantwortet haben, es werde den Namen der entzückendsten Dame tragen, die jemals auf dem englischen Thron gesessen habe. König Georg soll entzückt gewesen sein und versprochen haben, sie bei seiner Heimkehr sofort um ihre Zustimmung zu bitten!

Ob diese Geschichte wahr ist, sei dahingestellt. Jedenfalls erhielt das Schiff den Namen *Queen Mary* und wurde von der Königin (mit einer Flasche Madeira!) getauft. Drei Jahre später nahm ihre Schwiegertochter an der Stapellauffeier der *Queen Elizabeth* teil.

In Italien begleitete König Victor Emanuel seine Gattin zur Taufe der *Rex* und Königin Wilhelmina der Niederlande sah die *Nieuw Amsterdam* der Holland-Amerika-Linie 1938 sicher zu Wasser kommen.

Erstaunlicherweise unterstützte die White Star-Linie, der Reklamerummel da, wo er paßte, nicht fremd war, niemals eine feierliche Taufe ihrer Schiffe. Diejenigen Würdenträger, die sich bei solchen Gelegenheiten einfanden,

Königliche Schirmherrschaft für die Holland-Amerika-Linie. Königin Wilhelmina der Niederlande läßt die *Nieuw Amsterdam* am 10. April 1937 vom Stapel laufen. Mehr als dreißig Jahre lang war das Schiff bei den Nordatlantikreisenden sehr beliebt.

mußten das ernste Geschäft des Stapellaufs eines Passagierschiffs ohne derartige Kinkerlitzchen wie schöne Damen und Champagnerflaschen anschauen. Einmal schlüpfte jedoch eine Dame durch das Netz. Als die *Baltic* am 21. November 1903 vom Stapel lief, berichtete die Belfaster Presse am folgenden Tage, das Schiff sei von Miss Julia Neilson, dem Star der gerade im Belfaster Opernhaus laufenden Show »Sweet Nell of Old Drury«, getauft worden. Über dies Abweichen vom Brauch kann man nur Vermutungen anstellen!

Königliche Schirmherrschaft war (und ist) für eine Reederei wichtig, und die Anwesenheit eines Monarchen beim Stapellauf eines neuen Schiffes war für Ansehen und Profit gleichermaßen nützlich. Der Stapellauftag war indessen nur der Anfang. Während der ganzen Dienstzeit eines Schiffes mußten sich seine Eigner darum bemühen, die Gunst der Berühmten und Reichen zu erlangen. Dies war jedoch in den goldenen Zeiten Eduards VII. oder in den zwanziger und dreißiger Jahren nicht besonders schwierig. Das Reisen zur See war längst kein zweifelhaftes Abenteuer mehr, bei dem man ein gewisses Risiko einging. Es ähnelte jetzt mehr einer viertägigen Party, auf der man alte Freunde wiedertraf und neue kennenlernte. Bei der Abfahrt in New York, Southampton, Le Havre oder Bremen war immer die eine oder andere Berühmtheit zu sehen, und die Berichte von Abfahrten oder Ankünften hatten in den Tageszeitungen ihren ständigen Platz. Der Pressefotograf der dreißiger Jahre verbrachte seine Tage am Pier 90 in Manhattan oder am Ocean Terminal in Southampton in der Hoffnung, den Schnappschuß eines an- oder abreisenden Filmstars die entscheidende Stunde vor der Konkurrenz machen zu können.

Ein Abreisetag der *Bremen* in den dreißiger Jahren. Die Menschenmenge auf dem Kai winkt scheidenden Verwandten und Freunden nach, während Noel Coward einige Minuten für eifrige Autogrammjäger erübrigt.

Die Einführung des Tonfilms im Jahre 1928 machte die Filmindustrie zu einem weltweiten Unternehmen. Für wenig Geld konnte das einfache Volk überall auf kurze Zeit seinem oftmals eintönigen Leben in eine Welt des großen Abenteuers und der Romantik entrinnen. Die »Stars« selbst waren jedoch von dieser Welt und ihr Leben und ihre Lieben wurden von Tausenden gespannt verfolgt. Die Ozeandampfer waren mit ihrem Überfluß und ihrer Pracht das ideale Reisemittel der Stars, die sie als gebrauchsfertige Bühne im tatsächlichen Leben ansahen.

Bei den Stars war die *Île de France* besonders beliebt. Irgendwann einmal benutzten sie Tallulah Bankhead, Constance Bennett, Gloria Swanson, Jeannette Macdonald und Grace Moore. Mit den Stars kamen die Legenden und Geschichten, die sich so gut erzählen, aber nur schwer als zutreffend bestätigen lassen. Welche Hollywoodschönheit erschien beispielsweise zu einer Galaaufführung auf der *Île de France* in einem hinreißenden Kleid der Haute Couture, das einen Busen unbedeckt ließ, und hielt dadurch die Show auf? Ist es wirklich wahr, daß Kapitän Blancart sein Schiff mitten in einem Sturm auf hoher See halten und Öl auf die Wellen pumpen ließ, damit Isadora Duncan auf einer Wohltätigkeitsveranstaltung für die Seeleute tanzen konnte, ohne sich das Bein zu brechen? Man muß es wohl bezweifeln, wenngleich es auch eine hervorragende Geschichte abgibt. Später war Blancart immerhin bereit, zuzugeben, daß er einmal den Kurs geändert habe, um die *Île de France* während eines Auftritts der großen argentinischen Tänzerin bei schwerem Seegang ruhig zu halten, und daß er einmal die Bordkapelle vor dem Badezimmer einer französischen Schönheit hatte spielen lassen, weil diese während des Badens Musik liebte.

Der unterdessen verstorbene Maurice Chevalier war ein ständiger Gast der *Île de France*. Manchmal forderte er das Können des Küchenchefs mit eigenen Rezepten heraus, unter denen sich auch der Hammeleintopf seiner Mutter befand, der zwei Tage lang gekocht werden mußte.

Auch Musiker schienen eine Vorliebe für die *Île de France* zu haben. Der große Toscanini reiste, wenn es sich so einrichten ließ, auf keinem anderen Schiff. Einmal kam er an einem Mittwoch in New York an, dirigierte das Philharmonische Orchester am Freitag abend und reiste am Sonnabend wieder mit der *Île de*

Île de France

Eleganter Vergnügungspalast der zwanziger Jahre

Die bei allen Mode- und Gesellschaftsbewußten sehr beliebte *Île de France* zog berühmte wie skandalträchtige Reisende an. Auf dem Schiff mit der romantischsten Atmosphäre des Nordatlantiks konnten sie sich in den von Jeanniot, Bouchard und Saupique gestalteten Gesellschaftsräumen entspannen oder in dem von Patout geschaffenen Eßsaal dinieren, der mit Pyrenäen-Marmor in drei Farbschattierungen geschmückt war. *Île de France* ging sogar in Noel Cowards berühmten Schlager »These Foolish Things« ein.

Links: Primo Carnera, Boxweltmeister im Schwergewicht, leitet einen Boxkampf an Bord.

Mitte: Tanzpaare wirbeln anmutig durch den Ballsaal.

Rechts: Der Tisch des Kapitäns, gesellschaftlicher Mittelpunkt des Lebens an Bord. Auf dem Bild sind Buster Keaton und Maurice Chevalier zu erkennen.

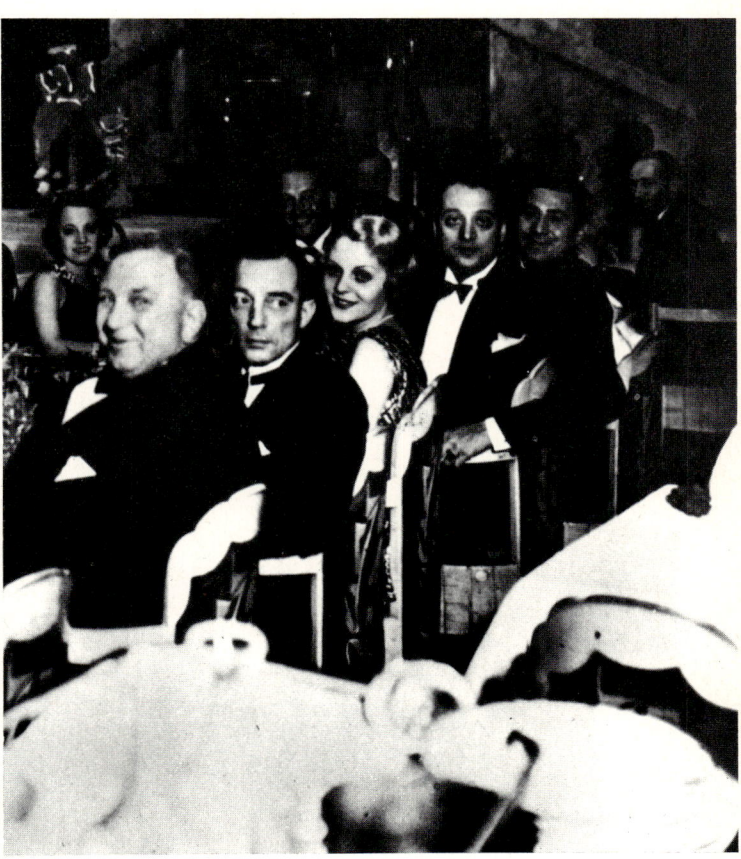

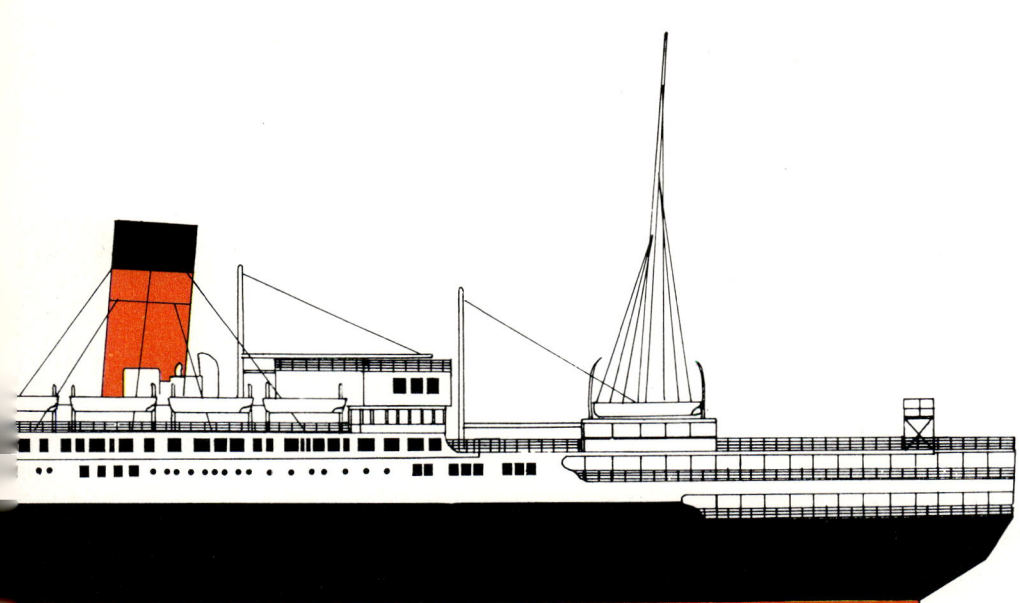

Links: Enrico Caruso, der große italienische Tenor (mit Begleitung) im September 1903 auf der *Kaiser Wilhelm II.*

France ab. Während einer Reise mit der »*Île*« traf Toscanini erstmals mit dem jungen Menuhin zusammen. Weitere Passagiere des Schiffes waren der durch »Desert Song« berühmt gewordene Sigmund Romberg, Heifetz, Schaljapin, Paderewski und Rachmaninoff. Letzterer spielte oft einer bewundernden Zuhörerschaft von Mitreisenden seine eigenen Werke vor.

Ernest Hemingway berichtete von einem Zusammentreffen auf See, das sich nur auf der *Île de France* ereignen konnte. In der Zeit vor der weltweiten Anerkennung seiner Arbeiten reiste Hemingway in der zweiten Klasse auf der »*Île*«. Eines Abends drang er im geliehenen Smoking – denn ohne diesen wäre er nicht eingelassen worden – in den Eßsaal der ersten Klasse ein, um mit einem Freund zu dinieren. Während sie aßen, erschien eine wunderschöne Frau im weißen Kleid auf dem obersten Absatz der großen Treppe. Es war Marlene Dietrich, die langsam zu einem Tisch schritt, an dem sich zwölf Personen zu ihrer Begrüßung erhoben. Marlene Dietrich weigerte sich, als Dreizehnte Platz zu nehmen. Der aufmerksame Hemingway trat schnell hinzu und bot seine Dienste als vierzehnte Person an!

In jenen Tagen erfüllte eine Gala-Atmosphäre die Räume der ersten Klasse auf den Atlantikdampfern. Auf anderen Routen lebte ein gesetzteres Publikum, das zum Dienst bei der Indischen Regierung oder zu geschäftlichen Verhandlungen in Südafrika unterwegs war, ruhig vor sich hin, zufrieden mit der Abwechslung eines wöchentlichen Konzerts. Auf dem Atlantik waren dagegen Lustbarkeiten das Gebot des Tages, und der erfindungsreiche Stab der Zahlmeister hielt alle Arten von Spielen und Ablenkungen bereit.

Decksspiele waren besonders beliebt, vor allem Shuffleboard und Tennis. Daneben gab es im täglichen Sportprogramm Tauziehen, Kissenschlacht und andere Vergnügungen. Fitness-Fanatiker, die von der Wahnvorstellung ergriffen waren, eine fünftägige Seereise mache einen zu einem schlappen, unfähigen und untauglichen Wesen, gab es in Mengen. Sicher fanden die gewaltigen Mahlzeiten so manchen empfindlichen Magen, selten aber war jemand länger als einen Tag krank. Der Verfasser erinnert sich noch an seinen ersten Morgen auf der *Queen Mary*, an dem er beim Betreten des Promenadendecks vielen Paaren rasender Wanderer ausweichen mußte, die Runde auf Runde um das Promenadendeck mit seiner Länge von

Nachdem die Filmindustrie durch den Tonfilm endgültig zu einem weltweiten Unternehmen geworden war, wurden reisende Filmstars auf den großen Nordatlantikdampfern zur alltäglichen Erscheinung.
Oben links: Clara Bow mit ihrem Ehemann Rex Bell
Unten links: Sally Eilers Gibson
Mitte: Marlene Dietrich
Oben rechts: Pola Negri
Unten rechts: Douglas Fairbanks sen. und jun.

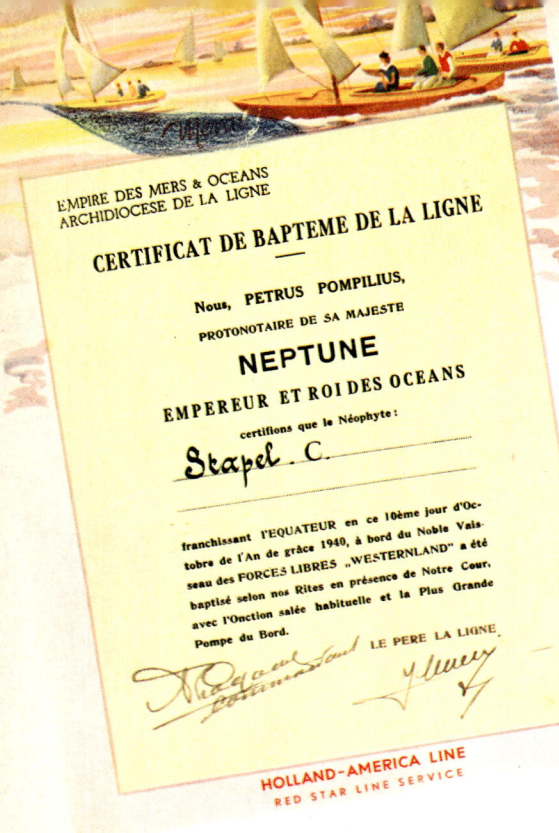

Überqueren des Äquators! König Neptun und sein Hofstaat kommen an Bord eines Schiffes der Holland-Amerika-Linie. Für alle diejenigen, die den Äquator erstmals überfahren, findet die traditionelle Taufe statt.

einer Viertelmeile drehten. Auf dem Lande wären die meisten dieser Spaziergänger nicht einmal aus der Haustür und über die Straße gegangen, um die Abendzeitung zu kaufen. Andere erklärten gefragt oder ungefragt, sie liefen sich ihre »Seebeine« an, denn das Gespenst der Seekrankheit spukte in den Köpfen fast aller Reisenden herum.

Die Reedereien hatten eine sehr zwiespältige Einstellung zur Seekrankheit. Einerseits waren sie bereit, viel Geld für die Anti-Schlingertanks des guten Dr. Frahm (die oftmals nur die Schlingerbewegung beschleunigten) auszugeben oder Schlingerkiele einbauen zu lassen. Auf der anderen Seite behandelten sie die Seekrankheit, die ein unangenehmes Erlebnis sein kann, mit unbekümmerter Gleichgültigkeit und taten erstaunt, daß überhaupt irgend jemand auf einem ihrer Schiffe krank werden könne. Offen gesagt, mußte man die Seekrankheit mit stoischer Gelassenheit ertragen, wenn man unter ihr litt. Sobald das Schiff auf einen Sturm zulief, wurden Seile in den Aufenthaltsräumen und entlang der Promenadendecks gespannt und in den Eßsälen die Tischtücher angefeuchtet, damit das Geschirr an Ort und Stelle blieb. Auf der *Deutschland* der Hapag ging einmal Porzellan im Werte von 10 000 Mark verloren, weil man diese einfache Vorsichtsmaßnahme unterlassen hatte. Die Seekranken suchten fluchtartig ihre Kabinen auf, in den Ohren noch die zahllosen Medikamente, die man ihnen genannt hatte, während die Köche die Menüs nach Art und Umfang drastisch kürzten. Erst in den fünfziger Jahren überwand man mit einer

Unterhaltung an Oberdeck

Decksspiele und organisierte gesellschaftliche Vergnügungen gehörten zum täglichen Bordleben. Besonders beliebt waren Shuffleboard und Decktennis, doch gab es auch Tauziehen, Kissenschlachten, Boxen und Wettlaufen. Weniger unternehmenslustige Passagiere lauschten den Klängen der Bordkapelle (besonders beliebt auf deutschen Schiffen) oder verbrachten die Reise im Liegestuhl an Oberdeck.

Kombination von Schlingerdämpfern der Firma Denny, Dimenhydrinaten und intravenösen Injektionen diese alte Geißel. Allerdings ließ der Preis von 10 Dollar je Injektion schon manchem die Augen übergehen – bis die Wellen noch etwas höher gingen.

Am Abreisetag kamen die sagenhaften Passagiere der Superschiffe mit wenigstens zwanzig Schrankkoffern und Reisetaschen, die von aufmerksamen Dienern und Kammerzofen, welche oftmals ein gutes Viertel der Passagierliste füllten, bewacht wurden. Unter den Reisenden waren oft auch ein paar Millionäre, die nicht nur über unbegrenzten Reichtum, sondern auch über Lebensart verfügten. Benjamin Guggenheim, millionenschweres Mitglied der New Yorker Bankfamilie, der beim Untergang der *Titanic* umkam, versuchte seinen Kammerdiener zu überreden, ihn zu verlassen und sich in Sicherheit zu bringen. Dieser weigerte sich jedoch, und so gingen beide unter Deck und kamen später im Gesellschaftsanzug herauf. »Wir haben uns die besten Sachen angezogen und werden wie Gentlemen untergehen«, sagte der Bankier. Beide kamen ums Leben, als das Schiff versank.

Die *Titanic*-Katastrophe vermittelt uns einen Begriff von dem Reichtum, der während einer Atlantiküberquerung auf einem Schiff versammelt war. Oberst Astor – der im übrigen nur 2500 Dollar in seiner Brieftasche hatte, als man seinen Leichnam aus der See barg – wurde auf 150 Millionen Dollar geschätzt. Für Guggenheim mußte man 95 Millionen Dollar hinzurechnen, 50 Millionen für den alten Strauss und ganze 40 Millionen für Bruce Ismay.

Derartiger Reichtum zog auch die Kriminellen an, die hinter den leichten Gewinnen her waren, die man aus den Taschen der weniger scharfsinnigen Reisenden, wenn auch selten denen der Millionäre holen konnte. Es wimmelte von Falschspielern, und trotz aller in den Aufenthaltsräumen angeschlagenen Warnungen fand sich immer wieder ein reicher, alleinreisender Gimpel, der bereit war, mit einem Fremden Karten zu spielen. Die meisten wurden das Opfer einer raffinierten Manipulation und schämten sich, wenn sie mehrere tausend Dollar verloren hatten, so sehr über ihre Leichtgläubigkeit, daß die Gauner frei ausgingen. Ein weiteres bewährtes »Spiel« war die schöne Ehefrau eines Mitreisenden, die sich darüber beklagte, daß ihr Mann immer betrunken und sie immer allein sei. Die Sache entwickelte sich dann bis zur »Überraschung« des Opfers durch den »Ehemann« in der Kabine seiner »Frau« und der nachfolgenden Erpressung des verhin-

Links: »Ankleiden mit Schwierigkeiten« ist der lakonische Untertitel dieses Drucks, der das Leben auf einem P & O-Liner nach 1880 wiedergibt.

Rechts: Den an Seekrankheit Leidenden wurden viele Wundermittel angepriesen. Die meisten Reedereien sahen die Seekrankheit als ein Leiden an, das man mit stoischer Gelassenheit zu ertragen hatte. Erst in jüngster Zeit ist man der Seekrankheit durch das Mittel Dramamine und intravenöse Injektionen Herr geworden.

derten Liebhabers weiter. Auch hier erwischte man die Täter selten. Die Besatzung des Schiffs bekam jedoch den größten Teil des Spiels mit und kannte diejenigen Gauner, die zu häufig reisten, bald sehr genau. Sofern sich die geringste Möglichkeit bot, übten die Kapitäne auf Kartenhaie und Glücksspieler großen Druck aus. Sir Arthur Rostron, Kommodore auf den Cunardern *Mauretania* und *Berengaria*, erklärte einmal, er habe während seiner Zeit auf diesen beiden Schiffen die Gewinne von Hasardeuren um mindestens 50000 Dollar geschmälert.

Ein Verbrecher, den man jedoch erwischte, war Dr. Crippen, und die Art und Weise seiner Festnahme verdient ihren Platz sowohl in der Geschichte der Kriminalistik als auch derjenigen der Seefahrt. Harvey Hawley Crippen war ein Amerikaner, der sich in London niedergelassen hatte und als Medizinaltechniker arbeitete. Obwohl er nicht promoviert hatte, bestand er hartnäckig auf dem Titel »Doktor« und ging auch als Dr. Crippen in die Geschichte ein. Crippen war ein kleines, sanftmütiges Wesen, was auch sein gewaltiger Schnurrbart nicht verbergen konnte. Er litt unter ständigen Demütigungen durch seine extravertierte Frau, die unter dem Namen Belle Elmore Karriere beim Varieté zu machen suchte. Das Drama erhielt alle Elemente einer Tragödie, als sich der kleine »Doktor« in seine Sekretärin Ethel Le Neve verliebte. Je mehr die Ausschweifungen seiner Frau zunahmen, desto mehr steigerte sich Crippens Leidenschaft für Ethel. Im Januar 1910 vergiftete er schließlich seine Frau, zerstückelte sie und vergrub Teile ihres Leichnams im Keller ihres Londoner Hauses. Mißtrauisch gewordene Nachbarn beruhigte Crippen, indem er erklärte, seine Frau sei auf Besuch in Amerika. Später verbreitete er, sie sei dort gestorben.

Unterdessen war Ethel Le Neve zu Crippen gezogen. Nunmehr betrat Nemesis in Gestalt von Chefinspektor Dew von Scotland Yard die Bühne. Mit Frau Crippen befreundete Künstler, die der Geschichte des »Doktors« keinen Glauben schenkten, hatten ihn hinzugezogen. Dew war schon fast geneigt, Crippen zu glauben, als dieser gestand, er habe die Geschichte vom Tode seiner Frau erfunden, um die Tatsache zu verschleiern, daß sie ihn verlassen habe. Dew kehrte in sein Büro zurück, um den Fall am Wochenende zu überdenken. Als er am Montag erneut Dr. Crippens Haus aufsuchte, fand er dasselbe verlassen vor. Crippen und Ethel Le Neve waren verschwunden. Nach einigem Suchen stieß Dew auf die verwesten Reste von Crippens Frau. So war aus den Ermittlungen nach dem Verbleib einer verschwundenen Person eine regelrechte Jagd auf einen Mörder geworden, und man leitete eine internationale Fahndung ein. Am 16. Juli 1910 erging gegen das flüchtige Pärchen ein Haftbefehl.

Vier Tage später verließ die *Montrose* der Canadian Pacific-Linie Antwerpen in Richtung auf die Häfen am St.-Lorenz-Strom. Auf See begann sich Kapitän Henry Kendall näher für einen seiner Passagiere, einen gewissen John Robinson, der mit seinem minderjährigen Sohn reiste, zu interessieren. Das Paar schien Kendalls Ansicht nach zärtlichere Bande zu verbinden, als dies der natürlichen Zuneigung zwischen Vater und Sohn entsprach. Kendall, der um die Jagd auf Crippen wußte, stellte einige Nachforschungen an und war alsbald davon überzeugt, die Flüchtigen entdeckt zu haben. Er ließ seine Vermutungen nach Liverpool funken, und Dew reiste noch am folgenden Tag auf der *Laurentic*, einem schnellen Schiff der White Star-Linie, das zwei Tage vor der *Montrose* in Quebec ankommen sollte, ab. Mittlerweile hatte sich die Presse des Falles bemächtigt, und die Öffentlichkeit wartete voller Erregung, während beide Schiffe westwärts dampften. Die Jagd war vorüber, als die *Montrose* vor Fathers Point wartete und Dew Crippen und seine Geliebte an Bord verhaftete. Dew brachte beide auf der *Megantic* nach England zurück, wo man sie vor Gericht stellte. Ethel Le Neve wurde freigesprochen, Crippen jedoch verurteilt und gehängt. Die Welt aber bewunderte erneut das Genie Marconis, der dies alles möglich gemacht hatte.

The Daily Mirror

THE MORNING JOURNAL WITH THE SECOND LARGEST NET SALE

No. 2,108. — Registered at the G.P.O. as a Newspaper. — FRIDAY, JULY 29, 1910 — One Halfpenny.

"CRIPPEN BEYOND A DOUBT"—YESTERDAY'S WIRELESS MESSAGE FROM CAPTAIN KENDALL, OF THE STEAMER MONTROSE.

Mr. Llewellyn Jones, Marconi operator on the Montrose.

Inspector Dew, who will bring back the fugitives.

Captain Kendall, of the steamer Montrose.

The steamer Montrose, on board which are Crippen and Miss Le Neve.

Miss Le Neve, who accompanies "Dr." Crippen dressed as a boy.

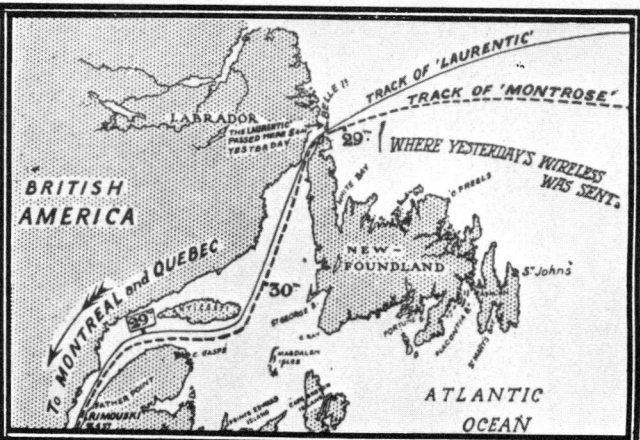

Chart showing the positions of the Montrose and the Laurentic.

"Dr." Crippen, who is now definitely said to be on the Montrose.

A wireless message was received yesterday from Captain Kendall, of the steamer Montrose, which stated that the identity of the suspected passengers on the ship had been established "beyond a doubt." It will be remembered that two passengers who entered their names on embarking on the Montrose at Antwerp as "Mr. Robinson and son" were suspected as being "Dr." Crippen and Miss Le Neve, for whom a world-wide search was being made, and as a result of a wireless message from the captain Inspector Dew, of Scotland Yard, was sent to overtake the suspects on the faster steamer Laurentic.

Links: Balkenüberschriften der Tagespresse meldeten die Verhaftung des flüchtigen Dr. Crippen und seiner Geliebten, Ethel le Neve.

Rechts: Ein Bild der englischen Schauspielerin Gay Gibson aus glücklicheren Tagen. Sie wurde im Oktober 1947 von einem Steward auf einem Schiff der Union Castle-Linie ermordet, der ihren Leichnam aus dem Bullauge ihrer Kabine ins Meer warf.

In der heutigen Zeit ist Mord auf hoher See äußerst selten und meist auf Streitereien unter Besatzungsmitgliedern beschränkt. Ein berühmt gewordenen Fall trug sich jedoch im Oktober 1947 auf der *Durban Castle* der Union-Castle-Linie zu. Er erregte das Interesse von Presse und Öffentlichkeit, weil das Opfer eine attraktive junge Schauspielerin namens Gay Gibson war. Auf der Rückkehr von einer Gastspielreise durch Südafrika verschwand sie aus ihrer Kabine. Eine Absuche des Schiffs blieb ergebnislos und obwohl die *Durban Castle* wendete und auf dem zuvor eingehaltenen Kurs zurücklief, fand man keine Spur des Mädchens. Man nahm an, es sei über Bord gefallen. Dann meldete ein Steward, er habe einen seiner Kollegen in der Nacht in der Kabine der Schauspielerin gesehen, in der sie verschwunden sei. Diese Geschichte führte zu einem erstaunlichen Prozeß vor dem Schwurgericht in Winchester. Ohne den Leichnam des Opfers hatte der Angeklagte, ein Steward namens James Camb, alle Aussicht, daß man ihm die Geschichte, die Schauspielerin sei während des Geschlechtsverkehrs mit ihm eines natürlichen Todes gestorben, glauben werde. Camb ließ sich dahin ein, er habe die Leiche der Schauspielerin in Panik aus einem Bullauge geworfen. Das Gericht folgte indessen der Darstellung der Staatsanwaltschaft, nach der Camb sein Opfer ermordet hätte, und verurteilte ihn.

Glücklicherweise ereigneten sich derartige Gewalttätigkeiten in der gesellschaftlichen Geschichte des Passagierverkehrs nicht allzuoft. Das Hauptanliegen der großen Reedereien war in aller Zeit, in Gunst und Ansehen ihrer Passagiere zu stehen und daraus Gewinn zu ziehen. Die Bevorzugung der Plutokratie entwickelte sich, wie wir gesehen haben, in der letzten Dekade des vergangenen Jahrhunderts. Vor dieser Zeit galt ein Passagier wie der andere. Die Beschreibungen einzelner Atlantiküberquerungen durch Berühmtheiten der viktorianischen Zeit sind überliefert. Keine ist jedoch interessanter als die der Amerikareise Oscar Wildes im Jahre 1882.

Wilde stand damals auf dem Höhepunkt seines Widerstandes gegen die Gesellschaftsordnung der Viktorianischen Zeit. Er machte die Überfahrt auf der durch ihre Kollision mit einem Eisberg berühmten *Arizona* der Guion-Linie. Schockierend bekleidet und mit schulterlangem Haar stellte sich Wilde einer Gruppe von Reportern zu einer der ersten Pressekonfe-

Ein Plakat der Cunard-Linie, mit dem die ersten Fahrten der *Queen Mary* angekündigt werden. Eine Reise nach Amerika bot dem Durchschnittsbürger die Gelegenheit, mit berühmten Personen Seite an Seite zu stehen.

Rechts: Der Herzog und die Herzogin von Windsor, regelmäßige Atlantikreisende, stellen sich dem Bordfotografen der *Queen Mary*.

renzen in Manhattan. Dabei notierte ein aufmerksamer Reporter das beste Epigramm Wildes gesamter Laufbahn als beißender Kommentator. Bei der Zollkontrolle stellte einer der Beamten die übliche Frage: »Haben Sie etwas anzugeben?« – »Nichts als meinen Geist!« erwiderte Wilde und begab sich zu einer von Rupert D'Oyly Carte für ihn arrangierten einjährigen Rundreise durch die USA an Land.

Bei seiner Rückkehr nach New York eilte Wilde, Lily Langtry, die »Jersey Lily« des viktorianischen Varietés und gute – einige sagen zu gute – Bekannte des Prinzen von Wales zu begrüßen. Lily hatte die Überfahrt ebenfalls auf der *Arizona* gemacht und beschwerte sich darüber, daß sie Ratten in ihrer Kabine gehabt habe. Dreißig Jahre früher war Jenny Lind, die »schwedische Nachtigall«, nach New York gereist, um vor dem Theaterkönig Phineas T. Barnum aufzutreten. Sie benutzte die *Atlantic* der Collins-Linie (sicher ohne eine Ratte zu sehen) und wurde von 30000 New Yorkern begrüßt, die Barnum zu diesem Zweck auf die Beine gebracht hatte.

Erst nach dem Ersten Weltkrieg konnten sich die Passagierdampfer der ständigen Gönnerschaft einer Klasse rühmen, die sie bis dahin gemieden hatte. Während Industriemagnaten, Geschäftsleute, Schauspielerinnen, Schriftsteller, Politiker und Aristokraten regelmäßige Kunden der großen Schiffe waren, benutzte das Königtum nach wie vor Staatsjachten oder Kriegsschiffe für alle Seereisen, die sie zu unternehmen geneigt waren.

König Eduard VII. von Großbritannien kam einmal einem Passagierschiff nahe, als er im August 1889 mit Kaiser Wilhelm II. die *Teutonic* der White Star-Linie besichtigte. Kaiser Wilhelm, der, wie wir bereits gesehen haben, ein großer Freund der Passagierdampfer war, benutzte für Seereisen stets seine Jacht *Hohenzollern*, obwohl er einmal eine Nacht auf der *Imperator* verbrachte. Auch König Georg V. besuchte Passagierdampfer, darunter im August 1922 die *Majestic*, doch blieb es seinem ältesten Sohn, dem späteren Herzog von Windsor, vorbehalten, als Prinz von Wales mit der Tradition zu brechen und eine Ozeanreise auf einem unter Handelsflagge fahrenden Passagierschiff zu unternehmen.

Der Prinz ließ wissen, daß er für August 1924 eine Überfahrt nach New York als Privatpassagier auf der *Berengaria* gebucht habe. Von diesem Augenblick an war das Schiff völlig von

165

Zufriedene Kartenspieler kämpfen um geringe Beträge, während im Hintergrund die Bordkapelle musiziert. Viele Reisende wurden das Opfer von Falschspielern.

Amerikanern ausgebucht, die darauf aus waren, Seite an Seite mit dem Thronfolger des Britischen Reiches zu reisen. Die Cunard-Linie bestellte eine Kapelle, um Seine Königliche Hoheit zu begrüßen, und verwirrte die Offiziere des Schiffs mit der Anweisung, es seien Degen zu tragen! Von London kam der Hinweis, der Prinz bestehe darauf, keine Sonderbehandlung zu genießen, und so fielen die Kapelle und die Degen wieder weg. Der Prinz setzte seine Ankündigung in die Tat um, indem er sich von einer Barkasse im Solent auf *Berengaria* einschiffte und so ein Heer enttäuschter Fotografen auf dem Kai in Southampton herumirren ließ. Mit dem Prinzen reisten Lord und Lady Louis Mountbatten, und die königliche Gesellschaft bezog in jener Nacht die Kaisersuite, die erst einmal – elf Jahre zuvor – von Kaiser Wilhelm II. benutzt worden war, als das Schiff unter dem Namen *Imperator* sein Leben begann.

Der folgende Tag war ein Sonntag und Kapitän William Irvine hielt den üblichen Gottesdienst im Gesellschaftsraum ab. Gottesdienst war in der Viktorianischen Zeit als sonntägliche Erholung vorgeschrieben, doch war der Kapitän in den zwanziger Jahren froh, wenn auch nur jeder Zehnte seiner Passagiere erschien. An jenem Sonntag war der Raum brechend voll, und die Passagiere mußten sich aus anderen Räumen Stühle herbeiholen. Pflichtgemäß besuchte der Prinz den Gottesdienst, nachdem er zuvor in seinen Räumen gefrühstückt und so Hunderte ungewöhnlicher Frühaufsteher vermieden hatte, die im Eßsaal auf ihn warteten. Nach einigen Tagen konnte sich der Prinz den üblichen Zerstreuungen hingeben, die auf den durchschnittlichen Passagier erster Klasse warteten. Er führte eine Mannschaft beim Tauziehen an (sie verlor!), wurde bei der Kissenschlacht von seinem Platz gestoßen und erlitt beim Kartoffelrennen die Schmach, seine Kartoffel zu verlieren! Die Bordkapelle mußte zu ihrem Leidwesen sehr bald feststellen, daß der Prinz ein begeisterter Tänzer war, der, falls es erforderlich wurde, bis in die frühen Morgenstunden durchhielt. Gewöhnlich tanzte er mit Damen seiner Begleitung, doch stürzte ab und zu für eine junge Amerikanerin der Himmel ein, wenn sie der kommende König von England über das von Mewes Jahre zuvor so sorgfältig entworfene Tanzparkett schwenkte. So machte der zukünftige Herzog von Windsor seine erste Bekanntschaft mit Amerika, einem Land, das er lieben

Oben: Ein andersartiges Glücksspiel. Passagiere stehen an, um Teilnahmescheine für die Wetten auf das tägliche Etmal des Schiffes zu erwerben. Diese Wette wurde auf allen Schiffen veranstaltet.

lernte und unter dessen Töchtern er schließlich seine Frau fand.

Das alles lag jedoch noch in weiter Ferne, als die *Berengaria* mit ihrem großen schwarzen Rumpf und ihren hellerleuchteten Räumen in jenem Sommer 1924 den Prinzen von Wales westwärts brachte. Er blieb insgesamt drei Monate fort und kehrte Ende Oktober auf der *Olympic* nach England zurück.

Der Prinz von Wales war als »Trend-Setter« bekannt (er konnte die Couturiers der Herrenmode über Nacht reich machen, indem er ganz einfach eine neue Moderichtung mitmachte), und für königliche Besuche wurde von nun an der Passagierdampfer als Reisemittel bevorzugt. König Georg VI. benutzte die *Empress of Australia* für seine Reise nach Kanada und den USA im Jahre 1939 und kehrte stilgerecht auf der riesigen *Empress of Britain* nach England zurück. Seine Tochter benutzte die *Gothic* der Shaw, Savill & Albion-Linie in gleicher Weise für ihre Krönungsreise durch die Länder des Commonwealth im Jahre 1953.

Bei königlicher Schirmherrschaft und königlichem Interesse bedurften die Reisenden kaum eines weiteren Anstoßes, um den Parolen der Werbefachleute zu folgen, die ihnen die Versuchung anboten, »wie ein König zu leben« (so hieß es in einem Prospekt). Die Passagierschiffe verfügten über ein Heer von Küchenchefs, Köchen, Schlächtern, Bäckern, Konditoren, Lagerverwaltern, Kellermeistern, Getränkekellnern, Kellnern und Stewards, um dieses Versprechen wahr zu machen. Keine Menü-

Mitte: Die Verherrlichung europäischer Kultur auf See: Eine Zeichnung des wunderbaren Großen Salons der *Normandie*

Unten links: »Ein anregender Abend im Großen Salon der *Normandie*. Korrekt gekleidete Passagiere spenden dem Höhepunkt einer Kabarettvorführung Beifall.

Unten rechts: Ein erprobtes Mittel der Unterhaltung an Bord: Teilnehmer eines Kostümwettbewerbs

Unterschiedlicher Beifall für das Essen der Touristen-Klasse an Bord der *Bremen* während der dreißiger Jahre

karte der ersten Klasse war ohne ein rundes Dutzend Gänge vollständig, und bei jedem Gang konnte man zwischen fünf bis sechs verschiedenen Gerichten wählen. Die Versorgungsorganisation dieser schwimmenden Paläste war kompliziert und riesig. Ganze Geschäfte in Southampton und New York lebten ausschließlich von der Versorgung der Schiffe. Die für eine Reise benötigte Lebensmittelmenge war ungeheuer. Einige Beispiele für eine einzige Überfahrt der *Queen Mary* mögen dies zeigen: 106 Tonnen Rindfleisch, 25 Tonnen Kartoffeln, 18 Tonnen Gemüse, 1 Tonne Wurst, 0,5 Tonnen Tee, 70 000 Eier, 1000 Gläser Marmelade, 2,5 Tonnen Frühstücksspeck, 725 Liter Salatöl, 9000 Liter Eiskrem, 9 Tonnen Fisch, 0,5 Tonnen Bananen, 225 Kilogramm Räucherlachs und 4,5 Tonnen Lammfleisch. Entsprechend groß waren auch die Alkoholvorräte.

Ein schöner Tag an Bord der *Kronprinz Wilhelm*. Einzelne Herren plaudern freundlich miteinander, während andere den Horizont absuchen. Aufkommende schwere See konnte dies Bild der Beschaulichkeit sehr schnell in eine chaotische Unruhe verwandeln.

Der Alkoholgenuß an Bord gehörte für manche Passagiere zum »Lebensstil der großen Welt« und war, weil im Gegensatz zum Trinken an Land zollfrei, billig. Auf einem großen Passagierdampfer wurden etwa 2500 Flaschen Whisky, je 6000 Flaschen Bier und Lagerbier, 3000 Flaschen Tafelwein, 48000 Flaschen Mineralwasser und 2500 Flaschen Starkbier je Reise verbraucht. Beim Genuß dieser Getränke kamen die Passagiere auch über 1,5 Millionen Zigaretten und 15000 Zigarren hinweg.

Die Chefeinkäufer hatten die unvergleichliche Möglichkeit, nur das Beste zu kaufen, da ihnen auf jeder Reise die ganze Vielfalt englischer, französischer und amerikanischer Lebensmittel zur Verfügung stand. Melonen aus Florida, Leberpastete, frisches Rinderfilet: das Beste aus jedem Land, direkt an der Quelle zu günstigsten Preisen eingekauft und zu einer gewaltigen Anzahl von Gerichten verarbeitet, so daß es in seiner Größenordnung beinahe abstoßend erschien. Die Passagiere erwarteten dies jedoch, und somit waren die Reedereien dazu gezwungen. Bis zum Ende des Liniendienstes auf dem Nordatlantik hielt sich das traditionelle Cunard-Menü auf den »Queens« und man fragt sich, wieviel Lebensmittel während der letzten, unwirtschaftlichen Jahre nicht im Magen der Passagiere, sondern in den Abfalleimern endete.

Die für den reibungslosen Ablauf dieses eleganten Lebens benötigte Besatzung lag auf den großen Schiffen nie unter 1000 Mann, von denen die meisten als Stewards und im Versorgungsdienst beschäftigt waren. Das Schiff konnte von 10 Offizieren und rund 40 Seeleuten navigiert werden, und mit dem Übergang auf Ölfeuerung in den zwanziger Jahren kam man im Maschinenraum mit etwa 50 Mann aus. Zuvor brauchte ein großer Passagierdampfer 200 Heizer, die unter schmutzigen Bedingungen den nicht endenden Hunger der Feuer stillen mußten. Kaum einer der Passagiere sah jemals das entwürdigende schwarze Loch, das der Heizraum war, und die zähen Männer, die 500 Tonnen Kohle täglich in die Feuer schaufelten, um das Schiff in Gang zu halten und die glitzernde Phantasie der ersten Klasse Wirklichkeit werden zu lassen. Die Lebensbedingungen im Heizraum schufen einen zähen, rücksichtslosen Menschentyp, der einiges vertragen konnte, und die Ingenieuroffiziere lernten schon zu Beginn ihrer Laufbahn, einem Krakeeler aus dem Heizraum aus dem Wege zu gehen. Ein Inge-

An Bord gab es jeglichen Komfort, den man vom Broadway, Piccadilly oder Kurfürstendamm her gewohnt war. Hier der Frisiersalon der *Amerika* von 1907, die als erstes Schiff mit Fahrstühlen für die Passagiere ausgerüstet war. Für die Damen gab es ebenso luxuriöse (und teure) Einrichtungen.

Oben links: Der Heizraum der *France* von 1912. Die Arbeitsbedingungen waren ungesund, schmutzig und hart. Die »schwarze Bande« hatte in allen Häfen der Welt den Ruf angriffslustiger Zügellosigkeit. Die Passagiere lernten das Inferno der Heizräume, das mit der Umstellung der Schiffe auf Ölfeuerung verschwand, nie kennen.

Rechts: Auf der Brücke der *Vaterland*. Obwohl mit Windabweisern versehen, ist das Steuerhaus noch immer dem Zutritt von Wind und Wasser offen.

Mitte: Das gesamte Maschinenpersonal der *Campania* der Cunard-Linie posiert während einer Atempause an Oberdeck für die Kamera. Auf dem Bild sind vor allem Heizer zu erkennen, die die Kesselfeuer in Betrieb zu halten hatten.

Links oben: Die für den Betrieb eines Passagierdampfers unentbehrliche Druckerei stellte täglich Hunderte von Druckerzeugnissen, wie Zeitungen, Programme, Speisenkarten und Routinebefehle, her. Diese geschäftige Szene wurde auf *Europa* fotografiert.

nieur der White Star-Linie, der für seine Antreiberei bekannt war, soll angeblich in einem Kesselfeuer geendet sein.

Mit der Einführung der Ölfeuerung wurden die Bedingungen im Heizraum unnatürlich sauber und das Personal erschien in strahlend weißen Overalls. Es war eine neue Zunft, und die alte »schwarze Bande« verschwand, wobei sie eine Legende von betrunkenen Krakeelern und eine bis zum heutigen Tage erhaltene Furcht vor den Liverpool-Iren zurückließ.

Um solche Besatzungen zu kommandieren und in ihrem Beruf ganz nach oben zu kommen, mußten die Kapitäne alle Führungsqualitäten und persönlichen Fähigkeiten aufbieten, die sie besaßen. Die besten Kapitäne waren eindrucksvolle Erscheinungen. Meist von niederer Herkunft, hatten sie alle auf Segelschiffen begonnen. Dennoch konnten Männer wie Sir James Charles von Cunard oder Bertram Hayes von der White Star einem Herzog mit dem gleichen Selbstbewußtsein gegenübertreten wie einem widerspenstigen Heizer. E. J. Smith, Kapitän der *Titanic*, war ein Patriarch der Nordatlantikfahrt, der hin und wieder seine Schäferhunde mit auf Reisen nahm. Millionäre mußten die Erfahrung machen, daß sie mit ihrem ganzen Geld keinen Platz an seinem Tisch kaufen konnten, wenn er sie nicht leiden mochte. Ein weiterer großer Kapitän der Dreißiger Jahre war Arthur Rostron.

Diese Männer hatten ein beinahe emotionelles Verhältnis zu ihren Schiffen. Sir James Charles, der pensioniert werden sollte, brach zusammen und starb, als er die *Aquitania* zum letzten Mal nach Southampton hereinbrachte. Sein Arzt war der Ansicht, daß die innere Anspannung dieses Augenblicks für Sir Charles zu viel gewesen sei. Wenige Jahre später starb Sir James Neatley in seiner Kabine auf demselben Schiff, auch in diesem Falle handelte es sich um die letzte Fahrt. Sir Edward Britten, Kapitän der *Queen Mary*, starb am Tage der Abfahrt seines Schiffes aus New York. Andere große Kapitäne, an die sich Veteranen des Atlantikverkehrs noch erinnern, sind Hans Ruser von der *Imperator*, Pierre Thoreux von der *Normandie* und der riesige Harry Manning, der nahezu zwanzig Jahre lang den Vorsitz der United States-Linie innehatte.

In der Blütezeit der Ozeandampfer waren ihre Kapitäne international bekannte Personen. Der dienstälteste Kapitän der Cunard-Linie wurde ausnahmslos vom König zum Ritter ge-

Links unten: Pagen der *Queen Elizabeth* treten zur Inspektion an. Viele Besatzungsmitglieder begannen auf diese Weise ihre Laufbahn auf dem Schiff.

Rechts unten: Das Küchenpersonal war für das Ansehen eines Schiffs sehr wichtig und wurde von allen Reedereien gut behandelt. Diese Köche arbeiten auf der deutschen *Auguste Victoria*.

Rechts oben: Die Rohmaterialien eines Ozeanriesen.

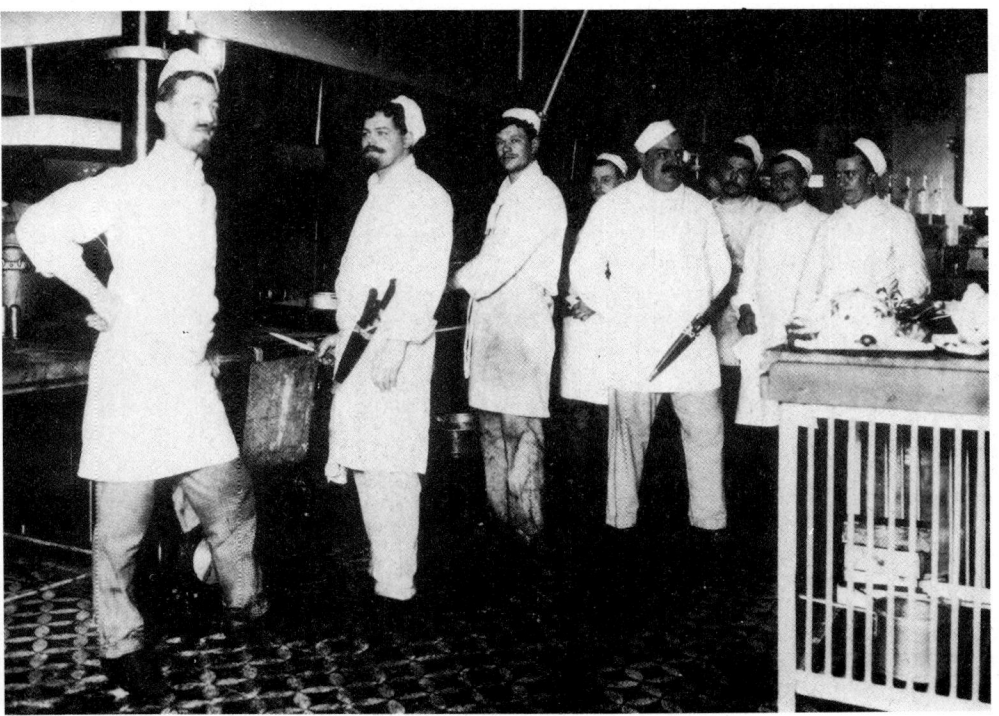

schlagen. Es waren Männer, die mit dem Ruhm und den Berühmten vertraut waren, die in Scharen kamen. Selbst nach dem Zweiten Weltkrieg konnten auf der Passagierliste einer gewöhnlichen Atlantiküberquerung Namen wie die des Herzogs und der Herzogin von Windsor, Spencer Tracey, Bing Crosby und Ernest Hemingway stehen. Auf einer ihrer ersten Reisen konnte sich die *Queen Elizabeth 2* sogar der Beatles, Propheten eines neuen Zeitalters, rühmen!

Allmählich übertrugen jedoch die Berühmten, die Aristokraten und die Geschäftsleute ihre Treue auf die Fluggesellschaften, und die Passagierschiffe verschwanden von der Szene. Das Flugzeug konnte den Ozean in einem Bruchteil der Zeit überqueren, die die Passagierschiffe brauchten, und in der zweiten Hälfte des 20. Jahrhunderts bedeutete Zeit Geld, und Geld war das Maß aller Dinge. Das Streben nach Reichtum und die Macht des Reichtums führten den Passagierdampfer auf den Höhepunkt seines Daseins und waren – Ironie des Schicksals! – schließlich auch die Kräfte, die ihn vernichteten □

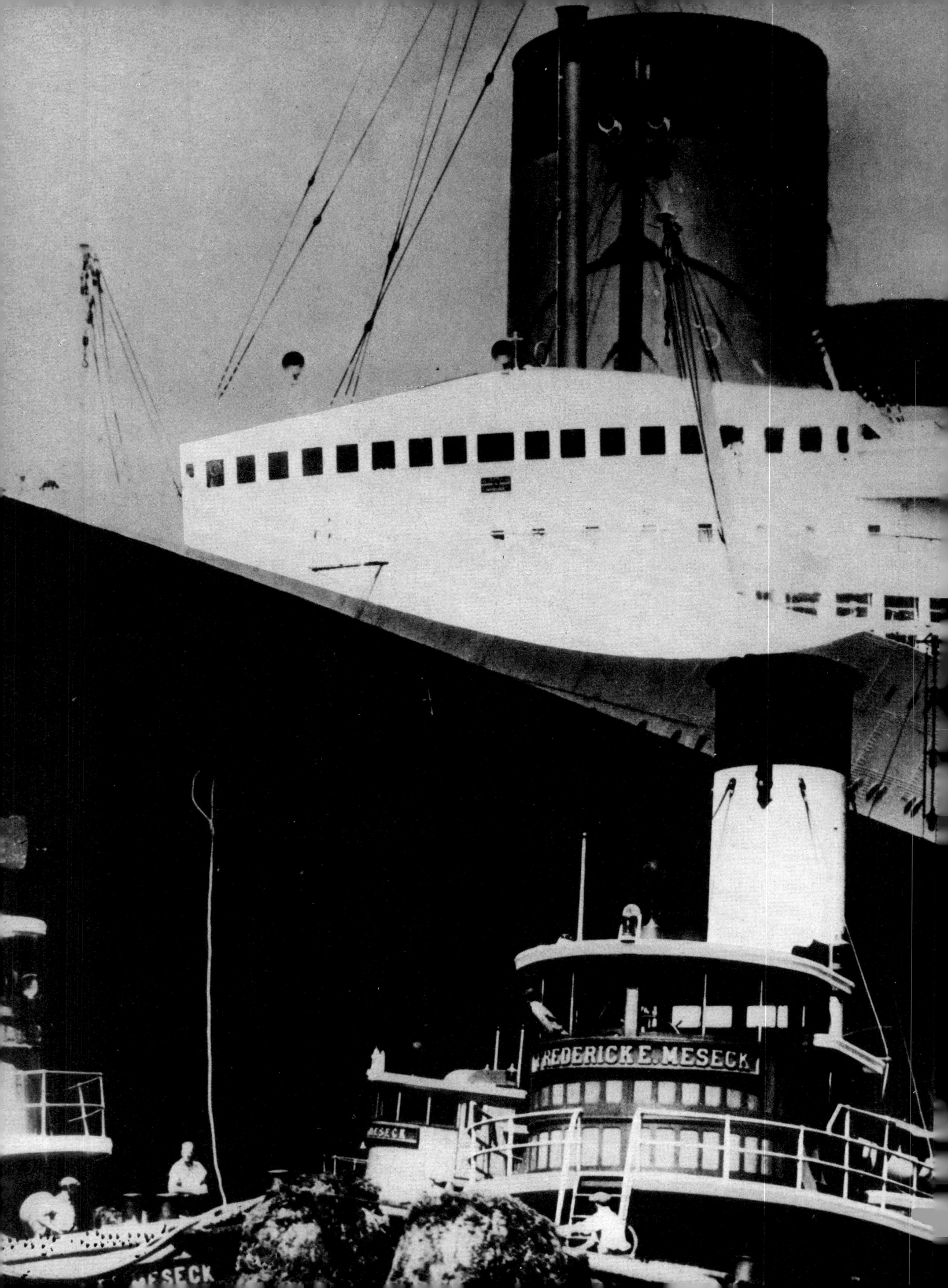

Kapitel VI

DAS »BLAUE BAND«

Die schnellsten Schiffe auf dem Nordatlantik

Die pompöse Hales-Trophäe für den jeweiligen Gewinner des »Blauen Bandes«, die 1933 von dem britischen Unterhausabgeordneten Harold K. Hales gestiftet wurde. Die Trophäe ist von Gewinnern des »Blauen Bandes« eingerahmt: *Persia,* 1856; *Arizona,* 1879; *City of New York,* 1889; *Teutonic,* 1889; *Deutschland,* 1900; *Queen Mary,* 1936; und *United States,* 1952.

Das Blaue Band des Atlantik!« Der Klang des berühmtesten Geschwindigkeitsrekords der Welt ruft erregende Erinnerungen hervor, obwohl bereits ein Vierteljahrhundert vergangen ist, seitdem die letzte Trägerin dieser bemerkenswerten Trophäe ihren Triumphweg durch den gefährlichsten Ozean der Erde pflügte. Der Kampf der Ozeanriesen um den Ruhm (und das Geld!), der unvermeidlich auf das schnellste Schiff der Welt zukam, war ein Schauspiel, das die Vorstellungskraft der Menschen in aller Welt während der ersten Hälfte unseres Jahrhunderts anregte.

Das »Blaue Band« war eine in jedem Sinne des Wortes schwer faßbare Trophäe. Der Ausdruck stammt von den blauen Insignien des englischen Hosenbandordens, der vornehmsten Auszeichnung der Welt, ab. Niemand weiß, wann diese Bezeichnung erstmals verwandt wurde, um den Rekord der schnellsten Passage zwischen Europa und Amerika zu kennzeichnen. Sie war in den achtziger Jahren des vergangenen Jahrhunderts allgemein gebräuchlich. Während aber die gesamte Schiffahrt ein intensives und zwingendes Interesse an dem Rekord hatte, existierte er niemals als richtiger Wettbewerb. Es gab kein Kontrollkomitee, keine Teilnahmeanträge, keine offiziellen Zeitnehmer und keine vorgeschriebene Strecke. Einige Gesellschaften entschlossen sich sogar, das »Blaue Band« völlig zu übergehen, nachdem sie unter beträchtlichen Kosten sichergestellt hatten, daß eines ihrer eigenen Schiffe den Titel hielt. Als die *Queen Mary* beispielsweise im August 1936 den Atlantik auf der Strecke Bishops Rock – Ambrose-Feuerschiff in 4 Tagen und 27 Minuten mit einer Durchschnittsgeschwindigkeit von 30,14 Knoten überquerte und damit den Rekord der *Normandie* übertraf, veröffentlichte Cunard folgende Erklärung: »Wir sind nur daran interessiert, das offiziell als schnellstes bezeichnete Schiff zu besitzen. Wir lehnen Rekordfahrten ab und erkennen das »Blaue Band«, das wir der französischen *Normandie* nicht abverlangen werden, nicht an.«

Im Gegensatz zu dieser nüchternen Einstellung lief die *Normandie* nach ihrer Rekordfahrt mit einem 30 Meter langen blauen Wimpel (für jeden Knoten 1 Meter) in New York ein.

Die Abneigung einiger Gesellschaften, den beabsichtigten Bau eines Rekordbrechers bekanntzugeben, ist zumindest aus wirtschaftlicher Sicht verständlich. Die Kosten waren beträchtlich und bedeuteten eine massive Inanspruchnahme des Firmenkapitals. Nahezu alle Rekordhalter des 20. Jahrhunderts brauchten daneben Hilfsgelder der jeweiligen Regierungen. Ein fehlgeschlagener Rekordversuch konnte beim Einsatz derartiger Summen erhebliche Verlegenheit sowohl in finanzieller Hinsicht als auch derjenigen nationalen Ansehens hervorrufen. Während der Planungsstab einer Gesellschaft ein neues Schiff mit dem Ziel, den Rekord zu brechen, entwarf, blieben die Direktoren daher schweigsam und suchten jedermann davon zu überzeugen, daß sie nicht an einen Rekordversuch dächten. Hatte man jedoch einen neuen Rekord aufgestellt, füllte die Elite des Atlantikverkehrs das erfolgreiche Schiff und zahlte so die investierten Mittel den Eignern voll zurück.

Alle am Atlantikverkehr beteiligten großen Reedereien liebäugelten zu irgendeiner Zeit in ihrer Geschichte zumindest vorübergehend mit dem »Blauen Band«. Die französische Compagnie Générale Transatlantique beharrte jahrelang darauf, daß Bequemlichkeit und Luxus der Geschwindigkeit vorzuziehen seien, und mied Rekordversuche. Dann brachte sie 1935 in einem überraschenden Gesinnungswechsel mit ihrer *Normandie* eine Vereinigung aller drei Eigenschaften heraus. Die Hapag wurde andererseits durch das launische Verhalten ihrer *Deutschland* von 1900 (sie vibrierte widerwärtig) so ernüchtert, daß sie aus freien Stücken keine weiteren Rekordbrecher in Auftrag gab.

Selbst wenn sich die Reeder gegenüber dem »Blauen Band« gleichgültig gaben, erlahmte das öffentliche Interesse an ihm in den 150 Jahren, die zwischen der ersten Reise der *Great Western* und derjenigen der *United States* als letzter Trägerin der »Krone des Atlantiks« lagen, zu keiner Zeit. Schon vor dem Zeitalter der Dampfschiffe, als die amerikanischen Schnellsegler noch unbestrittene Königinnen des Atlantiks waren, begeisterte sich die Öffentlichkeit auf beiden Seiten des Ozeans an den Leistungen der *Flying Cloud, Columbia* und *Sovereign of the Seas* und erörterte die Vorzüge jedes Schiffes eingehend. Diese Postsegler waren keine Müßiggänger, sondern bei günstigen Bedingungen (die nicht oft gegeben waren) sogar sehr schnell. Die *Andrew Jackson* brauchte einmal von Liverpool nach New York nur 14 Tage. Zwar konnten die Schnellsegler keine Dienste mit festen Fahrplänen unterhalten, doch gab es genügend Schiffe, um zur angekündigten Zeit abfahren zu können. Die Klipper machten Männer wie Isaac Wright, den Eigner der Black Ball-Linie und seinen Konkurrenten von der Swallowtail-Linie aus New Bedford reich.

Das Erscheinen der *Britannia* Sam Cunards im Jahre 1840 kündigte das Ende der Schnellsegler an. Heute gilt der Raddampfer aus Liverpool als erster Träger des »Blauen Bandes« im modernen Sinn dieser Auszeichnung.

Die *Britannia* und ihre Schwestern waren schmucke kleine Schiffe, die alle in den Abmessungen leicht voneinander abwichen. *Britannia* selbst maß 1156 BRT und war 63 Meter lang. In ihrem 21 Meter langen Maschinenraum waren zwei Balancier-Dampfmaschinen untergebracht, die eine Zylinderbohrung von 183 Millimetern und einen Hub von 208 Millimetern hatten. Bei einem Kohlenverbrauch von 38 Tonnen am Tage erzeugten vier Kessel den Dampf, mit dem die Maschinen 720 PS leisteten und die Schaufelräder mit einem Durchmesser von 8,7 Metern so schnell drehten, daß eine Geschwindigkeit von 10 Knoten erreicht wurde. Die ersten Geschwindigkeitsrekorde der Cunard-Linie wurden auf der Strecke zwischen Liverpool und Halifax in Neuschottland aufgestellt. Im Laufe der Jahre gab es eine Reihe weiterer Start- und Zielpunkte in beiden Richtungen. Zunächst war die Rekordstrecke diejenige zwischen Liverpool und Halifax. Mit dem Aufstieg New Yorks zum Hauptpassagierhafen an der amerikanischen Ostküste wurde Sandy Hook, die Landspitze an der Hafeneinfahrt, westlicher Endpunkt der Strecke. Später verlegte man diesen Endpunkt zum Ambrose-Feuerschiff. Während der längsten Zeit des 19. Jahrhunderts war Queenstown in Irland die östliche Startlinie. Der Norddeutsche Lloyd lief diesen Auswandererhafen indessen selten an und als die *Kaiser Wilhelm der Große* den Rekord im Jahre 1897 eroberte, begann ihre Strecke bei den Needles vor der Isle of Wight. Später dienten auch die Mole von Cherbourg, Daunts Rock und der Leuchtturm von Bishops Rock als Streckenmarken, während die Italiener als Startpunkt Punta Marroqui, 15 Meilen westlich von Gibraltar, wählten. Da die Entfernungen zwischen diesen Punkten erheblich voneinander abwichen, wurde das »Blaue Band« stets von demjenigen Schiff beansprucht, das die höchste Durchschnittsgeschwindigkeit in einer von beiden Richtungen erreichte. Die angegebenen Werte waren im übrigen die von den Offizieren des Schiffs selbst

gemessenen, doch muß dazu gesagt werden, daß der Anspruch eines Schiffs auf das »Blaue Band« nie in Zweifel gezogen worden ist.

In den Jahren nach 1840 vermehrte Cunard seine Flotte um größere und schnellere Schiffe. Auf ihrer zweiten Fahrt in ostwärtiger Richtung schraubte *Britannia* den Rekord auf 10,6 Knoten hoch. Im August 1840 schaffte sie die Überfahrt in genau 10 Tagen. Diese Zeit hatte ganze neun Monate Bestand. Im Juli 1841 erreichte *Acadia* in westlicher Richtung eine Durchschnittsgeschwindigkeit von 10,76 Knoten und hielt ab 1842 den Rekord in beiden Richtungen. Erst fünf Jahre später nahm die neue *Hibernia*, ein größerer Cunarder, der *Acadia* mit 11,67 Knoten den Rekord in östlicher Richtung ab. Der Postbeförderungsvertrag mit Cunard wurde 1846 erneuert. Dadurch konnte er 1848 vier neue Postdampfer bauen lassen, denen 1850 zwei weitere folgten. Diese letzteren waren mit 2226 BRT ein großer Fortschritt und einer von ihnen, die *Asia*, schaffte die Reise von Liverpool nach Halifax im Mai 1850 mit 12,12 Knoten in 8 Tagen und 17 Stunden.

Seit der ersten Abfahrt eines Cunarders wa-

Die riesigen Schornsteine des Cunarders *Campania,* der hier am Kai in Liverpool liegt, verleihen dem Schiff einen Ausdruck von Kraft und Majestät. *Campania* machte ihre Jungfernfahrt im April 1893.

Einsatz: Eine der Dreifach-Expansionsmaschinen der *Campania* während ihrer Fertigstellung im Jahre 1892. Es waren die damals stärksten Maschinen der Welt, sie leisteten 30 000 PS.

ren unterdessen zehn Jahre vergangen. Jene Amerikaner, die in den Anfangsjahren über Cunards »kleine Teekessel« gespottet hatten, beneideten ihn nun um seinen zuverlässigen Dienst. Die Cunard-Dampfer schöpften den Rahm des Atlantikverkehrs ab und Amerika konnte das englisch-kanadische Gemeinschaftsunternehmen nicht länger ignorieren.

Die Vorherrschaft der Cunard-Linie wurde von E. K. Collins in Frage gestellt, der nach erfolgreicher Karriere als Vorstand der Dramatic Sailing Vessel Company im Jahre 1846 eine Dampfschifflinie gründete. Mit Billigung und Hilfe des amerikanischen Kongresses stellte Collins 1849 vier Raddampfer in Dienst. Sie waren nahezu 3000 BRT groß und boten wesentlich bessere Unterbringungsmöglichkeiten als die Cunard-Schiffe. Ihre hauptsächliche Schwäche lag in dem Mangel an Erfahrungen auf dem Gebiet des Schiffsmaschinenbaus in Amerika. So besuchten Amerikaner mehrfach englische Schiffsmaschinenfabriken. Auf der Rückreise von einem derartigen Besuch mit der *Niagara* der Cunard entdeckte Faron, der beratende Ingenieur von Collins, daß das Schiff mit einem Dampfdruck von 13 psi arbeitete, wäh-

Schlachtschiffe der kaiserlich deutschen Flotte schießen zu Ehren der *Kronprinz Wilhelm* des Norddeutschen Lloyd Salut, nachdem sie im September 1901 den alten Rekord gebrochen hatte.

rend er fest angenommen hatte, es seien nicht mehr als 10 psi! Farons Werkspionage auf hoher See führte dazu, daß die Maschinen für Collins' Schiffe zu riesigen Balancierdampfmaschinen mit einer Zylinderbohrung von 2,44 Metern und einem Kolbenhub von 3,05 Metern umkonstruiert wurden, die bei einem täglichen Kohleverbrauch von 85 Tonnen 12 Knoten bei einem Dampfdruck von 17 psi hergaben. Da die Kosten seiner Schiffe alarmierend anstiegen, brauchte Collins jeden Dollar der Kongreßsubvention. Seine erste Rekordhalterin war die *Pacific*, die 1851 westwärts 13,01 Knoten schaffte. Ihr folgte bald die *Baltic* mit 13,17 Knoten in derselben Richtung. Dieser Rekord bestand über ein Jahrzehnt bis 1862.

Nach Collins' Erfolg strömten die Passagiere auf amerikanische Schiffe zurück. Bald schlug jedoch das Schicksal zu. *Arctic* ging 1854 bei einer Kollision verloren, und die *Pacific* verschwand im Januar 1856 spurlos. Mit dem Fortfall der staatlichen Hilfsgelder brach die Collins-Linie im Jahre 1858 zusammen.

Cunard blieb als Sieger auf der Szene, doch dauerte es weitere vier Jahre, bis eines seiner Schiffe den Rekord der *Baltic* brach. Dies war der letzte Raddampfer der Cunard-Linie, die *Scotia* von 1862. Cunard hielt dem erprobten Schaufelrad länger als die meisten anderen Gesellschaften die Treue. Im Jahre 1850 war die Schiffsschraube allgemein eingeführt und zeichnete sich durch sparsamen Brennstoffverbrauch aus. Da die frühen zweiflügeligen Schrauben jedoch einen geringen Wirkungsgrad hatten, waren die Raddampfer schneller, wenngleich sie auch große Kohlenmengen verbrauchten und Rekordfahrten zu einer teuren Angelegenheit machten.

Cunard ließ auch erst spät eiserne Schiffe bauen. Sein erstes war die *Persia* von 1856. Sie schaffte die Überfahrt mit 12,9 Knoten, was zur Eroberung des Rekords nicht ausreichte. Der Rekord fiel schließlich im Juni 1862 an Cunard, als die wunderschöne *Scotia* mit 14,06 Knoten in 8 Tagen und 22 Stunden von Sandy Hook nach Queenstown lief. *Scotia* war der letzte Raddampfer, der das »Blaue Band« gewann. Mit ihr bestellte Cunard 1862 zugleich einen Schraubendampfer. Die *China* war mit 2529 BRT kleiner als die *Scotia*, konnte jedoch 160 Passagiere erster Klasse und 771 Zwischendeckpassagiere mit 13 Knoten bei einem täglichen Kohleverbrauch von 82 Tonnen befördern. Die *Scotia* verbrauchte für 14 Knoten

Die *Kaiser Friedrich* wurde vom Norddeutschen Lloyd an die Bauwerft zurückgegeben, da sie die vertraglich vereinbarte Geschwindigkeit im Liniendienst nicht erreichte. Sie blieb fünfzehn Jahre lang als Auflieger in Hamburg, bis sich ein Käufer fand.

genau die doppelte Kohlenmenge, und solche Zahlen bedeuteten den Tod des Raddampfers. So war *China* das erste Schraubenschiff der Cunard-Linie und blieb 16 Jahre auf dem Nordatlantik sehr beliebt. Im Jahre 1878 verkauft, diente sie dem neuen Eigner weiter, bis sie 1906 im Pazifik spurlos verschwand.

Cunard behielt das »Blaue Band« bis 1869. Die *Scotia* war im übrigen das letzte Schiff Sir Samuel Cunards, der im April 1865 im Alter von 78 Jahren starb. Seine Gesellschaft war nun eine der bedeutendsten in Europa und setzte seine Geschäftspolitik fort.

Im Jahre 1869 trat ein neuer Herausforderer auf. Die 1850 in Liverpool gegründete Inman-Linie schickte ihre *City of Brussels* (3747 BRT) ins Rennen. Sie schaffte die Überfahrt in ostwärtiger Richtung in 7 Tagen, 22 Stunden und 3 Minuten. Damit wurde der seit 1867 schwebende Streit zwischen der Cunard- und der Inman-Linie, die das »Blaue Band« für die *Russia* bzw. die *City of Paris* beansprucht hatten, beigelegt. Cunard brauchte sechzehn Jahre, um den Rekord zurückzugewinnen.

Im Jahre 1872 ließ die White Star-Linie erstmals ein Schiff bei Harland & Wolff in Belfast bauen. Das Ergebnis dieses Geschäfts war so gut, daß Ismays Gesellschaft während der gesamten Zeit ihrer wirtschaftlichen Existenz bei keiner anderen Werft mehr Schiffe in Auftrag gab. Die *Adriatic* und *Baltic* eroberten das »Blaue Band« nacheinander in den Jahren 1872 und 1875. *Baltic* war das erste Schiff, das die Passage mit mehr als 15 Knoten Durchschnitt schaffte. Beide Schiffe boten den Passagieren erhöhte Bequemlichkeit. In den Salons gab es erstmals Lehnstühle, und die Stewards konnten mit der neumodischen elektrischen Klingel gerufen werden!

Dann schlug die Inman-Linie 1875 mit der *City of Berlin* (15,41 Knoten) zurück, unterlag jedoch im folgenden Jahr der White Star, als Harland & Wolff erneut zwei hervorragende Schiffe, die *Germanic* und *Britannic*, baute. Bis 1879 hielten diese Schwesterschiffe das »Blaue Band«. Die *Britannic* war mit ihren im Dezember 1876 erreichten 15,97 Knoten das schnellste Schiff. *Germanic* und *Britannic* waren die ersten »langen Schiffe«. Ihre Konstrukteure hatten bewußt einen langen scharfen Bug und ein Klipperheck vorgesehen, um einen möglichst geringen Wasserwiderstand und ein schnittiges, schnelles Aussehen zu erreichen. Dennoch behielten sie mit typisch viktorianischer Klugheit vier Masten und Rahen bei und konnten im Falle eines Maschinenschadens und Verlust der Antriebskraft durch ihre einzige Schiffsschraube unter Besegelung weiterlaufen. Glücklicherweise waren derartige Vorfälle selten. Der einzige bedeutendere Unfall dieser Art war der Zusammenbruch der Maschine der *City of Brussels* auf hoher See im Februar 1873. Die *City of Paris* fand sie ohne Ruder und Ruderschaft im Atlantik treibend vor und schleppte sie nach Queenstown ein.

In den neunziger Jahren des vergangenen Jahrhunderts waren die Dampfmaschinen dann so zuverlässig, daß man auf die Hilfsbesegelung verzichten konnte. Bis dahin hatte die Verbindung von Masten mit Fall, Querrahen, schlanken Schornsteinen und Rümpfen nach Art der Klipperschiffe für ein ansprechendes Erscheinungsbild gesorgt. Die Passagierdampfer der spätviktorianischen Zeit gehören zu den schönsten jemals gebauten Schiffen.

Derweilen ging das Rennen weiter. Während der achtziger Jahre wechselte der Rekord insgesamt zwölfmal in andere Hände über. Die in Liverpool ansässige Guion-Linie, in amerikanischem Besitz, jedoch unter englischer Flagge laufend, stellte 1879 die *Arizona* in Dienst. 1882 ließ sie die *Alaska* (6400 BRT) folgen, die als erstes Passagierschiff den Atlantik in weniger als 7 Tagen überquerte.

Keine Gesellschaft brachte zugunsten der reinen Höchstgeschwindigkeit größere Opfer als die Guion-Linie. Der von den Maschinen eingenommene Raum führte zu einer derartigen Einschränkung des den Passagieren zur Verfügung stehenden Raumes, daß beide Schiffe unwirtschaftlich waren. Beide vibrierten bei hoher Geschwindigkeit zudem heftig. Obwohl sie völlig unbequem waren, kamen beide Schiffe zunächst gut ins Geschäft, und ein drittes, die *Oregon*, wurde in Auftrag gegeben. Sie eroberte den Rekord im April 1884, verlor ihn aber im Juni desselben Jahres an die *America* der National-Linie. Drei Monate später holte ihn sich die *Oregon* zurück, nunmehr allerdings unter der Hausflagge der Cunard-Linie. Die Guion-Linie hatte sich wegen der hohen Kosten aus dem Rennen zurückziehen und ihre besten Schiffe verkaufen müssen.

Das »Blaue Band« war wieder im Besitz der Cunard-Linie und wurde von dem Schiff gehalten, das die Gesellschaft eigentlich mit zwei neuen Dampfern, die sie gerade in Dienst stellte, schlagen wollte. Die berühmten Cunarder *Umbria* und *Etruria* von 1884 waren ausgezeichnete Schiffe, die den Rekord bis kurz unter 20 Knoten hinaufschraubten. Entsprechend dem schon traditionellen Konservatismus der Cunard waren es Einschraubenschiffe, die letzten großen Passagierdampfer, die man in dieser Art ausrüstete. Sie hatten jedoch stählerne Rümpfe und elektrische Beleuchtung, Neuerungen, die 1879 herauskamen.

Schiffsmaschineningenieure hatten zu der Zeit, als Cunard die *Umbria* und *Etruria* bauen ließ, schon länger mit dem Doppelschraubenantrieb experimentiert. Er kam erstmals in der Antwort der Inman-Linie auf die Cunarder zur Anwendung. Dies waren die schöne *City of Paris* von 1889 und ihre Schwester *City of New york*, die ersten Schiffe über 10000 BRT seit Brunels *Great Eastern* und zugleich die ersten, die die 20-Knoten-Marke überschritten. Die *City of Paris* errang das »Blaue Band«, erlitt jedoch am 25. März 1890, bei dem Versuch, den Vorsprung vor den Cunardern zu vergrößern, einen Kurbelwellenbruch und schweren Schaden im Maschinenraum. Dieser Rückschlag beeinträchtigte die Pläne der Inman-Linie, und das »Blaue Band« ging im Jahre 1891 auf die *Teutonic* der White Star über. *Teutonic* drückte die Überfahrtszeit auf 5 Tage 16 Stunden und 21 Minuten. Anders ausgedrückt, war die Rekordzeit innerhalb von 50 Jahren halbiert worden. Es sollte weitere 60 Jahre dauern, diese Zeit um zwei Tage zu verkürzen.

Teutonic verlor den Rekord im Jahre 1892 um 0,3 Knoten an die *City of Paris*, jedoch war dies Inmans letzter Schlag. 1893 ging das »Blaue Band« wieder an die Cunard-Linie. Im selben Jahr entschied Tom Ismay, daß die Zukunft der White Star-Linie in größerem Komfort für die Passagiere und billigeren Fahrkarten liege. Die neuen Cunarder *Campania* und *Lucania* von 1893 schraubten den Rekord auf 22 Knoten, und die meisten Menschen glaubten, daß diese Zahl das Ende der Entwicklung sei. Um noch schneller zu werden, brauchte man ein Schiff, das größtenteils aus Maschinen bestand, denn eine Steigerung um einen Knoten erforderte eine erheblich höhere Kraft. So nahm die an der Schiffahrt interessierte Welt im Jahre 1893 an, Cunard werde das »Blaue Band« auf Dauer behalten.

Sie hatte ihre Rechnung jedoch ohne Deutschland und seinen jungen und ehrgeizigen Herrscher Kaiser Wilhelm II. gemacht. Die deutsche Einheit im Jahre 1870 hatte für eine politische Spitze der mächtigen wirtschaftlichen Kräfte gesorgt, die mit Deutschlands Aufstieg als Industrienation in den letzten Jahrzehnten des 19. Jahrhunderts entstanden. Wilhelm II. beneidete England und Frankreich um ihre großen Kolonialreiche und machte sich daran, eine ähnliche Stellung für sein Land zu erringen. In einer Welt, die das Auto und Radio noch nicht kannte und in der die Dampfmaschine die Hauptkraftquelle bildete, war der riesige Luxusdampfer ein farbiges und oft furchterregendes Beispiel der Macht. Wilhelm II. begriff die Verflechtung mit dem nationalen Ansehen, die solche Schiffe auszeichnete, sehr schnell. Unter persönlicher Anteilnahme des Kaisers legte der Norddeutsche Lloyd 1895 zwei Schiffe auf Stapel, deren Namen *Kaiser Wilhelm der Große* und *Kaiser Friedrich* bereits zeigten, daß

Rechts: Die elegante *Kaiser Wilhelm II.* des Norddeutschen Lloyd von 1903 dreht im Hudson River in New York.

Mauretania
Luxus auf See

Die Indienststellung der *Mauretania* und *Aquitania* auf der Nordatlantikroute zu Beginn des 20. Jahrhunderts bedeutete einen großen Fortschritt in der Größe und dem Entwurf der Schiffe. Von vielen Reisenden mit großer Zuneigung betrachtet, blieb die gute alte »Maury« zeit ihres Lebens eine »Klapperkiste«.

Mitte links: Ein Umzug früher Automobile durchfährt die Schornsteine des Dampfers, während in der Kesselschmiede ganze Kesselreihen entstehen.

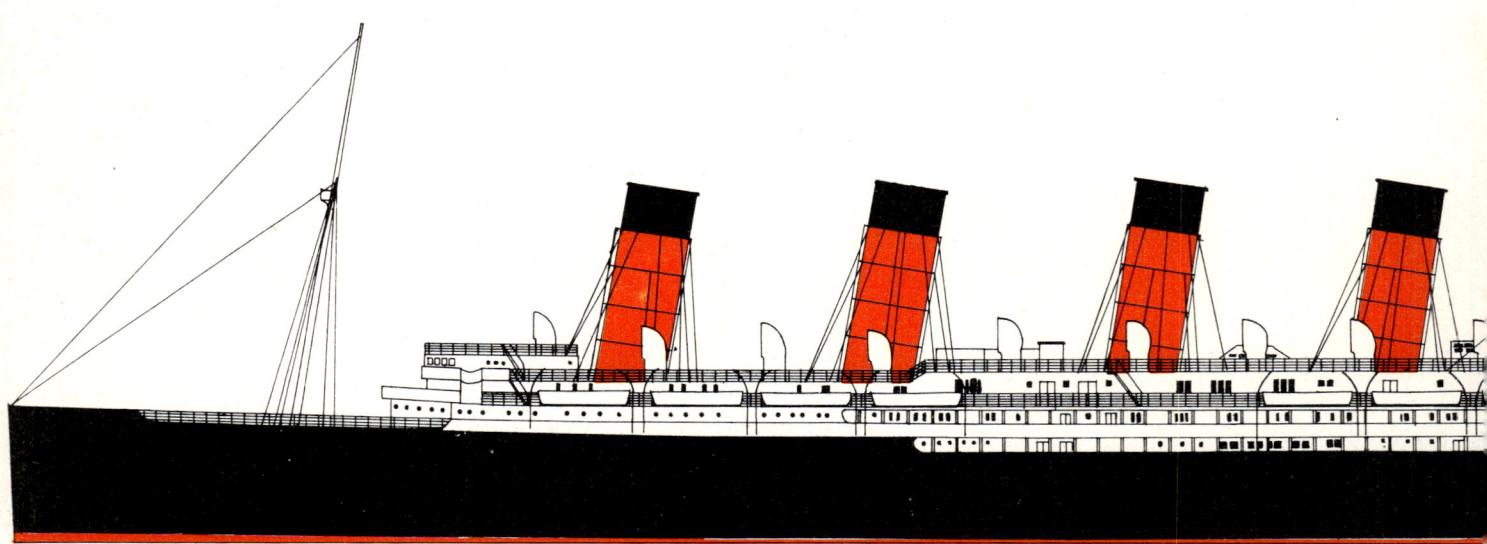

Oben: Stolze Maschinenbauer posieren in einem vollständigen Ring von Turbinenschaufeln für die *Mauretania*.

Unten: Ein Läufer der Hauptturbine

Rechts: Das Oberdeck der *Mauretania* trug eine große Anzahl Windhutzen, die den nötigen Zug für die hungrigen Feuer tief unten im Rumpf liefern mußten.

Oben links: Ende 1935 wurde *Mauretania* in Rosyth abgebrochen.

Deutschland nationales Prestige in ihr Geschick legte. Die Vertragsbedingungen waren hart. Die Probefahrten hatten die Jungfernreise einzuschließen, und das Schiff konnte der Werft zurückgegeben werden, wenn es keine zufriedenstellende Geschwindigkeit erreichte. Gerade dies geschah mit der *Kaiser Friedrich*, die sich als Fehlkonstruktion erwies.

Kaiser Wilhelm der Große lief im Mai 1897 in Gegenwart des deutschen Kaisers und 30 000 jubelnder Zuschauer von Stapel. In den noch folgenden 21 Jahren seiner Herrschaftszeit sollte Wilhelm II. an einer Reihe ähnlicher Feiern teilnehmen. Das Schiff trat seine Jungfernreise am 19. September 1897 an und errang im November desselben Jahres mit einer Geschwindigkeit von 22,35 Knoten das »Blaue Band«. Den Vorsprung von 0,7 Knoten gegenüber dem schnellsten Cunarder, der bis dahin Rekordhalter war, vergrößerte *Kaiser Wilhelm der Große* im folgenden Jahr auf einen ganzen Knoten.

Das britische Prestige hatte durch diesen ersten deutschen Träger des »Blauen Bandes« einen schweren Schlag erhalten. In den nächsten acht Jahren ließen die Deutschen vier sehr ähnliche Schiffe folgen. Es waren sämtlich Vierschornsteiner wie *Kaiser Wilhelm der Große* und jeder war etwas größer und schneller als sein Vorgänger. Alle hatten riesige Expansionsdampfmaschinen, um die nötige Kraft entwickeln zu können, und litten bei hohen Geschwindigkeiten unter beträchtlicher Vibration. *Kaiser Wilhelm der Große* verlor den Rekord

Unten links: Eine scharfe amerikanische Karikatur auf den deutsch-englischen Kampf um das »Blaue Band«, nachdem die *Lusitania* den Rekord im Jahre 1907 gebrochen hatte

Unten rechts: *Mauretania* verläßt am 1. Juli 1935 Southampton zum letzten Mal, um unter die Schneidbrenner zu wandern. Ihre Toppstengen sind abgeschnitten, um unter der Eisenbahnbrücke über den Forth passieren zu können.

Die strahlend neue *Bremen* verläßt zum ersten Mal ihr Ausrüstungsbecken. Nach den ersten Reisen wurden ihre Schornsteine verlängert, um die oberen Decks von Rauchgasen freizuhalten. Diese Maßnahme verbesserte zugleich ihr Aussehen beträchtlich.

Rechts: Ein Plakat des Norddeutschen Lloyd aus der Zeit, in der diese Gesellschaft den Atlantikverkehr beherrschte. In allen vier Ecken des Plakats sind Vierschornsteiner der Reederei abgebildet.

im Jahre 1900 an den einzigen Rekordbrecher der Hapag, die bei Vulcan in Stettin gebaute *Deutschland*, die die Marke auf 23,51 Knoten hochschraubte. Die *Deutschland* war jedoch nicht besonders zuverlässig und vibrierte bei Geschwindigkeiten über 18 Knoten sehr unangenehm. Dennoch sicherte sie und die beiden folgenden Schiffe des Norddeutschen Lloyd, die *Kronprinz Wilhelm* und *Kaiser Wilhelm II.*, um die Jahrhundertwende die deutsche Vorherrschaft auf dem Nordatlantik.

In einer Zeit, in der jedem englischen Schulkind beigebracht wurde, daß England die Weltmeere beherrsche, kann es nicht groß verwundern, wenn die britische Regierung auf diese Situation mit einer hohen Unterstützung der Cunard-Linie für den Bau der *Lusitania* und *Mauretania* von 1907 antwortete. Wie bereits früher ausgeführt, ließen die deutsche Herausforderung, die Bedrohung durch Morgans International Mercantile Marine und Parsons Erfindung der Dampfturbine zwei wunderbare Passagierschiffe entstehen, die im Herbst 1907 vom Clyde und vom Tyne ausliefen.

Lusitania kam als erste von beiden in Fahrt. Sie unternahm ihre Probefahrten im Juli und erreichte auf der vermessenen Meile bei Skelmorlie 26,45 Knoten. In der äußeren Erscheinung etwas schnittiger als ihre Schwester, war sie mit ihren 31 550 BRT das größte Schiff der Welt und konnte deshalb mit der besten Unterbringung ihrer Passagiere aufwarten, die man bis dahin auf dem Nordatlantik gesehen hatte.

Der Verlust der *Lusitania* im Jahre 1915 nach nur achtjähriger Dienstzeit hat dazu geführt, daß die Geschichtsschreiber sich auf ihre Vernichtung und nicht auf ihre zivile Einsatzzeit konzentrierten. Dennoch war sie ebenso schnell wie ihre berühmte Schwester, was sie 1909 unter Beweis stellte, als sie in westlicher Richtung 4 Tage 11 Stunden und 42 Minuten brauchte und 25,85 Knoten erreichte.

Wenn man das Wort »klassisch« auf ein Schiff anwenden kann, traf es auf die *Mauretania* von 1907 in jeder Bedeutung des Wortes zu. Groß, schnell und elegant herrschte sie ein Vierteljahrhundert über alle anderen Schiffe auf dem Nordatlantik und blieb während dieser ganzen Zeit in der Öffentlichkeit auf beiden Seiten des Ozeans beliebt. Ihre Maschinenanlage arbeitete mit stetiger Zuverlässigkeit, die sich mit zunehmendem Alter des Schiffes noch erstaunlich steigerte. Die Fähigkeit der *Mauretania* zu größerer Leistung nach Überschreiten des zwanzigsten Dienstjahres ist einmalig. Obwohl mehr als vierzig Jahre seit ihrer letzten Reise vergangen sind, nimmt sie in jedem Be-

Unten: Die stattliche *Europa* pflügt majestätisch durch die von einem Sturm aufgepeitschten Wogen des Nordatlantik. Wie ihre Schwester *Bremen* eroberte sie Anfang der dreißiger Jahre das »Blaue Band«.

Bildeinsatz: Der Wulstbug, Vorläufer einer heute üblichen Konstruktionsform hebt sich auf diesem Bild der im Trockendock liegenden *Europa* deutlich ab.

richt über die Schiffahrt auf dem Nordatlantik einen wichtigen Platz ein.

Mauretania benötigte einige Zeit, um ihre volle Leistungsfähigkeit zu erreichen und erbrachte erst 1909 Höchstwerte. Während der winterlichen Werftliegezeit im Jahre 1908 erhielt sie vierflügelige Schrauben, um das heftige Vibrieren bei hoher Geschwindigkeit zu vermindern. Diese Maßnahme erwies sich als erfolgreich, wenngleich das Schiff während seiner ganzen Dienstzeit den Ruf einer »Klapperkiste« hatte. Mit den neuen Schrauben überschritt *Mauretania* 27 Knoten und ihre Durchschnittsgeschwindigkeit während der Überfahrten stieg an. Im Oktober 1909 erreichte sie bei schwerer See 25,94 Knoten, wobei sie beträchtlich schlingerte. Ihre beste Leistung vor dem Ersten Weltkrieg lag bei 4 Tagen, 10 Stunden und 51 Minuten und einer Durchschnittsgeschwindigkeit von 26,06 Knoten.

Dabei blieb es die nächsten zwanzig Jahre. *Mauretania* besaß das »Blaue Band« länger als irgendein anderes Schiff und verbesserte sich im Laufe der Jahre immer wieder. Im August 1924 schraubte sie den Rekord auf 26,25 Knoten hoch. Diese Steigerung wird auf die Umstellung der Kesselfeuerung auf Öl zurückgeführt, eine Maßnahme, die bei allen großen Passagierdampfern zu Beginn der zwanziger Jahre vorgenommen wurde.

Als die Cunard-Linie schließlich an einen Ersatz ihres alternden Schnelldampfers dachte,

195

trat ein neuer Herausforderer auf. Er kam in der Gestalt der beiden Ozeanriesen *Europa* und *Bremen* des Norddeutschen Lloyd, die mit ihren 49 746 BRT bzw. 51 656 BRT bald doppelt so groß waren wie die *Mauretania*.

Die deutsche Schiffbauindustrie hatte etwa ein Jahrzehnt gebraucht, um sich von der Katastrophe des Ersten Weltkriegs zu erholen. In der Mitte der zwanziger Jahre war der Norddeutsche Lloyd bereit, wieder in das Rennen auf dem Nordatlantik einzusteigen, aus dem er von der Cunard-Linie vor mehr als zwanzig Jahren so brüsk hinausgeworfen worden war. *Europa* und *Bremen* waren große flache Schiffe mit zwei häßlichen kurzen Schornsteinen, die später verlängert werden mußten, um die Rauchbelästigung auf den Passagierdecks zu beseitigen. Sie waren die ersten Ozeanriesen mit zwei Schornsteinen und besaßen einen Wulstbug, der heute im Schiffbau allgemein verwandt wird.

Die neuen deutschen Schiffe liefen am 15. und 16. August 1928 von Stapel und der Norddeutsche Lloyd wollte *Europa* als erste in Fahrt bringen. Im März 1929 wurde sie in der Bauwerft in Hamburg durch einen Großbrand nahezu zerstört. Von der übereifrigen Feuerwehr mit Wasser vollgepumpt, sank das Schiff – glücklicherweise auf ebenem Kiel – auf den Hafenboden. Das Feuer rief eine Verzögerung der Fertigstellung um zehn Monate hervor, und so lief die *Bremen* am 16. Juli 1929 weserabwärts, um gegen die alte *Mauretania* anzutreten. Sie erfüllte die Erwartungen ihrer Eigner und verkürzte die Zeit des Cunarders um 8 Stunden.

In den folgenden Wochen gestattete der Cunard-Vorstand dem Kapitän der *Mauretania*, McNeal, noch einmal einen Gegenstoß zu unternehmen. Chefingenieur Coleman und das Maschinenpersonal beanspruchten die tapferen Kessel und Turbinen bis an die Grenze des Möglichen. Der Rekord der *Bremen* stand bei 27,92 Knoten und als die *Mauretania* am Ende ihrer schnellsten Überfahrt an Bishops Rock vorbeiraste, hatte sie unglaubliche 27,22 Knoten erreicht und war damit nur 0,7 Knoten langsamer als das nagelneue deutsche Schiff. Durch diese Niederlage wurde sie berühmter als durch alle ihre Siege. In den späteren Jahren diente das alte, durch einen leuchtend weißen Rumpf aufpolierte Schiff für Kreuzfahrten. Am Tage des Stapellaufs der *Queen Mary*, dem 26. September 1934, lief *Mauretania* zu ihrer letzten Fahrt von New York aus. Sie wurde im Jahre 1935 verschrottet. So ging das Schiff dahin, über das Präsident Roosevelt schrieb: »Jedes Schiff hat eine Seele, aber mit derjenigen der *Mauretania* konnte man reden... wie mir Kapitän Rostron einmal sagte, hatte sie das Benehmen und die Haltung einer großen Dame und führte sich als solche auf.«

Links: Die riesigen Schwestern *Bremen* und *Europa* liegen friedlich in ihrem Heimathafen Bremerhaven.

Rechts: Ein gelungenes Werbeplakat des Norddeutschen Lloyd aus den dreißiger Jahren. Die *Columbus* wurde umgebaut, um ihr Äußeres der *Bremen* und *Europa* anzupassen, kam jedoch den beiden Superschiffen nicht gleich.

Rechts: Italiens einzige Gewinnerin des »Blauen Bandes«, die 51 000 BRT große *Rex,* nahm der *Bremen* im August 1933 den Rekord ab.

Oben links: Einer der riesigen Stabilisatoren, die auf der italienischen *Conte di Savoia* eingebaut wurden. Das Experiment war nur teilweise erfolgreich.

Unten links: Die beliebte *Manhattan* der United States-Linie übernahm mit ihrer Schwester *Washington* den Liniendienst von der riesigen, aber unwirtschaftlichen *Leviathan*.

Im März 1930 stellte man die *Europa* endlich in Dienst und nahm der *Bremen* den Rekord in westlicher Richtung ab. Den Rekord in östlicher Richtung holte sie jedoch nie und im Jahre 1933 hatte die *Bremen* den Rekord in beiden Richtungen in Besitz.

Im Jahre 1930, in dem die *Europa* ihr Debüt gab, raste die Weltwirtschaftskrise ungezügelt durch alle westlichen Industrienationen. Ein unmittelbares Ergebnis der mageren Jahre (der Passagierverkehr auf dem Atlantik nahm sehr stark ab) war das Streben der großen Reedereien, sich durch Zusammenschlüsse zu retten, wenn auch zögernd und oftmals nur unter starkem Druck der Regierungen. So kamen Hapag und Norddeutscher Lloyd 1931 unter gemeinsame Führung, wenngleich sie auch weiterhin getrennt operierten. In England schlossen sich die Cunard und die White Star zusammen, wodurch das erste der geplanten zwei 80000-BRT-Monster, die mit einer Geschwindigkeit von 30 Knoten einen wöchentlichen Dienst mit nur zwei Schiffen ermöglichen sollten, weitergebaut werden konnte. Auch in Italien ließen wirtschaftliche Vernunft und Überlegungen hinsichtlich des nationalen Ansehens den Diktator Mussolini einen Zusammenschluß der drei wichtigsten nationalen Gesellschaften zur »Italia« erzwingen. Zwei der Gesellschaften hatten je ein Schiff im Bau, das die Zeit zwischen Genua und New York auf unter eine Woche verkürzen sollte. Als erste wurde 1932 die *Rex* fertig. Sie soll ihren Namen angeblich von König Victor Emanuel erhalten haben, der auch bei ihrem Stapellauf zugegen war. Die Eigner sollen Mussolini vorgeschlagen haben, das zweite Schiff zu seinen Ehren *Dux* zu nennen. Zu aller Erstaunen lehnte dies der Diktator in einem Anfall von Bescheidenheit ab. So wurde das zweite Schiff schließlich die *Conti di Savoia*.

Der Entwurf der *Rex* lehnte sich stark an denjenigen der *Bremen* an. *Rex* hatte jedoch eine günstigere Linienführung und sah gut aus. Nach einer schwierigen Jungfernreise mit einem Maschinenschaden vor Gibraltar eroberte *Rex* im August 1933 das »Blaue Band« mit einer Geschwindigkeit von 28,92 Knoten in westlicher Richtung. Obwohl auch die *Conte di Savoia* einige schnelle Reisen machte, brach sie nie den Rekord und blieb hauptsächlich als erster großer Passagierdampfer mit Stabilisierungsausrüstung in Erinnerung. Die drei großen Kreisel ergaben durch ihr reines Gewicht mehr

Normandie
Das schönste Passagierschiff aller Zeiten

Von vielen Menschen zu Recht als der größte Triumph des Passagierschiffbaus angesehen, bildete die *Normandie* eine glückliche Kombination bester französischer Konstruktionskunst und geschmackvoller Innenausstattung. Äußerlich vermittelte der scharf vorspringende Bug einen unvergleichlichen Eindruck, während im Inneren die größten französischen Innenarchitekten riesige Räume und Stätten stilvoller Eleganz schaffen konnten. Daß dieses Schiff den Zweiten Weltkrieg nicht überlebte, gehört zu den größten Verlusten der Atlantikroute.

Mitte links: Die Spanten nehmen während des Jahres 1931 auf der Werft von Penhoët in St. Nazaire Gestalt an.

Mitte: Das achtere Schraubenpaar hinter dem riesigen Balanceruder. Die vierflügeligen Schrauben wurden im April 1938 durch dreiflügelige ersetzt, um die Vibration zu mindern.

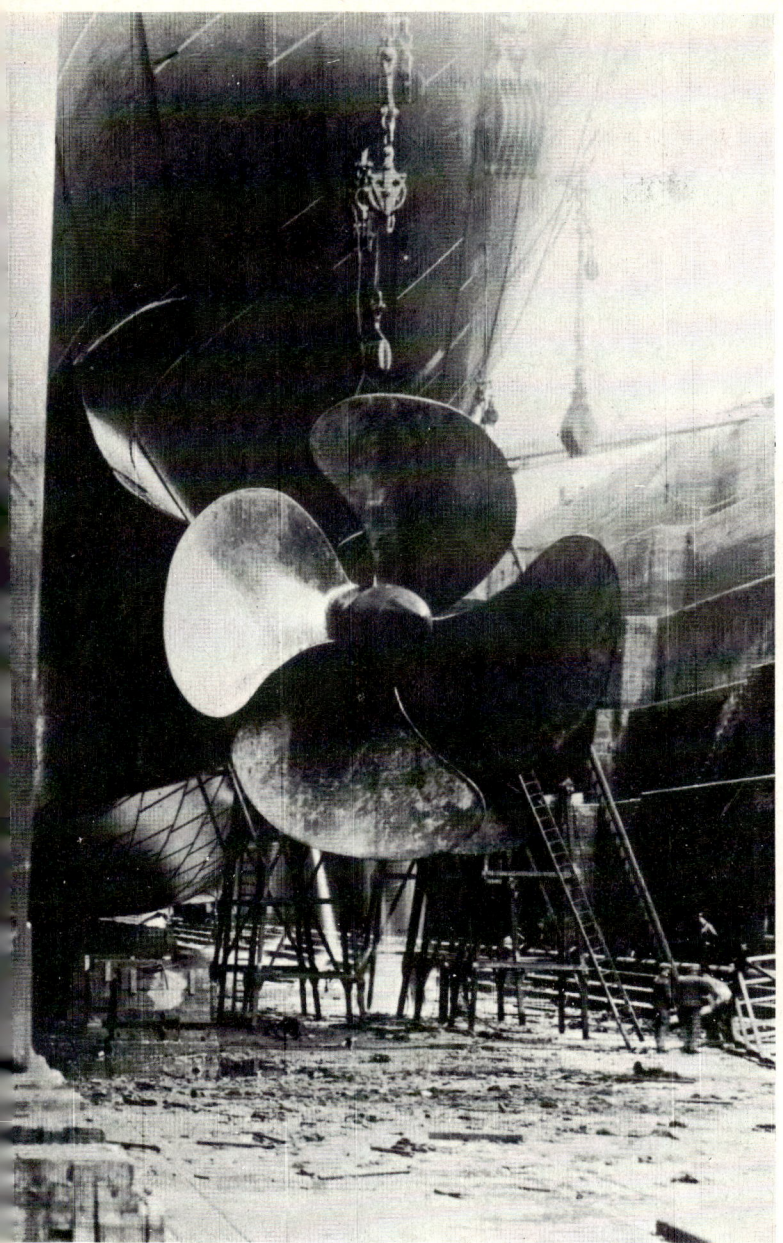

Oben rechts: Ein Wechselrichter des turbo-elektrischen Antriebs wird an Bord gehievt.

Mitte rechts: Ein Turbinenläufer

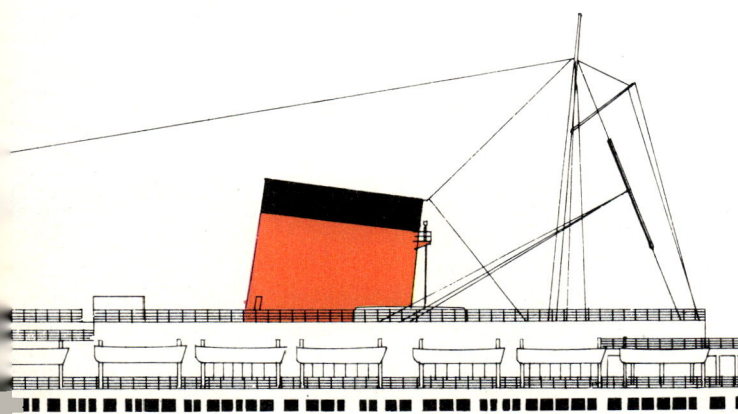

Unten: Am Ende ihrer Rekordfahrt wird die *Normandie* am 3. Juni 1935 in New York von allem empfangen, was schwimmen kann (am Himmel außerdem ein unstarres Luftschiff).

Stabilität als durch ihren oft gestörten Betrieb. Reisende mit schwachem Magen mußten auf die Einführung der aktiven Schlingerdämpfung durch Flossen nach dem Zweiten Weltkrieg warten, bevor ihre durch die Seekrankheit erzeugten Leiden erleichtert werden konnten.

Die Jahre der Wirtschaftsflaute brachten einen völlig neuen Schiffstyp auf den Nordatlantik. Mittelgroß, bequem und mit einer Geschwindigkeit, die keine übergroße Kraft verlangte, konnte dieser Typ auch ohne Hilfsgelder gewinnbringend fahren. Die *Manhattan* der United States Lines war für diese Schiffe typisch, deren Zahl in den dreißiger Jahren anwuchs. Noch von wenigen erkannt, neigte sich das Zeitalter der Ozeanriesen bereits dem Ende zu. Ganze drei Schiffe sollten noch das »Blaue Band« erringen.

Als diese Schiffe erschienen, drückten sie – selbst wenn ihre Blütezeit endete – die Verherrlichung des Passagierschiffs sowie der Höchstleistungen der Schiffbaukunst aus. Beinahe erreichten sie auch Brunels Traum von 100 000-BRT-Schiffen, deren Bau er so deutlich ein Jahrhundert zuvor prophezieh hatte.

Als erste kam die massige *Normandie* der C.G.T. in Dienst, die mit ihrem stromlinienförmigen Rumpf, riesigen freien Decksflächen und turbo-elektrischen Maschinen ihrer Zeit um Jahre voraus war. Wie *Rex* und *Queen Mary* entstand sie mit Unterstützung der französischen Regierung. Ihr Entstehen verdankte sie dem Nationalstolz. Sie erfüllte die Erwartungen aller Franzosen, als sie auf ihrer Jungfernreise im Jahre 1935 das »Blaue Band« eroberte. Die Reise wurde mit französischem Schwung meisterhaft vorbereitet. An der Spitze der Passagierliste standen Madame Lebrun, Ehefrau des französischen Präsidenten, und die Schriftstellerin Colette. Fünf aufregende Tage lang war der Mittelpunkt der Pariser Gesellschaft irgendwo »in See«, viele Kilometer von der Rue de la Paix entfernt.

Genau ein Jahr später feierte die Cunard White Star-Linie ihren Zusammenschluß mit der Indienststellung der *Queen Mary*, die bei annähernd gleicher Größe mehr als einen Knoten schneller als die *Normandie* war. *Queen Mary* hatte nichts von dem Stil und der Eleganz des französischen Schiffes an sich. Ihre vollgestopften Decks und die Ausgestaltung der Gesellschaftsräume machten sie in vielerlei Hinsicht unbefriedigend. Dennoch war sie dreißig Jahre lang bei Besatzung und Passagieren gleichermaßen beliebt. Bei den Seeleuten galt sie während dieser ganzen Zeit als »glückliches Schiff«. Dieser nur schwer zu definierende Ausdruck umfaßt Leistungsfähigkeit, Genugtuung und Zufriedenheit. Sicher war das Essen auf den französischen Schiffen besser und die

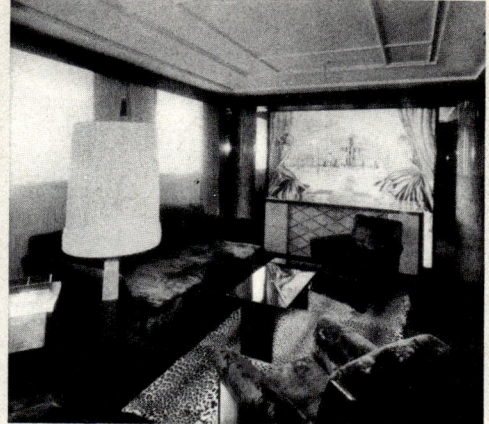
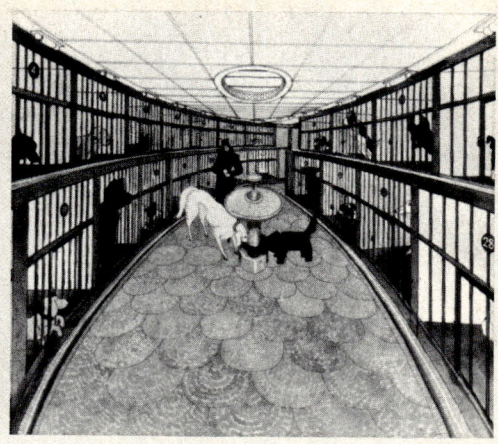

Oben links: Der Wintergarten am Ende des achteren Promenadendecks
Mitte oben: Eine Kabine erster Klasse
Oben rechts: Der dritte Schornstein war blind und enthielt einen Zwinger für die Hunde der Passagiere.
Mitte links: Ein Blick in den zweiten Schornstein der *Normandie*
Mitte rechts: Die geteilten Rauchgasschächte der *Normandie* machten es den Innenarchitekten möglich, lange Gänge durch die Schiffsmitte einzuplanen. Auf dem Bild schwingt sich die Große Treppe zu Baudrys Statue der »Normandie« empor.

Die triumphierende Cunard-Linie! Die beiden *Queens* springen förmlich aus einer Werbebroschüre der Gesellschaft in den fünfziger Jahren hervor.

Aus dem Krieg zurück, beendet *Queen Mary* (rechts) ihre letzte Fahrt als Truppentransporter und gesellt sich in Southampton zu der bereits grundüberholten *Queen Elizabeth*. Endlich konnte der Cunard-Traum eines wöchentlichen Dienstes nach New York mit zwei Superschiffen verwirklicht werden.

United States schneller, auf der *Queen Mary* aber waren die Fahrgäste glücklich und konnten die Dienste der besten Mannschaft des ganzen Atlantiks in Anspruch nehmen. Die *Queen Mary* stellte für das gesamte englische Volk mehr als alles andere seine wirtschaftliche Gesundung dar und zog dadurch viel nationalen Stolz auf sich. Der Ausdruck »Queen Mary« wurde in der englischen Sprache ein Synonym für alles Riesige und ist in dieser Bedeutung noch heute im Gebrauch. Im August 1936 nahm *Queen Mary* der *Normandie* das »Blaue Band« ab. In den folgenden zwei Jahren trieben beide Schiffe den Rekord auf 31,2 Knoten hoch, eine Geschwindigkeit, die die *Normandie* im August 1937 in Ostrichtung erreichte.

Zu dieser Zeit erhielt das Rekordschiff auch eine greifbare Anerkennung in Form einer meterhohen, vergoldeten Silbertrophäe, die der britische Unterhausabgeordnete Harold K. Hales gestiftet hatte. Die Cunard-Linie lehnte sie als äußerlichen Tand ab, während sowohl die C.G.T. als auch die United States-Linie die Trophäe annahmen.

Die Cunard machte sich statt dessen daran, den Nachweis anzutreten, daß die seriöse *Queen Mary* ihrer schicken französischen Rivalin gewachsen sei. Im August 1938 wurde diese Frage endgültig geklärt. *Queen Mary* durchlief die Strecke vom Ambrose-Feuerschiff bis Bishops Rock in 3 Tagen, 20 Stunden und 40 Minuten und verkürzte die von der *Normandie* erreichte Rekordzeit um eineinviertel Stunden.

Ein Jahr später befand sich die Welt erneut im Krieg, und die Passagierdampfer mußten Meere befahren, die gefährlicher waren als alles, was man bisher in der Geschichte erlebt hatte.

Als wieder Frieden kam, gab es die *Bremen*, *Rex*, *Conte di Savoia* und *Normandie* nicht mehr, die *Europa* lag als Wrack in Le Havre. *Queen Mary* und die nun endlich zur Verfügung stehende *Queen Elizabeth* konnten jetzt den lange versprochenen wöchentlichen Dienst nach New York bieten. Cunard nutzte diese Überlegenheit mit einem glänzenden Werbefeldzug unter dem Motto »Besuchen Sie England«, der der vom Kriege geschwächten englischen Wirtschaft Millionen Dollar in harter Währung einbrachte. Präsident Harry S. Truman schätzte, daß die beiden »Queens« für England jährlich etwa 50 Millionen Dollar verdienten. Seine Regierung machte sich daran, die Bilanz zugunsten der USA auszugleichen.

Der Nestor der amerikanischen Schiffskonstrukteure, William Francis Gibbs, wurde mit dem Entwurf des neuen Schiffs beauftragt und

Jeder Zoll ein Windhund der Meere, fegt die *United States* den Ärmelkanal mit 35 Knoten entlang. Sie war das schnellste Passagierschiff aller Zeiten und letzte Trägerin des »Blauen Bandes«.

der Kongreß bewilligte 48 Millionen Dollar der Gesamtkosten von 75 Millionen Dollar. Im Februar 1950 wurde der Kiel gelegt und Gibbs' Entwurf begann unter strengen Sicherheitsvorkehrungen Form anzunehmen. Das Ergebnis war die *United States*, ein glänzender, feuersicherer Riese, dessen Aufbauten aus Aluminium eine erhebliche Gewichtsersparnis ermöglichten. Gibbs behauptete, an Bord seien nur die Klaviere und die Hackklötze der Metzger aus Holz. Seine Sicherheitsleidenschaft ließ ihn vom Steinway Piano-Konzern einen Flügel aus Aluminium verlangen (was Steinway ablehnte) und zur Ausstattung des Schiffsinneren keine Ölgemälde verwenden.

Die *United States* entstand in einem Baudock und schwamm schon zu 90 Prozent fertiggestellt auf. Ihre zwei riesigen Schornsteine mit großem Fall kamen denen der *Empress of Britain* an Größe gleich. Im Maschinenraum standen nur acht Kessel, die mit einem Druck von 1000 psi arbeiteten und an vier Westinghouse-Getriebeturbinen, deren Leistung bis heute geheimgehalten wird, Dampf lieferten. Man schätzt die Turbinenleistung auf 240 000 PS bei höchstzulässiger Drehzahl. Die *United States* erreichte auf ihrer Jungfernreise im Juli 1952 trotz schlechten Wetters (beim Passieren von Bishops Rock herrschte ein Sturm mit 110 km/h Windgeschwindigkeit) erstaunliche 35,59 Knoten und verkürzte die beste Zeit der *Queen Mary* um 10 Stunden. Auf der Rückreise nach New York schaffte sie 34,51 Knoten.

Der Nordatlantik hatte einen neuen und, wie sich zeigen sollte, auch den letzten Rekordhalter. Während die *United States* alle bisherigen Rekorde brach und das zuletzt von Collins' *Arctic* gehaltene »Blaue Band« nach einem Jahrhundert für Amerika zurückeroberte, nahmen die ersten Düsenverkehrsflugzeuge den Liniendienst auf. Der Plan, ein Schwesterschiff zu bauen, wurde nicht weiterverfolgt. Obwohl es siebzehn Jahre dauerte, bis der amerikanische Steuerzahler seinen Geldbeutel über seinen Stolz stellte und die *United States* außer Dienst stellte, war sie ersichtlich das letzte für den Gewinn des »Blauen Bandes« gebaute Schiff. Im September 1967 starb Gibbs. An seinem Todestage war die *United States* in New York und gab, als sie an seinem Konstruktionsbüro in Manhattan vorbeilief, drei Sirenensignale als Ehrenbezeugung ab. Es schien, als ob nicht nur für Gibbs, sondern auch für Cunard, Ismay, Ballin und alle anderen großen Reeder sowie ihre großartigen Schiffe, die jetzt wie ihre vorangegangenen Schöpfer in die Geschichte eingingen, eine Trauermelodie erklang □

Kapitel VII

PASSAGIER-SCHIFFE IM KRIEGS-EINSATZ

Die *Walmer Castle* der Union Castle-Linie in dem grotesken Tarnanstrich, der während des Ersten Weltkriegs an alliierten Kriegsschiffen und Truppentransportern erprobt wurde.

Der Stapellauf der *Bismarck* am 20. Juni 1914 bei Blohm & Voss in Hamburg. Zwei Monate später brach der Krieg aus und das Schiff lag vier Jahre unfertig auf. Dann wurden die Arbeiten wieder aufgenommen und der Liner im Jahre 1922 als *Majestic* der White Star-Linie fertiggestellt, als der er im Bildeinsatz in Southampton zu sehen ist.

Als im Jahre 1914 in Europa der Krieg ausbrach, rief allenfalls der Zeitpunkt seines Beginns in Berlin oder London Erstaunen hervor. Das Ereignis selbst hatte man seit langem erwartet, und beide Seiten hatten schon eine Reihe von Vorbereitungen getroffen.

Die Überlegungen hinsichtlich eines solchen Krieges hatten Entwurf und Bau sowohl der deutschen als auch der englischen Passagierschiffsflotten beeinflußt. Deutschland hatte hierfür mit dem Flottengesetz von 1912 eine Rechtsgrundlage geschaffen, nach der alle deutschen Handelsschiffe unter Deck Geschütze mitzuführen hatten, damit im Falle eines Krieges eine sofortige Mobilmachung stattfinden konnte. Dies Gesetz wurde indessen nie streng durchgeführt, wenn auch die deutsche Regierung beabsichtigte, einige der größeren und schnelleren Schiffe im Handelskrieg gegen den gegnerischen Handelsverkehr einzusetzen. So stellten beispielsweise die Dockarbeiter fest, daß auf *Kaiser Wilhelm II.* Geschützlafetten eingebaut waren, als das Schiff nach einer Kollision im Ärmelkanal Southampton zu Reparaturen anlaufen mußte. Die britische Presse warf sich voller Eifer auf diese Geschichte, hatte jedoch keinen Anlaß, sich über die Absichten der Deutschen aufzuregen. Es war nämlich allgemein bekannt, daß die Bedingungen des Darlehens der britischen Admiralität für den Bau der *Mauretania* und *Lusitania* sicherstellten, daß diese Schiffe im Kriegsfall als Hilfskreuzer eingesetzt würden.

Es erscheint merkwürdig, daß die Planer der Marine so überzeugt daran glaubten, daß ein großes ungepanzertes Passagierschiff in ein Kriegsschiff umgewandelt werden könne. Dennoch hielt sich dieser Gedanke sowohl in der britischen als auch der deutschen Admiralität. Tatsächlich bewiesen die in den ersten Monaten des Krieges gewonnenen Erfahrungen überzeugend, daß diese großen Schiffe, die ungeheure Kohlenmengen verbrauchten, welche zu den über den Erdball verstreuten überseeischen Stationen transportiert werden mußten, für den Einsatz als Hilfskreuzer völlig ungeeignet waren. Zu ihrem eigenen Vorteil lernten die deutschen Admirale diese Lektion und setzten 1939 umgebaute kleine, aber schnelle Frachter im Handelskrieg ein. Die Engländer benutzten noch 1942 Passagierdampfer als Hilfskreuzer und erlitten, wie wir noch sehen werden, unumgängliche Verluste.

Mit Beginn der Feindseligkeiten übermittelte der deutsche Admiralstab allen in See befindlichen deutschen Schiffen Anweisungen über Funk. Diejenigen Schiffe, die eine Chance hatten, nach Deutschland durchzubrechen, sollten dies versuchen. Fast allen anderen riet man, neutrale Häfen anzulaufen. Einigen wenigen gab man auf, versteckte Ankerplätze aufzusuchen und dort mobilzumachen.

Die riesige *Vaterland* der Hapag, die gerade ihre vierte Atlantiküberquerung hinter sich hatte, lag in New York fest. Kommodore Hans Ruser wurde angewiesen, sein Schiff aufzulegen, statt es bei dem Versuch, die britische Blockade zu durchbrechen, aufs Spiel zu setzen. Zweieinhalb Jahre lag sie mit einer Stammbesatzung an ihrem Liegeplatz in Hoboken, bis Amerika am 4. April 1917 in den Krieg eintrat. Dann wurde sie mit anderen deutschen Passagierdampfern von der amerikanischen Marine übernommen. Der offenkundige Grund für diesen unverhofften Zuwachs war der Truppentransport. Zu dieser »Flotte, die der Kaiser für uns gebaut hat«, wie Kriegsminister Josephus Daniels es frohlockend ausdrückte, gehörte neben *Vaterland* auch *Kaiser Wilhelm II.*, *Kronprinz Wilhelm*, *Kronprinzessin Cecilie*, *Amerika* und *George Washington*. In den folgenden zwei Jahren bildeten sie den Kern der Flotte, die gemeinsam mit englischen Passagierschiffen über zwei Millionen amerikanische Soldaten auf den europäischen Kriegsschauplatz transportierte und nach dem Waffenstillstand wieder in ihre Heimat brachte.

Links: Die *Kronprinzessin Cecilie* läuft im August 1914 in Bar Harbor, Maine, ein. Ihre Schornsteine sind in den Farben der White Star-Linie gemalt, um das Erscheinungsbild der *Olympic* vorzutäuschen.
Unten: Karl Polack, der Kapitän der *Kronprinzessin Cecilie*
Rechte Seite: Zeichnerische Darstellung der *Kronprinzessin Cecilie* in voller Fahrt

Die *Vaterland* wurde in *Leviathan* umbenannt, wie einige sagen, auf Anregung von Präsident Woodrow Wilson und seiner Gattin. Besatzung und Soldaten nannten sie jedoch *Levi Nathan*. Von den beiden anderen Ozeanriesen der Hapag lag die *Imperator* sicher in Hamburg, und die *Bismarck* war noch nicht fertiggestellt. Beide nahmen nicht am Krieg teil, und nach Abschluß der Feindseligkeiten ging *Imperator* als ein weiterer Truppentransporter für die Amerikaner in See. Dem Vernehmen nach sollen die Amerikaner von den Leistungen des Schiffs gründlich enttäuscht und erleichtert gewesen sein, als es auf der Versailler Konferenz den Engländern zugesprochen und als *Berengaria* Flaggschiff der Cunard-Linie wurde. *Bismarck* wurde in Deutschland fertiggebaut und nach Probefahrten unter dem berühmten Hans Ruser im März 1922 der White Star-Linie übergeben. Die Gesellschaft taufte sie auf einen der großen traditionellen Namen ihrer Flotte – *Majestic* – eine glückliche Wahl für das Schiff, das in den folgenden fünfzehn Jahren das größte der Welt bleiben sollte.

Für die bei Ausbruch des Krieges in See befindlichen Schiffe war eine schnelle Fahrt in sichere Häfen von dringender Notwendigkeit. Sowohl *Olympic* als auch *Mauretania* waren auf dem Wege nach New York. Das Flaggschiff der White Star blieb auf Kurs, erhöhte die Geschwindigkeit bis an die Leistungsgrenze der Kessel und erreichte sicher das Ambrose-Feuerschiff vor New York. *Mauretania* stellte dagegen den Funkverkehr ein, dunkelte das Schiff ab und machte mit doppelter Besetzung an Heizern eine Blitzfahrt nach Halifax in Neuschottland. Sie kam dort sicher an und erreichte während der Fahrt eindrucksvolle 28 Knoten! Andere Schiffe mußten größere Umwege fahren, bevor sie sichere Häfen fanden. Eines dieser Schiffe war die *Kronprinzessin Cecilie* des Norddeutschen Lloyd. Von einem der bekanntesten Skipper des Atlantiks, dem zähen, bärtigen Seebären Karl Polack, befehligt, war sie vier Tagereisen von New York entfernt nach Bremen in See. An Bord befanden sich außer 1200 Passagieren auch Gold- und Silberbarren im Werte von 40 Millionen Mark. Sie war für jeden patrouillierenden alliierten Kreuzer ein lohnendes Ziel. Tatsächlich warnte man Polack über Funk vor zwei französischen Kriegsschiffen, die ihm auf den Fersen seien. Er reagierte in der für ihn typischen Art. Ohne seine Absichten den Passagieren bekanntzugeben, wendete er und lief zur amerikanischen Küste zurück. Die *Kronprinzessin Cecilie* hatte die größten jemals auf einem Schiff eingebauten Expansions-Dampfmaschinen, die bei voller Fahrt die Kabinen der Passagiere in ein vibrierendes Inferno verwandelten. Während das Schiff zurückratterte, malte die Besatzung den Topp der gelben Schornsteine in der Hoffnung schwarz, das Schiff werde auf größere Entfernung für die *Olympic* der White Star-Linie gehalten. In jenen Tagen wies die Passagierliste der ersten Klasse auf fast allen großen Passagierdampfern etliche Millionäre auf. Polack sah sich denn auch bald einer Abordnung entschlossen blickender amerikanischer Industriemagnaten gegenüber, die ihm ernsthaft anboten, das Schiff zu kaufen, damit es unter amerikanischer Flagge vor jedem alliierten Kreuzer sicher sei! Polack lehnte ab und erreichte nach einer Fahrt mit voller Geschwindigkeit durch dichten Nebel das entlegene Bar Harbor in Maine, zu dessen regelmäßigen Besuchern Ozeanriesen jedenfalls nicht gehörten. Bei seiner Ankunft bemerkte Polack, daß er und sein Schiff internationale Berühmtheiten geworden waren, da man unterdessen weltweit Spekulationen über den Verbleib des »verschwundenen Schatzschiffs« angestellt hatte.

Andere Schiffe kamen dagegen in den Kriegseinsatz. Anfangs war es ein »Gentleman's War«, der von beiden Seiten mit tapferer, aber wirklichkeitsfremder Ritterlichkeit geführt wurde. Während die Deutschen ihre verfügbaren Passagierschiffe auf abgelegenen Ankerplätzen eilig ausrüsteten, bauten die Engländer – in einigen Fällen in nur 48 Stunden – Passagierschiffe zu Hilfskreuzern um. Dabei kamen acht 12-cm-Kanonen samt Munition an Bord, das Schiff wurde kriegsgrau gemalt und die Besatzung ausgewechselt. Anschließend war der neue Hilfskreuzer einsatzbereit. Glücklicherweise führte der Versuch, die großen Cunarder als Kreuzer einzusetzen, zu nichts. Zwar wurden *Aquitania* und *Mauretania* bewaffnet. Nach einer Kollision am ersten Tage ihres Dienstes mußte *Aquitania* zur Reparatur in die Werft zurück. Dies und die Erfahrungen mit dem großen Kohlenhunger der *Mauretania* überzeugten die Admiralität davon, daß das ganze Unterfangen unwirtschaftlich sei. So benutzte man beide Schiffe als Truppentransporter und später als Lazarettschiffe, wobei sie in beiden Aufgabenbereichen Hervorragendes leisteten. *Lusitania* blieb im Passagierverkehr zwischen New York und Liverpool im Einsatz. Wie sich zeigte, kamen nur fünf der insgesamt zweiundvierzig bei Kriegsausbruch in See befindlichen deutschen Passagierschiffe als Handelsstörer zum Einsatz. Der Rest lag in neutralen Häfen fest. Von den fünf, die kämpften, wurden zwei sehr berühmt. Einstmals das schnellste Schiff, als sie 1897 das »Blaue Band« gewann, war die *Kaiser Wilhelm der Große* noch immer für 22 Knoten gut. Völlig schwarz gemalt und mit sechs 10,5-cm-Kanonen bewaffnet, verließ das alte Schiff unter dem Befehl

Rechts: Granateinschlag einer deutschen 10,5-cm-Kanone auf *Carmania*. Der Cunarder wies nach dem Gefecht mit dem deutschen Hilfskreuzer *Cap Trafalgar* über 300 ähnliche Geschoßeinschläge auf.
Rechts außen: Die Brücke der *Carmania*
Unten: Ein 12-cm-Geschütz der *Carmania*

Rechte Seite: Die Gegner. Links die *Cap Trafalgar* der Hamburg-Süd. Sie war 1914 praktisch ein nagelneues Schiff. Der dritte Schornstein war blind und wurde beim Umbau zum Handelsstörer entfernt.
Rechts die *Carmania* der Cunard-Linie auf der Probefahrt im Jahre 1905. *Carmania* war das erste Turbinenschiff der Cunard-Linie.

von Kapitän Reymann am 4. August 1914 Bremerhaven. Sie lief nördlich um Island herum und entging dadurch den britischen Patrouillen, versenkte den Fischdampfer *Tubal Cain*, mit 250 BRT kaum ein lohnendes Objekt, und ging dann zu den Kanarischen Inseln. Reymann, dessen Kohlen schon knapp wurden, hatte eine Glückssträhne, als er innerhalb von zwei Tagen die *Galician* (6575 BRT) der Union Castle-Linie und drei weitere Schiffe aufbrachte. Er entließ zwei seiner Prisen, weil sie Frauen und Kinder an Bord hatten (ein ritterlicher Akt, der den Engländern seinen Verbleib verriet), und lief zur spanischen Kolonie Rio de Oro an der Saharaküste. Hier bekohlte er sein Schiff trotz der Proteste der örtlichen spanischen Behörden während eines unglaublich langen Aufenthalts von neun Tagen. Als der britische Kreuzer *Highflyer* am 26. August 1914 erschien, bunkerte Reymann noch immer. Er lehnte die Aufforderung des englischen Kapitän Bullers zur Übergabe ab, und das frühere Rekordschiff ging gegen eine unglaubliche Übermacht ins Gefecht. *Highflyer* trug eine Bewaffnung von elf 15-cm-Kanonen. Bis zum Ende ein Held, ließ Reymann 400 Mann seiner Besatzung von Bord gehen und trug den Kampf mit einer Restbesatzung aus. Das Ergebnis war unvermeidbar. Nach einer Stunde war das Schiff, das einstmals der Stolz des Atlantiks war, ein sinkendes Wrack. Es war zu groß und verbrauchte zu viel Kohlen, um als Kriegsschiff geeignet zu sein.

Einen Monat nach dem Untergang der *Kaiser Wilhelm der Große* trugen zwei andere Passagierdampfer eines der denkwürdigsten Gefechte beider Weltkriege aus. Die *Carmania* (19 500 BRT) der Cunard-Linie war zu Kriegsbeginn in Liverpool zum Hilfskreuzer umgerüstet worden und trug nun acht 12-cm-Geschütze. Am 14. September 1914 näherte sie sich der kleinen brasilianischen Insel Trinidada, um diese routinemäßig abzusuchen. In der Morgendämmerung stieß sie auf die *Cap Trafalgar* (18 000 BRT) der Hamburg-Südamerika-Linie, die auf einer der Reeden der Insel bunkerte. *Cap Trafalgar* war zu Kriegsbeginn vor dem La Plata mit zwei 10,5-cm-Geschützen und sechs 3,7-cm-Maschinenkanonen des Kanonenboots *Eber* ausgerüstet worden. Der Kommandant des Kanonenboots, Kapitänleutnant Wirth, übernahm den Befehl, und die *Cap Trafalgar* lief als Handelsstörer nordwärts. In der Geschwindigkeit war sie der *Carmania* ebenbürtig, diese hatte jedoch die stärkere Bewaffnung. Wirth versuchte deshalb zu entkommen, aber der Cunarder blieb am Gegner und eröffnete auf 7300 Meter das Gefecht. Wirth ließ daraufhin die kaiserliche Kriegsflagge hissen und drehte bei, um den Kampf anzunehmen. Seine einzige Chance lag darin, die Gefechtsentfernung zu verringern, um seine Maschinenkanonen zum Tragen zu bringen, mit denen er die offenen Decks der *Carmania* bestreichen und die Geschütze außer Gefecht bringen konnte. Er ging daraufhin auf 2700 Meter heran und war zweitweilig kurz davor, mit seiner Taktik Erfolg zu haben. *Cap Trafalgar* erzielte insgesamt 79 Granattreffer und pumpte außerdem mit ihren Maschinenkanonen Geschoßströme in das britische Schiff. Auf *Carmania* brachen schwere Brände aus, Kapitän Grant hielt jedoch stand und konzentrierte sein Feuer auf die Wasserlinie des deutschen Schiffs. Diese Taktik zahlte sich aus, als Granate auf Granate tief in die brennende *Cap Trafalgar* einschlug. Die Ironie des Gefechts lag darin, daß Wirth mit seinen Geschützen die Reichweite der englischen Kanonen um 1800 Meter übertraf. Wirth war jedoch gefallen, und sein Schiff starb mit ihm. *Cap Trafalgar* kenterte und sank mit dem größten Teil ihrer Besatzung. Die Besatzung der *Carmania* mußte ihr zerschossenes Schiff gegen die während des Kampfes ausgebrochenen Brände verteidigen. Die Schlacht vor Trinidada bewies erneut, daß die Rümpfe der Passagierschiffe dem Feuer der kleinsten Geschütze nicht gewachsen waren und daß sie an der Kampffront nichts zu suchen hatten.

Der mit Abstand erfolgreichste aller zu Handelsstörern umgebauten deutschen Passagierdampfer war die *Kronprinz Wilhelm* (14 908 BRT) des Norddeutschen Lloyd. Als einziges großes deutsches Schiff entkam sie bei Kriegsbeginn den englischen Kreuzern vor New York. Mit 2000 Tonnen zusätzlicher Kohle an Bord lief sie südwärts und traf sich auf hoher See in Westindien mit dem Kreuzer *Karlsruhe*, von dem sie zwei 8,8-cm-Schnellfeuerkanonen und Munition übernahm. Während der Übernahme wurden die Deutschen von dem britischen Kreuzer *Suffolk* gestört und mußten schleunigst ablaufen. Danach operierte die *Kronprinz Wilhelm* im Atlantik, während die deutschen Marineattachés auf beiden Seiten des Ozeans über dem logistischen Problem schwitzten, den Ozeanriesen täglich mit 500 Tonnen Kohle zu ver-

Das Gefecht zwischen *Carmania* und *Cap Trafalgar* auf seinem Höhepunkt

Erschöpfte Überlebende versuchen, von der sinkenden *Lusitania* freizukommen. Alliierte Zeichner und Kriegsberichterstatter nutzten den Zwischenfall, der schließlich zum Kriegseintritt der USA führte, zu heftiger anti-deutscher Propaganda aus.

Die von der deutschen Botschaft herausgegebene Warnung an alle Reisenden ist ins Auge fallend unmittelbar unter der Abreisenotiz der Cunard-Linie in eine New Yorker Zeitung eingerückt. Sonnabend, der 1. Mai 1915, sollte der letzte Abreisetag der *Lusitania* sein.

sorgen. Sie lösten diese Aufgabe erfolgreich, denn die Fahrt führte über 20 000 Seemeilen, auf denen 20 000 Tonnen Kohle verbraucht wurden. *Kronprinz Wilhelm* operierte in einem Seegebiet von mehr als 37 000 Quadratmeilen und versenkte insgesamt 15 alliierte Handelsschiffe.

Als dann schließlich Brennstoff- und Nachschubmangel zum Abbruch des Unternehmens zwangen, umging Kapitän Thierfelder die auf ihn angesetzten Kriegsschiffe und brachte seinen großen Handelsstörer nach achtmonatigem Seetörn am 10. April 1915 sicher in die Chesapeake Bay.

Die Rückkehr der *Kronprinz Wilhelm* bedeutete das Ende der deutschen Versuche, den alliierten Handelsverkehr durch Überwasser-Handelsstörer zu unterbrechen. In der Zwischenzeit hatte die britische Marine eine totale Blockade über Deutschland verhängt. Dem entschlossenen Tirpitz blieb nur eine weitere Waffe – Deutschlands wachsende Unterseebootflotte, die nunmehr auch einige Langstreckenboote besaß, welche mehrere Wochen in See bleiben konnten. 1915 verlangten die allgemein anerkannten Kriegsgesetze, daß ein U-Bootkapitän vor einem Angriff zunächst aufzutauchen und sein Opfer zu warnen hatte – ein sicherer Weg, seinen Standort jedem in der Nähe befindlichen feindlichen Kriegsschiff zu verraten. Es war klar, daß diese Konvention im weiteren Verlauf des Krieges mißachtet werden mußte. Während im Jahre 1915 kriegerische Handlungen gegen Nichtkombattanten unvorstellbar waren, sollte sich die Welt im nun folgenden Vierteljahrhundert hieran nur allzu sehr gewöhnen.

Am 1. Mai 1915 veröffentlichten mehrere bekannte amerikanische Zeitungen eine von der deutschen Botschaft in Washington aufgegebene Anzeige des folgenden Inhalts:

»Reisende, die eine Atlantikreise anzutreten beabsichtigen, werden daran erinnert, daß zwischen Deutschland und seinen Verbündeten einerseits und Großbritannien und seinen Alliierten andererseits Kriegszustand herrscht und daß die Kriegszone alle an das Vereinigte Königreich angrenzenden Seegebiete umfaßt. Schiffe unter der Flagge Großbritanniens oder einer seiner Alliierten unterliegen in jenen Seegebieten der Vernichtung. Reisende, die in dieser Kriegszone nach englischen Häfen oder Häfen englischer Verbündeter reisen, handeln auf eigene Gefahr.«

Rechts: Die »New York World« am Tage nach der Versenkung der Lusitania. Die Meldungen sprechen schon von zwei Torpedos, während Kapitänleutnant Schwieger stets angab, nur einen abgefeuert zu haben. Die zweite Explosion kann sehr wohl ein Kesselzerknall oder, wie einige Fachleute behaupten, eine Munitionsdetonation gewesen sein.

Die umstrittene *Lusitania*-Medaille. Sie zeigt auf der einen Seite den sinkenden Cunarder, der mit Waffen vollgeladen ist und auf der anderen den Tod, der den Verkauf von Cunard-Fahrscheinen beaufsichtigt. Die Medaille soll dem Vernehmen nach in Deutschland geprägt worden sein, doch ließ die britische Regierung mehrere tausend Nachahmungen im Zuge eines anti-deutschen Propaganda-Feldzugs nachprägen.

Diese schonungslose Warnung war der erste öffentliche Hinweis darauf, daß sich Tirpitz zur Politik des uneingeschränkten U-Bootkrieges entschlossen hatte und daß diese Art der Kriegführung schneller beginnen würde, als sich irgend jemand träumen ließ.

Wie bereits erwähnt, blieb die Lusitania von Cunard auf der Nordatlantikroute, nachdem sich die englische Admiralität gegen ihren Einsatz als Hilfskreuzer entschieden hatte. Dies mag auf die Erfahrungen mit *Aquitania* und *Mauretania* zurückzuführen sein. Aus welchem Grunde auch immer, gab dies Cunard die Möglichkeit, die *Lusitania* monatlich einmal auf ihrer angestammten Route laufen zu lassen, wobei sechs Kessel nicht angeheizt wurden und die Höchstgeschwindigkeit auf 21 Knoten begrenzt war. Man hielt dies für ausreichend, um das Schiff nicht in Schwierigkeiten kommen zu lassen. Als weitere Sicherheitsmaßnahmen wurden alle Schotten während der Überfahrt dicht gemacht, und in den Gewässern um die Britischen Inseln verdoppelte man die Ausguckposten und schwang die Rettungsboote aus.

Zwei Tage nach der deutschen Warnung in den amerikanischen Zeitungen ging *Lusitania* unter dem Kommando von Kapitän William Turner, einem erfahrenen Schiffsführer der Cunard, mit 1159 Passagieren und einer geringen Menge Munition an Bord von New York in See. Am 7. Mai 1915 erreichte sie die irische Küste und wurde von der britischen Admiralität unterrichtet, daß im Gebiet von Fastnet mit deutschen U-Booten zu rechnen sei. Um 14.10 Uhr wurde *Lusitania* bei klarer Sicht und warmem Wetter von *U 20* (Kapitänleutnant Walter Schwieger) mit einem einzigen Torpedo auf der Steuerbordseite zwischen dem ersten und zweiten Schornstein getroffen. Das Schiff bekam sofort Steuerbordschlagseite, weshalb die Rettungsboote der Backbordseite nicht zu Wasser gelassen werden konnten. Gleichzeitig aber lief das Schiff weiter, da die Explosion die Kommandoelemente des Maschinenraums zerstört hatte. Innerhalb von 20 Minuten war alles vorbei. *Lusitania* sank 10 Meilen südlich des Old Head of Kinsale mit einem Verlust von 1198 Menschenleben, unter denen sich auch 124 amerikanische Staatsbürger befanden. Kapitän Will Turner wurde von einem Boot aus dem Wasser gezogen, das mit einer ganzen Armada weiterer kleiner Schiffe auf die Hilferufe der *Lusitania* herbeigeeilt war. Turner überlebte und mußte peinliche Fragen des Untersuchungsgerichts beantworten, das wissen wollte, weshalb er die Anordnung der Admiralität, in britischen Gewässern nach U-Boot-Warnung Zickzackkurs zu laufen, nicht befolgt habe.

Sofort entbrannte eine internationale Kontroverse. England klagte Deutschland der Verletzung des Völkerrechts und des Kriegsverbrechens an. Deutschland erwiderte mit der Behauptung, die *Lusitania* habe Kriegsmaterial an Bord gehabt; ein Vorwurf, den die neuere Forschung in amerikanischen Marinearchiven weitgehend bestätigt hat. Zwei Tatsachen scheinen erwiesen: Schwieger feuerte lediglich einen Torpedo ab, während alle Überlebenden bekunden, das Schiff sei von zwei Explosionen erschüttert worden. Aus der Beweiskraft der Zeugenaussagen ergibt sich unstreitig, daß sich zwei Explosionen ereigneten. Die Ursache der zweiten Explosion ist jedoch bis heute umstritten – entweder handelte es sich um eine Kesselexplosion oder die geheime Ladung Sprengstoff. Was immer auch an der Sache richtig ist, so ging damals doch eine Welle der allgemeinen Empörung durch England und Amerika, und die durch den Zwischenfall erzeugten antideutschen Gefühle trugen viel dazu bei, die öffentliche Meinung Amerikas auf die Kriegserklärung Präsident Wilsons im Jahre 1917 vorzubereiten.

Nach ihrem Versagen als Hilfskreuzer kamen die großen englischen Atlantikliner erneut während des unglücklichen Dardanellenunternehmens zum Einsatz, das Mitte 1915 begann. Diesmal verwandte man die großen Schiffe für eine Aufgabe, für die sie gebaut worden waren – die Beförderung großer Menschenmengen über große Entfernungen. Tausende von Soldaten wurden von *Aquitania*, *Mauretania*, *Olympic* und der *France* der C.G.T. nach Mudros in die Ägäis transportiert. Als im Verlaufe des Feldzuges die Zahl der Verwundeten stieg, benutzte man einige Ozeanriesen als Lazarettschiffe. Unter ihnen war auch das damals größte englische Schiff, die *Britannic* (48158 BRT), eine größere Schwester der *Olympic* und *Titanic*. Die *Britannic* lag zu Kriegsbeginn unfertig bei Harland & Wolff in Belfast und wurde nicht für den Luxusverkehr nach New York, sondern für den spartanischeren Transport von Verwundeten eingerichtet. Im Dezember 1915 fertiggestellt, unternahm sie 1916 fünf Hin- und Rückfahrten ins Mittelmeer. Während einer Reise von Neapel nach Mudros lief sie am 21. November 1916 4 Seemeilen westlich von Port St. Nikolo auf eine Mine. Glücklicherweise befanden sich keine Verwundeten, sondern nur 1138 Mann Besatzung und medizinisches Personal an Bord. Das Ausbooten verlief bei ruhigem Wetter geordnet, so daß nur 28 Menschen ums Leben kamen. Die White Star-Linie hatte damit jedoch das zweite Schiff des vor dem Kriege mit so großer Sorgfalt geplanten Trios verloren.

Anfang 1916 dienten mehr als 12 Millionen BRT alliierten Schiffsraums als Transporter, Hilfskreuzer und Versorger. Die deutschen U-Boote verursachten schwere Verluste. In den beiden ersten Kriegsjahren verlor England 338 Hochsee- und 264 Küstenschiffe durch Feindeinwirkung. In den Jahren 1916 und 1917, in denen der U-Bootkrieg das Land an den Rand des Hungertodes brachte, stieg diese Zahl be-

The World.

NEW YORK, SATURDAY, MAY 8, 1915.

TWO TORPEDOES SINK LUSITANIA; MANY AMERICANS AMONG 1,200 LOST; PRESIDENT, STUNNED, IN SECLUSION.

LUSITANIA, HER CAPTAIN, AND PLACE WHERE SHE WAS HIT

Captain W. T. TURNER

Liner Attacked Supposedly by German Submarine Off the Irish Coast, and Goes Down in Fifteen Minutes—Luncheon Being Served at the Time—Survivors Picked Up From Lifeboats and Taken to Queenstown, Forty Miles Distant—Regarding 1,254 Passengers and 850 of Crew Aboard, Cunard Line Says: "First Officer Jones Thinks 500 to 600 Are Saved"—Ship Left New York Last Saturday With Many Americans, Including Prominent New Yorkers, Who Disregarded German Warning Not to Sail.

(Special Cable Despatch to The World.)

LONDON, May 8.—The Cunard liner Lusitania was torpedoed, supposedly by German submarines, shortly after 2 o'clock yesterday afternoon, ten miles off the Old Head of Kinsale, on the south coast of Munster, Ireland.

She sank fifteen minutes later. The company states that no warning was given her.

Passengers and crew, the Lusitania carried 2,164 persons when she sailed from New York, on May 1. The meagre, confused reports so far received make it uncertain how many of these have been saved.

A steward of the first boat that reached Queenstown—forty miles by sea from Kinsale—with survivors from the liner, said he feared that 900 lives had been lost.

This despatch came from Queenstown at 1.10 A. M.:

"The tug Stormcock has returned here, bringing about 150 survivors of the Lusitania, principally passengers, among whom were many women, several of the crew and one steward."

"Describing the experience of the Lusitania the steward said:

"The passengers were at lunch when a submarine came up and fired two torpedoes, which struck the Lusitania on the starboard side, one forward and the other in the engineroom. They caused terrific explosions.

"'Capt. Turner immediately ordered the boats out. The ship began to list badly immediately.

"'Ten boats were put into the water, and between 400 and 500 passengers entered them. The boat in which I was approached the land with three other boats, and we were picked up shortly after 4 o'clock by the Stormcock.

"'I fear that few of the officers were saved. They acted bravely.

"'There was only fifteen minutes from the time the ship was struck until she foundered, going down bow foremost. It was a dreadful sight.'

"Two other steamers with survivors are approaching Queenstown."

An official statement issued by the Cunard Steamship Company said:

"First Officer Jones thinks from 500 to 600 were saved. This includes passengers and crew, and is only estimated."

A despatch to the Chronicle from Queenstown says that "seven torpedoes were discharged from the German attacking craft, one of them striking the Lusitania amidships."

This would indicate that at least two submarines were arrayed against the liner. Even the newest type of the undersea boats carries but six tubes, and most of them have only four.

A despatch coming from Kinsale at 7 o'clock says that at 3.30 two lifeboats were intercepted six miles off Old Head by the motorboat Elizabeth and convoyed by a Cork tug, which took from one 63 passengers and from the other 16, most of them women and children. They were taken to Queenstown instead of to Kinsale, whither they were bound.

These survivors said that the Lusitania got two torpedoes, the first of which struck her on the port side. She canted toward the land, and received the second on the starboard side.

They said a heavy list to port followed, and the Lusitania remained afloat for only ten minutes, and only six lifeboats could be launched. These contained about 300 passengers.

Other reports say that the first of the torpedoes struck the liner near her bows, the second tearing its way into her engine room. Terrific explosions followed, and great volumes of water poured in through the rents.

A midnight report to the Chronicle says that the number of survivors at Queenstown is 530.

An Admiralty report said that between 500 and 600 survivors have been landed at Queenstown, "including many hospital cases, some of whom have died."

In this report it is added that some were also landed at Kinsale, "the number not having yet been received." Private telegrams say that "several hundred passengers" have been landed at Clonakilty, not far from Kinsale.

Hospitals at Queenstown Caring for Lusitania's Survivors; Dead and Wounded Arriving on Boats From Scene of Disaster

WASHINGTON, SILENT, AWAITS ADVICES ON AMERICANS' FATE

Wilson, After Receiving Official News From Queenstown Saying "Probably Many Survivors; Rescue Work Progressing Favorably," Leaves White House in Drizzle—Calls No Counsellors or Conferees on His Return—Situation Most Tense Since Spanish-American War—"Strict Accountability Note" to Germany Is Recalled.

(Special to The World.)

WASHINGTON, May 7.—The White House and State Department at 10 to-night received this message from Wesley Frost, the American Consul at Queenstown, Ireland:

"Lusitania sunk at 2.30. Probably many survivors. Rescue work progressing favorably."

The message also asked the State Department if Consul Frost should cable a list of the American survivors, to which the department replied that such a list should be sent immediately.

President Wilson had just finished dining when the message was presented to him. It appeared to stun him, because earlier messages had indicated that no passengers had been lost, and therefore Consul Frost could not be vitally interested.

A few minutes later the Secret Service men, who were on guard at the offices, were surprised when a puffing policeman, the guards the President's cabin door at the White House, rushed in and told them that the President had just left the house unaccompanied.

As the Secret Service men rushed through the parking they saw the President cross Pennsylvania Avenue and take a course due north through Sixteenth Street. He appeared to be oblivious to the light drizzle which was falling, and to the newsboys who scampered through the streets shouting: "Extra, extra! many lives lost on the Lusitania! Americans among the dead!"

The President appeared to be deep in thought as he walked through

(Continued on Fourth Page)

CUNARD OFFICES CLOSE AS LIST OF THE DEAD GROWS

Action Unexplained, but an Official Said at 11 o'Clock Only 500 Had Been Accounted For, and Four of These Were Dead—Hoped to Hear of 200 More by Morning.

The New York offices of the Cunard Line, after giving out a series of bulletins during the early evening, were unexpectedly closed shortly after 11 o'clock last night. All the line officials, however, remained on duty, although reporters and other outsiders were shut out. No explanation was given for this action, nor would officials reply to the question whether their sudden decision was due to either even worse news than given out, or to a hint from the British Government that the censorship would intervene.

A high official of the local staff of the Cunard Line, however, although refusing to allow his name to be used, stated that up to that point but 500 of the ship's passengers had been accounted for, at least four of these being known to be dead.

"We hope for a couple of hundred more in the morning," he said. Eight persons so far are known to the Cunard officials by name as having been saved. They are Mrs. Bretherton of Los Angeles, Cal., and her two children, one and two years old; Mrs. M. B. Lafferter of Sydney, Australia, and her son, F. Lafferter; George A. Kessler of New York. Miss Jessie Taft Smith of Braceville, O., and Miss Irene Paynter of Los Angeles, Cal.

3 Years' Work—Cost, $8,000,000; Sunk by Torpedo—Cost $4,000

The following estimate may serve to present to the readers of The World a mental picture of the giant liner Lusitania in comparison with the small but deadly submarine torpedo that destroyed her.

Average length of a torpedo	16 feet
Length of the Lusitania	790 feet
Average cost of a torpedo	$4,000
Approximate cost of the Lusitania	$8,000,000
Time required to make and test a torpedo	3 months
Time required to build the Lusitania	3 years

AND

TIME REQUIRED TO DESTROY THE LUSITANIA WITH A TORPEDO .... 15 minutes

Cork newspapers say that the number taken to Clonakilty was 200.

Official figures make the number at Kinsale eleven.

The only figures so far offered by Queenstown account for 506 survivors and 4 dead. Of these the tug Stormcock was reported to have brought in about 160, passengers and crew; the trawlers Bock and Indian Empire have about 200, the tug Flying Fish about 100 and three torpedo boats 45 and 4 dead.

In making these figures known, the Admiralty announced that it was not withholding any verified facts, but that it would decline to pass despatches based merely on rumor.

The naval and military hospitals at Queenstown are receiving the wounded as they arrive. The survivors are being cared for at hotels and boarding houses, and because "their immediate wants must be given out first consideration," neither the Cunard officials nor the Admiralty will attempt to make up any list of them to-night, it is announced.

In announcing these figures known, the Admiralty announced that it was picked up this wireless call from the liner:

"Want assistance. Listing badly."

What this meant needed no deduction. During this week alone twenty-

eight vessels had been sunk or damaged in the war zone that Germany had established about the British Isles.

Admiral Coke lost not a moment, therefore, in despatching to Kinsale every available tug and steam trawler. The tugs Warrior, Stormcock and Julia led the procession, with five trawlers and a tug-towed lifeboat in their wakes. Steamers in the vicinity picked up the liner's calls and started to her aid.

Sank Quickly After Being Struck.

From the signal station at the Old Head of Kinsale, the Lusitania was seen at 2.15 o'clock to be in distress. At 2.30 she had completely disappeared, according to reports to the Admiralty.

It was officially announced last night that she remained afloat "at least twenty minutes after being torpedoed." At that time, it was added, "twenty boats were on the spot."

How many of these were the Lusitania's own lifeboats there is yet no way of determining. It has been stated, however, that she had time to lower most, if not all, of them away. She carried boats and rafts enough for at least 300 more persons than she had in her company.

At midnight the Admiralty was still without information as to the

drohlich an. Die Einführung des Konvoi-Systems und der Bau kleiner schneller Geleitfahrzeuge führte schließlich zur Niederlage der U-Boote, die in den späteren Kriegsjahren ihrerseits schwere Verluste erlitten. Ein Unterseeboot hatte einen besonders aufsehenerregenden Mißerfolg. Am 12. Mai 1918 lag *U 103* im Ärmelkanal nahe Kap Lizard an der Wasseroberfläche, als die *Olympic* mit 5000 amerikanischen Soldaten an Bord in Sicht kam. Von einer solchen Begegnung träumten alle U-Bootkapitäne; in diesem Falle aber war der Kommandant des Ozeandampfers, Albert Haddock, der Bedrohung mehr als gewachsen. Haddock führte sein Schiff wie einen Zerstörer und lief mit 22 Knoten auf das unglückliche U-Boot los und rammte es. Als das U-Boot am Heck des Dampfers entlangglitt, schnitt die riesige Schraube der *Olympic* wie ein gigantischer Büchsenöffner in den Druckkörper des U-Boots und ließ das Seewasser einströmen. Die *Olympic* blieb in beiden Weltkriegen der einzige Passagierdampfer, der ein U-Boot rammte und versenkte.

Mitte 1917 zeichnete sich der Sieg der Alliierten zur See ab. Der Kriegseintritt Amerikas bedeutete, daß die 90 deutschen Passagierdampfer und Frachter, die in amerikanischen Häfen lagen, beschlagnahmt und gegen ihre früheren Besitzer benutzt wurden. Wie schon dargelegt, setzte man die fahrbereiten deutschen Ozeandampfer als Truppentransporter ein. Sie brachten mit ihren früheren englischen Rivalen zwei Millionen amerikanische Soldaten »über den großen Teich«. Als ein Beispiel für die militärische Kapazität dieser Schiffe im Truppentransport sei hier die *Olympic* genannt, die 184 000 Meilen dampfte und dabei 347 000 Tonnen Kohle verbrauchte. Sie beförderte insgesamt 41 000 Zivilpersonen sowie 24 000 kanadische und 42 000 amerikanische Soldaten.

Als der Krieg im November 1918 endete, hatten die Alliierten und das erschöpfte Deutschland zusammen 12,5 Millionen BRT Handelsschiffsraum verloren. Allein 2749 englische Schiffe mit 7,75 Millionen BRT, etwa 40 Prozent der gesamten Vorkriegstonnage, und 14 287 Menschenleben waren untergegangen. Weniger als die Hälfte der Cunard-Flotte überlebte, denn die Liverpooler Gesellschaft verlor neben der *Lusitania* weitere acht Passagierschiffe. Die Alliierten übernahmen im Wege der Reparationen alle deutschen Schiffe, die überholungswürdig waren. Den stolzen Reedereien in Hamburg und Bremen verblieben nur die verbrauchte alte *Deutschland* von 1900, frühere Gewinnerin des »Blauen Bandes« für die Hapag, und ein paar Tausendtonner des Norddeutschen Lloyd.

Nach der großen Tragödie von 1914–1918 erschien es unmöglich, daß irgend jemand an einer Wiederholung interessiert sein könnte. Dennoch gab es eine in den Jahren 1939 bis

Die Lazarettschiffe

Eine Seitenansicht der *Aquitania* als Lazarettschiff im Jahre 1915

Rechts: Die *Britannic*, Schwester der *Titanic* und *Olympic*, diente niemals als Passagierdampfer, sondern wurde während des Dardanellen-Feldzugs als Lazarettschiff in Dienst gestellt und sank schließlich in der Ägäis durch einen Minentreffer, wobei zum Glück nur wenige Menschen ums Leben kamen.

PARLIAMENT BUILDINGS, OTTAWA

CUNARD LINE

2nd BATTALION SURREY NATIONAL RESERVE,

No. 5 Company.

GRAND SMOKING CONCERT

HELD ON BOARD

H. M. Transport "Ivernia,"

on January 29th, 1915.

Chairman : Capt. H. M. BENISON, R.N.R.

Vice-Chairman : Lieut. G. R. RICHARDSON, S.N.R.

COMMITTEE.

Lieut. G. R. Richardson. Lieut. A. T. Scott,
Chief Officer G. C. A. Archer, Chief Steward A. Ford,
Second Steward J. Jones, Quartermaster-Sergt. W. Booker,
Purser H. Wroth, Lance-Corpl. S. J. Moatt.

M.C., Col-Sergt. C. Southin,
Hon. Sec., Sergt. Geo. W. Symes.

Chair to be taken at 7.30

CUNARD LINE

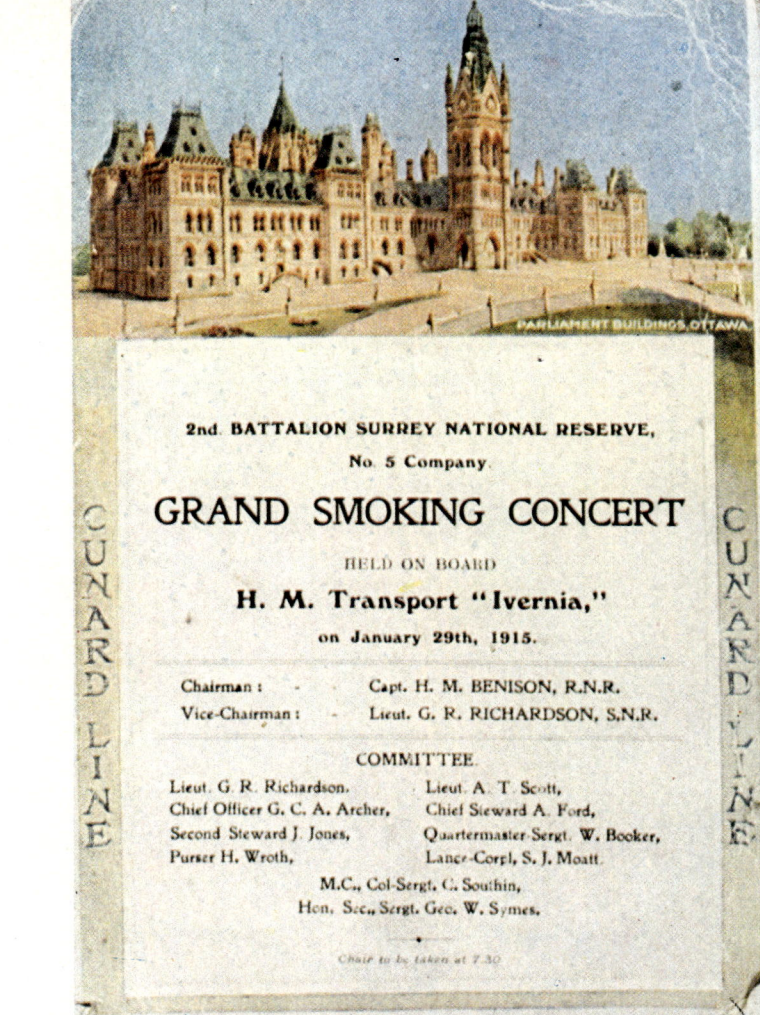

Eine kurze Ablenkung von den Sorgen des Krieges. Das Konzertprogramm des Cunarders *Ivernia* wird wohl Besatzung und Passagiere von den Gedanken an lauernde deutsche U-Boote abgelenkt haben. *Ivernia* war eines von fünf großen Passagierschiffen, die die Cunard-Linie im Ersten Weltkrieg verlor.

1945 auf den Weltmeeren bitter ausgetragene Neuauflage. Nach den Worten Winston Churchills gab es in diesem zweiten Krieg keinen Platz für Ritterlichkeit. Er wurde von allen Seiten mit grimmiger Entschlossenheit bis zum bitteren Ende durchgefochten.

Dieser zweite Krieg traf indessen die meisten Reedereien unvorbereitet, obwohl die britische Admiralität am 26. August 1939 bekanntgab, alle britischen Schiffe sollten die normalen Seeverkehrswege meiden. So war die erste Reaktion der größeren Gesellschaften, als die Feindseligkeiten mit dem Angriff auf Polen begannen, ihre Passagierdampfer auf dem Atlantik zum Anlaufen des nächsten Hafens aufzufordern.

Acht Stunden nach der formellen Kriegserklärung Englands erhielt die Welt eine ernstere Ankündigung, welcher Art der kommende Krieg zur See sein würde.

Die *Athenia* (13465 BRT) der Donaldson

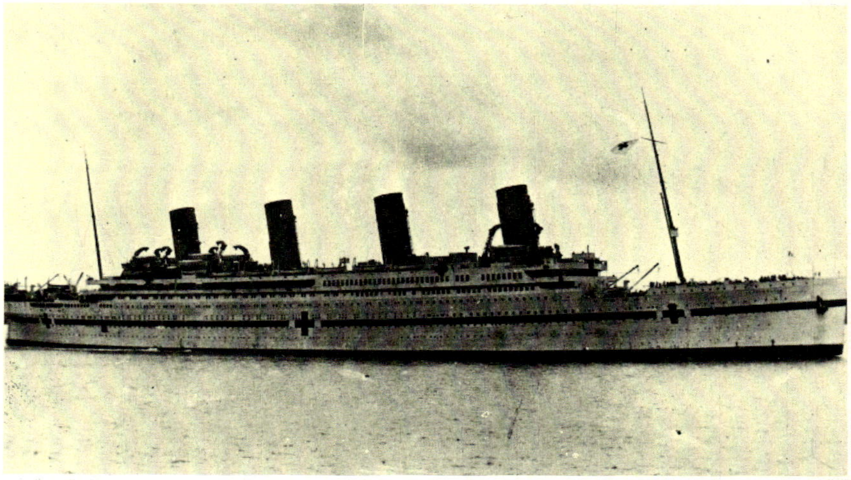

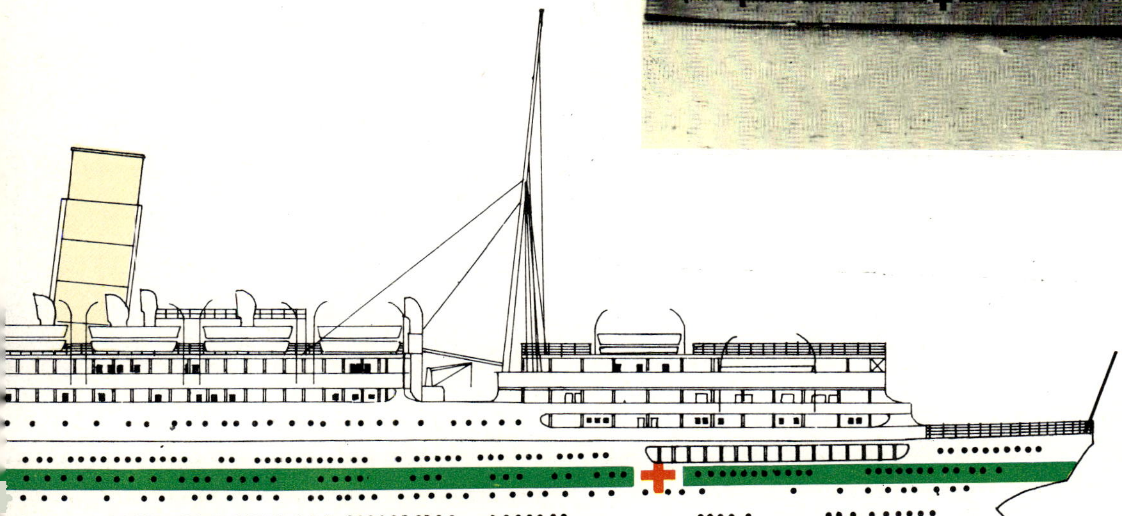

Die kriegsgrau gemalte *Aquitania* während ihrer zweiten Dienstzeit als Truppentransporter im Jahre 1942. Man beachte das neben dem Fockmast aufgestellte Flugabwehrgeschütz.

Atlantic-Linie gehörte zu einer Reihe mittlerer Passagierschiffe, die in der Zeit zwischen den Weltkriegen auf dem Nordatlantik verkehrten. Sie hatte Glasgow am Mittag des 1. September 1939 verlassen und lief nach Zwischenaufenthalten in Liverpool und Belfast unbewaffnet und ungeleitet westwärts nach Montreal. An Bord befanden sich 1418 Passagiere, darunter 300 amerikanische Staatsbürger. *Athenia* befand sich 250 Seemeilen nordwestlich von Irland und machte 16 Knoten Fahrt, als sie um 19.45 Uhr Ortszeit von zwei Torpedos getroffen wurde. Der Passagierdampfer sank innerhalb von 20 Minuten mit einem Verlust von 112 Menschen, darunter mehreren Amerikanern. Wiederum verurteilte die öffentliche Meinung in England und Amerika die Deutschen trotz nachdrücklicher Dementis des Propagandaministers Dr. Goebbels, daß für die Versenkung ein deutsches Schiff verantwortlich sei. Erst nach dem Kriege kamen die Tatsachen in dieser Angelegenheit ans Licht. In den Nürnberger Prozessen konnte der für die U-Boot-Waffe verantwortliche Admiral Dönitz nachweisen, daß er alle U-Boot-Kommandanten angewiesen hatte, unter keinen Umständen unbewaffnete Passagierschiffe anzugreifen. Dennoch wurde *Athenia* von *U 30* (Oberleutnant

z. S. Lemp) torpediert, wegen der Funkstille wurde Dönitz erst zwei Wochen später unterrichtet, als *U 30* von seiner Einsatzfahrt zurückkehrte. Lemp fiel als Kapitänleutnant während des Krieges, in seinem Bericht gab er jedoch an, er habe *Athenia*, die völlig abgedunkelt gelaufen sei, für einen Hilfskreuzer gehalten und entsprechend gehandelt. Was auch immer die Wahrheit in dieser Sache ist, so schlugen die englischen Propagandisten aus der Geschichte besonders in Amerika großes Kapital, und die deutschen Interessen litten demgemäß.

Während sich die kalten Wasser der Western Approaches über dem Rumpf der *Athenia* schlossen, rasten andere Passagierdampfer Hals über Kopf in Sicherheit. Die *Queen Mary* von Cunard war auf dem Wege nach New York und erreichte nach schneller Fahrt völlig abgedunkelt das Ambrose-Feuerschiff. Anschließend wurde sie am Pier 90 auf dem Hudson River aufgelegt. Neben sich am Pier 88 fand sie ihre riesige französische Rivalin *Normandie*, die ebenfalls Order hatte, auf unbestimmte Zeit in New York zu bleiben. Obwohl dies damals noch niemand ahnte, sollte *Normandie* nie wieder auslaufen, während *Queen Mary* eine glänzende Kriegskarriere vor sich hatte. Die Cunard-Linie beließ auch ihre zweite, brandneue *Mauretania* von 1939 in New York, während die *Aquitania* eine Fahrt nach Southampton abschloß und eine weitere Überfahrt als Passagiertransporter machte. Während dieses gefährlichen Unternehmens, bei dem die wenigen an Bord befindlichen Amerikaner darum beteten, daß die Reise möglichst schnell und ereignislos vorüberginge, sollen sich die englischen Passagiere regelmäßig – als ob es den Krieg nicht gebe – in Smoking und Abendkleidern in der wunderbaren »Palladian Lounge« des Schiffs getroffen und Konversation über Krikket und das Wetter gemacht haben. Bis zu ihrer Beschlagnahme als Truppentransporter im November 1939 verkehrte *Aquitania* weiter und brachte viele von den Ereignissen in Europa überraschte Amerikaner in ihre Heimat zurück. Da praktisch alle englischen, französischen und deutschen Passagierschiffe außer Dienst waren, saßen Hunderte von Amerikanern ohne Rückfahrtplatz in den Kanalhäfen fest. Viele von ihnen zögerten, sich einem Schiff einer kriegführenden Nation anzuvertrauen. Sie wurden schließlich von *Manhattan*, *Washington* und *President Roosevelt* abgeholt, die die amerikanische Flagge und den Schiffsnamen auf beiden Seiten groß aufgemalt hatten.

In jenen Herbsttagen des Jahres 1939 war auch die *Bremen* des Norddeutschen Lloyd fernab von ihrem Heimathafen. Während ihre Schwester *Europa* sicher in Bremerhaven lag, befand sie sich in New York. In den frühen Morgenstunden des 1. September 1939 verließ sie ihren Liegeplatz und lief völlig abgedunkelt und ohne Passagiere den Hudson hinab in Richtung Heimat. Der Atlantik ist riesig, und im Jahre 1939 hatten die Seeaufklärungsflugzeuge nicht die Reichweite ihrer heutigen Nachfolger. Für die Welt im allgemeinen und die englische Marine im besonderen war *Bremen* einfach verschwunden. Tatsächlich führte sie Kapitän Ahrens nach Norden in Gewässer, in die sich in Friedenszeiten kein Atlantik-Liner gewagt hätte (im Verlaufe dieses Krieges sollten auch noch andere Ozeanriesen in abgelegene Seegebiete entsandt werden). Sechs Tage nach

Unten: Opfer der britischen Luftwaffe oder eines Brandstifters? Die große *Bremen* hat Schlagseite nach Steuerbord, während das Feuer sich im Inneren durchfrißt. Das Feuer brach am 16. März 1941 aus.

Ganz unten: Nach ihrem dramatischen Durchbruch in die Heimat wurde die *Bremen* als Truppentransporter ausgerüstet. Die Kriegsmarine wollte das Schiff im Rahmen der Operation »Seelöwe«, der geplanten Landung in England, einsetzen. Die Bremen erhielt damals ihren Tarnanstrich.

ihrem Auslaufen aus New York tauchte *Bremen* in Murmansk, der Marinebasis Hitlers neuesten Verbündeten, der Sowjetunion, auf, die im Winter der einzige eisfreie Hafen an der sowjetischen Nordküste war. Dort blieb sie, einem riesigen gefangenen Walfisch ähnlich, bis zur zweiten Dezemberwoche 1939. Dann unternahm Ahrens in miserablem Wetter, auf das er wochenlang gewartet hatte, den Endspurt nach Deutschland. So unglaublich es klingen mag, die britischen U-Boot-Kommandanten hatten doch noch den Befehl, alle unbewaffneten Handelsschiffe vor der Versenkung anzuhalten und zu warnen. Als das englische Unterseeboot *Salmon* am frühen Morgen des 11. Dezember 1939 die 25 Knoten laufende *Bremen* im Skagerrak sichtete, tauchte Lieutenant Commander Bickford auf und forderte den Ozeanriesen zum Halten auf. Funksprüche der *Bremen* brachten jedoch in kürzester Zeit Flugzeuge der Luftwaffe zum Ort des Geschehens, so daß Bickford tauchen mußte und seine riesige Prise verlor. Der Ozeanriese kam am selben Abend sicher in Bremerhaven an. *Bremen* und *Europa* blieben dort als Auflieger und wurden

Die *Columbus* des Norddeutschen Lloyd, mit 32 565 BRT Deutschlands drittgrößtes Schiff, von der eigenen Besatzung vor der amerikanischen Küste in Brand gesetzt, um eine Wegnahme durch den englischen Zerstörer *Hyperion* zu verhindern.

von der Kriegsmarine als Wohnschiffe benutzt. *Bremen* wurde Opfer eines Feuers, das ein rachsüchtiger Schiffsjunge am 16. März 1941 in einem Lagerraum gelegt hatte. Bei dem Versuch, die Brände zu ersticken, wurde das Schiff auf Grund gesetzt und blieb dort liegen, bis es als reparaturunwürdig verschrottet wurde. *Europa* unternahm nach dem Kriege einige Fahrten mit amerikanischen Truppen, die in ihre Heimat zurückkehrten. Danach ging sie als *Liberté* in die Hände der französischen Compagnie Générale Transatlantique über.

Ein weiterer großer deutscher Passagierdampfer war bei Kriegsausbruch in See. Dies war die *Columbus*, mit ihren 32 565 BRT drittgrößtes Schiff des Norddeutschen Lloyd, die sich auf Kreuzfahrt in der Karibik befand. Wenige Tage nachdem sich die *Bremen* in Sicherheit gebracht hatte, machte *Columbus* den Versuch, in die Heimat durchzubrechen. Diesmal war das Glück auf seiten der Engländer. Sie stellten *Columbus* 300 Meilen vor der Küste Virginias. Die Besatzung öffnete die Flutventile und setzte das Schiff in Brand, um es nicht in die Hände des Feindes fallen zu lassen.

Im März 1940 gesellte sich zu den in New York liegenden *Normandie* und *Queen Mary* der neue Cunarder *Queen Elizabeth*, der in halbfertigem Zustand heimlich den Clyde verlassen hatte. Das große Schiff war ein zu lohnendes Ziel für die Luftwaffe, wenn es noch länger an seinem Ausrüstungskai in Glasgow blieb. Die Admiralität wollte zudem das Schiff aus dem Wege haben, damit die Werft für Kriegsschiffe frei wurde. Mit einer von der *Aquitania* rekrutierten Besatzung, die annahm, es gehe nur nach Southampton, verließ das größte Schiff der Welt den Clyde und ging unter dem Befehl von Kapitän John Townley ohne jede Probefahrt direkt nach New York.

So lagen zum ersten – und letzten – Mal die drei größten jemals gebauten Passagierschiffe nebeneinander an den Piers 88, 90 und 92 im Hudson River in New York. Das Trio blieb jedoch nur ganze drei Wochen zusammen. Am 29. März 1940 lief *Queen Mary* nach Sydney aus, wo sie zum Truppentransporter umgerüstet wurde. Sie verbrachte den Rest des Krieges in dieser Aufgabe. Zunächst war sie zwischen Australien und England eingesetzt, von Ende 1941 an verkehrte sie jedoch zwischen New York bzw. Halifax und dem Clyde. Auch *Queen Elizabeth* wurde in Sydney zum Truppentransporter umgerüstet. Die hohe Ge-

Queen Elizabeth, das größte Schiff der Welt, läuft nach ihrer geheimen Atlantiküberquerung im März 1940 in New York ein. Dort liegen bereits *Normandie* und *Queen Mary* an den Piers 88 und 90. Die großen Drei waren damals zum ersten und einzigen Mal zusammen. Drei Wochen später lief die *Queen Mary* nach Australien aus, um dort zum Truppentransporter umgebaut zu werden.

Oben: Das riesige Fassungsvermögen der beiden *Queens* wird mit diesem Bild der *Queen Elizabeth* demonstriert, die 15 000 Mann amerikanischer und kanadischer Truppen an Bord hat.

schwindigkeit beider Schiffe ließ es zu, sie ohne Geleitschutz laufen zu lassen, da sie jedem U-Boot und Überwasser-Handelsstörer entkommen konnten. Die Erzählungen der U-Bootkommandanten, nach denen ihnen die *Queen Mary* vor die Rohre gelaufen sei, nachdem sie den letzten Torpedo abgefeuert hatten, sind Legion.

Während ihres Kriegseinsatzes beförderten beide *Queens* insgesamt 1 577 000 Angehörige der Streitkräfte, ohne eine einzige Person durch Feindeinwirkung zu verlieren. Sir Winston Churchill hat einmal geschätzt, daß diese Schiffe geholfen hätten, den Krieg in Europa zumindest um ein Jahr zu verkürzen, und dann ausgeführt: »Denen, die diese beiden großartigen Schiffe geschaffen haben, schuldet die Welt großen Dank.«

Die beiden ersten Kriegsjahre siechte *Normandie* in New York dahin, nur von einer Restbesatzung gewartet, und kostete ihre Eigner allein an Hafenliegegebühren täglich 1000 Dollar. Die Mannschaft tat ihr Bestes, stand jedoch gegenüber der allgemeinen Verschlechterung des Erhaltungszustandes, wie sie bei einem aufgelegten Schiff eintritt, auf verlorenem Posten. Bei Kriegseintritt der USA im Dezember 1941 übernahm die amerikanische Marine die *Normandie,* deren Eignern eine Entschädigung versprochen wurde. Es folgte dann eine Reihe von Ereignissen, die mit der Zerstörung des vielleicht schönsten Schiffes endeten, das jemals den Atlantik befahren hat.

Am 16. Dezember 1941 holte man die Trikolore ein, und aus der *Normandie* wurde die USS *Lafayette,* benannt nach dem großen franko-amerikanischen Staatsmann des 18. Jahrhunderts. Dies war der letzte glückliche Zug der ganzen *Normandie*-Affäre. Der Auftrag zu ihrem Umbau in einen Truppentransporter ging an die Robins Dry Dock and Repair Co. Inc., die die Arbeiten am Pier 88, dem Liegeplatz der *Normandie,* ausführte. Die Werft sah sich einem engbegrenzten Terminplan gegenüber, da das Schiff schon am 14. Februar 1942 New York verlassen sollte. Die Sache wurde auch durch die sich ständig wandelnden, einander widersprechenden Anweisungen des Marineministeriums nicht besser, und es ist nicht verwunderlich, daß die Brandschutzmaßnahmen an Bord ziemlich vernachlässigt wurden. Ein Teil der Umbaumaßnahmen betraf das Entfernen von Stützpfeilern aus den vielen Aufenthaltsräumen des Schiffs. Hierzu ver-

Links: In Kriegs- und Friedenszeiten beliebt. Ein Andenken kanadischer Regimenter, die mit der *Île de France* in die Heimat zurückkehrten.

229

Das Ende eines Ozeanriesen. Ausgebrannt und gekentert bietet die im Februar 1942 am Pier 88 liegende *Normandie* noch immer einen imposanten Anblick.

wandte man Schneidbrenner. Am 9. Februar 1942, auf dem Höhepunkt der Arbeiten, entzündeten Funken eines Autogenschweißers einen Haufen Kapokschwimmwesten, der mit unglaublicher Sorglosigkeit in Greifweite der Schweißarbeiten gelagert war. Infolge des schlechten Erhaltungszustands des Schiffes waren keine wirksamen Feuerlöschvorrichtungen vorhanden, und es entwickelte sich ein ernsthaftes Schadenfeuer. Die New Yorker Feuerwehr schickte 43 Löschzüge zum Brandort, und der Kampf um das Schiff begann, während eine dichte Rauchwolke über Manhattan trieb. Das Feuer hatte jedoch schon festen Fuß gefaßt, und die Feuerwehr hatte zu keiner Zeit eine echte Erfolgschance. Sehr bald lag das Schiff ohne eigene Maschinenkraft da. Das Beste, was noch zu tun blieb, war die Rettung der etwa 3000 an Bord befindlichen Werftarbeiter, die sich ohne den Verlust eines einzigen Menschenlebens vollzog. Außerdem pumpte die Feuerwehr tonnenweise Wasser in die Aufbauten. Das Ergebnis war unausweichlich: Zwölf Stunden nach Ausbruch des Brandes rollte die große *Normandie*, Frankreichs Stolz und das Traumschiff von Millionen Menschen, nach Backbord über und lag als ausgebranntes Wrack auf dem Grund des New Yorker Hafens. Sie war nicht durch Feindeshand, sondern durch die Zwänge des Krieges zerstört worden.

Im Oktober 1943 war der Rumpf so weit gehoben, daß man ihn abschleppen konnte. Am 2. Oktober 1943 verließ *Normandie* endgültig die Pier 88, an der sie mehr als vier Jahre gelegen hatte. Die amerikanische Marine verkaufte sie im Jahre 1946 für armselige 161 680 Dollar – ursprünglich hatte sie 48 Millionen Dollar gekostet.

Die übrigen großen Passagierdampfer dienten weiter als Truppentransporter – *Aquitania* (schon zum zweitenmal), *Île de France*, *Mauretania*, *Nieuw Amsterdam*, *America*, *Manhattan* und *Washington* erfüllten sämtlich ihre Aufgabe und überlebten den Krieg. Anderen gelang dies nicht, und drei der größten fielen dem Flugzeug, ihrem tödlichsten Feind in Friedens- wie Kriegszeiten, zum Opfer.

Unter den ersten Kriegsverlusten war auch das Flaggschiff der Canadian Pacific-Linie, die *Empress of Britain*. Sie wurde am 26. Oktober 1940 auf der Fahrt von Kanada nach Liverpool mit 643 Passagieren an Bord 60 Meilen nordwestlich von Donagal von einem deutschen Fernbomber angegriffen und in Brand gesetzt.

Der Hilfskreuzer *Rawalpindi,* ein umgerüsteter
P & O-Liner, am 23. November 1939 im Feuer der
Schlachtschiffe *Scharnhorst* und *Gneisenau.* Die
britische Marine schrieb den Verlust der *Rawalpindi*
dem Panzerschiff *Deutschland* zu und erfuhr die
Wahrheit erst nach Kriegsende. So zeigt dieses Bild
des englischen Kriegsmalers Norman Wilkinson
denn auch die *Deutschland* im Gefecht mit
Rawalpindi.

Der Passagierdampfer wurde in Schlepp genommen, jedoch 36 Stunden später von *U 32* durch zwei Torpedos versenkt.

Beide großen italienischen Passagierschiffe fielen alliierten Luftangriffen zum Opfer. Als erste ging die *Conte di Savoia* unter. Nach zeitweiligem Einsatz als Truppentransporter wurde sie in Venedig aufgelegt, wo sie amerikanische Flugzeuge am 11. September 1943 versenkten. Die *Rex* überlebte ihre Halbschwester um etwa ein Jahr. Britische Flugzeuge fingen sie am 7. September 1944 ab, als sie vor Capo d'Istria nahe Triest geschleppt wurde, und griffen sie in den folgenden 48 Stunden in Wellen an, bis das brennende Schiff kenterte.

Eingangs dieses Kapitels wurden die Verluste von Hilfskreuzern während des Ersten Weltkriegs erörtert. Die Erfahrung hatte gezeigt, daß Passagierdampfer keine guten Hilfskreuzer abgaben. Dies hielt die britische Marine indessen nicht davon ab, insgesamt fünfzig Passagierdampfer, sämtlich Zweischraubenschiffe mit einer Dienstgeschwindigkeit von 15 und mehr Knoten, zu beschlagnahmen und 1939–1940 als Hilfskreuzer in Dienst zu stellen. Sie waren jedoch gegen Feindeinwirkung so wenig widerstandsfähig, daß bis zum Sommer 1941 schon vierzehn verlorengegangen waren. Danach zog man die verbliebenen Schiffe aus dem aktiven Kampfeinsatz. Zuvor trugen zwei von ihnen indessen Gefechte aus, die wegen des bloßen Mutes zu den heldenhaftesten Seegefechten aller Zeiten gerechnet werden müssen.

Im Ersten Weltkrieg hatte man Hilfskreuzer erfolgreich für die Handelsblockade Deutschlands in den isländischen Gewässern eingesetzt. 1939 verwandte man sie in ähnlicher Weise. Am 23. November 1939 traf die mit acht 15-cm-Kanonen bewaffnete *Rawalpindi* (16 619 BRT) der Peninsular and Oriental Line während einer Patrouillenfahrt zwischen Island und der Färöern auf die deutschen Schlachtschiffe *Gneisenau* und *Scharnhorst,* die mit je neun 28-cm-Geschützen bewaffnet waren. Kapitän Kennedy sah keine andere Möglichkeit, als den ungleichen Kampf anzunehmen, und eröffnete das Feuer. Der Kampf war von Anfang an aussichtslos, und bald brannte das englische Schiff vom Bug bis zum Heck, obwohl einige tapfere Seeleute weiterhin ihre Geschütze bedienten. Die deutschen Schiffe retteten 26 britische Seeleute, später auf dem Schlachtfeld eintreffende englische Schiffe weitere 11 Mann. Kapitän Kennedy ging mit seiner Besatzung unter.

Als weitaus gefährlichere Einsatzart erwies sich für den Hilfskreuzer der Schutz von Geleitzügen. Zu Anfang des Krieges schickte die deutsche Kriegsmarine immer wieder ihre schweren Einheiten zum Handelskrieg in den Atlantik und Indischen Ozean. Daher bestand immer die Gefahr eines Überwasserangriffs auf die Konvois. Oftmals waren nur bewaffnete Handelsschiffe als Geleitschutz verfügbar. So verhielt es sich auch, als der Konvoi HX 84 am 5. November 1940 angegriffen wurde. Der Geleitschutz bestand allein aus der mit acht 15-cm-Geschützen bewaffneten *Jervis Bay* (14 164 BRT) der Aberdeen & Commonwealth Line unter dem Befehl von Kapitän Fogarty Fegen, R.N. Der Geleitzug bestand aus 37 Schiffen; am Nachmittag kam ein großes Kriegsschiff in Sicht, dessen Identität nicht lange zweifelhaft blieb. Fegen befahl dem Konvoi, sich zu zerstreuen, und lief auf den Gegner los, während er folgenden Funkspruch absetzen ließ: »Dringend! Von *Jervis Bay* an Admiralität. Halifax-Konvoi HX 84 auf Position 52° 26' Nord 32° 34' West von *Admiral Scheer* angegriffen. Ich greife an.«

Die für den Auswandererverkehr nach Australien gebaute *Jervis Bay* hatte in dem Kampf gegen das mit sechs 28-cm-Geschützen bewaffnete Panzerschiff *Admiral Scheer*, dessen Dieselmotoren 26 Knoten hergaben, keine Chance. Fogarty Fegen wußte wie jeder Mann seiner Besatzung, was zu erwarten war. Dennoch lief die *Jervis Bay* ohne zu zögern geradewegs auf die *Admiral Scheer* zu und eröffnete das Feuer. Dieser Schachzug ermöglichte es der Mehrheit des Konvois, zu entkommen, während Kapitän z.S. Krancke seinen tapferen Gegner in ein brennendes Wrack verwandelte. Er brauchte hierfür nur eine halbe Stunde, die sich jedoch als zu lang erwies. Fegen ging mit seinem Schiff unter, nach Eintritt der Dunkelheit kehrte indessen der schwedische Frachter *Stureholm* auf das Kampffeld zurück und rettete 56 Überlebende der *Jervis Bay*. Fogarty Fegen erhielt posthum das Victoria-Kreuz und die *Jervis Bay* einen Platz in der Ehrenliste der in die Geschichte eingegangenen Schiffe.

1942 war der Seekrieg im Westen nahezu ausschließlich ein U-Boot-Krieg geworden, während sich im Osten der Flugzeugträger zur schlagkräftigsten Waffe sowohl der Vereinigten Staaten als auch des japanischen Kaiserreichs entwickelte. Für die Passagierdampfer war der Truppentransport die einzige bedeutungsvolle

Wilhelm Gustloff

Hitler nahm am Stapellauf dieses Prestigeprojektes des Dritten Reichs teil. Die Dienstzeit des Schiffes sollte mit einer Tragödie enden, während gleichzeitig eine noch größere Tragödie über Deutschland hereinbrach. Im Januar 1945 wurde die *Wilhelm Gustloff* mit 6 100 Flüchtlingen an Bord auf dem Weg von Gotenhafen nach Kiel von einem sowjetischen U-Boot torpediert. In völliger Dunkelheit und bei hohem Seegang konnten die zur Rettung entsandten Schiffe nur etwa 900 Menschen retten. Dies war die größte Schiffskatastrophe überhaupt und es steht nicht genau fest, wieviele Menschen bei ihr ums Leben gekommen sind.

Aufgabe, die die meisten von ihnen auch bis zum Kriegsende erfüllten. Ihr Beitrag zu den Kriegsanstrengungen beider Seiten kann aus dem Umfang der Verlustlisten ersehen werden, wenn einer von ihnen – was glücklicherweise selten vorkam – versenkt wurde. Der grausige Rekord der höchsten Menschenverluste bei einer Katastrophe auf See wurde am 17. Juni 1940 während des britischen Rückzugs aus Frankreich aufgestellt, als Sturzbomber der Luftwaffe die vor St. Nazaire liegende *Lancastria* der Cunard-Linie versenkten. Von 5500 Soldaten an Bord kamen etwa 3000 ums Leben. Drei Bomben detonierten im Schiffsinneren und ließen es in weniger als 20 Minuten untergehen. Die genaue Zahl der Opfer ließ sich niemals feststellen. Diese unbestimmte Zahl wurde im Januar 1945 überschritten, als die deutsche *Wilhelm Gustloff* mit 6100 Flüchtlingen aus Ostpreußen an Bord auf der Fahrt von Gotenhafen (Gdynia) nach Kiel von dem sowjetischen Unterseeboot *S 13* (Kapitän 3. Rang Ivan Marinesko) versenkt wurde. Das Ergebnis war die größte Katastrophe der Seefahrt. Die genaue Zahl der Menschen an Bord der *Wilhelm Gustloff* steht nicht sicher fest. Die von dem Schweren Kreuzer *Admiral Hipper*

Der beschädigte Bug der *Queen Mary* nach ihrer Kollision mit dem Kreuzer *Curaçao*

Der britische Flakkreuzer *Curaçao* wurde am 2. Oktober 1942 infolge eines Navigationsfehlers vom riesigen Steven der *Queen Mary* in zwei Teile zerschnitten. 338 Besatzungsmitglieder der *Curaçao* verloren bei dem Unglück ihr Leben.

geführte Rettungsflotte konnte etwa 900 Überlebende bergen. Die Zahl der Toten wird auf 5200–5400 Menschen geschätzt.

Ein weiterer schrecklicher Unglücksfall beeinträchtigte die ausgezeichnete Leistung der *Queen Mary* im Kriege. Am 2. Oktober 1942 befand sich der Ozeanriese mit einer vollen Belegung amerikanischer Truppen an Bord auf dem Wege von den USA zum Clyde. Ein Navigationsfehler des geleitenden britischen Flakkreuzers *Curaçao* führte zu einer Kollision mit dem großen Cunarder. Der Steven der *Queen Mary* schnitt mit 25 Knoten Geschwindigkeit durch den Kreuzer und teilte ihn in zwei Hälften, wobei nur ein leichtes Zittern durch den 80 000-BRT-Rumpf des Liners ging. *Queen Mary* lief weiter (ein Halten schien wegen der Gefahr eines U-Boot-Angriffs nicht möglich) und ließ den sinkenden Kreuzer zurück, der mit 338 Mann seiner Besatzung unterging.

Schließlich aber war der Krieg zu Ende, und die Passagierdampfer kehrten einer nach dem anderen zurück. Dennoch fehlten in der Parade der heimkehrenden Giganten einige bemerkenswerte Schiffe. Von den acht größten Passagierdampfern, die es 1939 gab, waren *Bremen, Rex, Conte di Savoia, Empress of Britain* und *Normandie* dahingegangen. Nur *Europa* und die beiden *Queens* überlebten den Krieg, der allein im Atlantik den Tod von mehr als 23 000 britischen und amerikanischen Seeleuten und den Untergang von 574 Handelsschiffen gesehen hatte.

Dennoch war der Krieg nun vorbei, und das einzige, was zählte, war die schnelle Rückkehr der Passagierschiffe in ihre zivilen Liniendienste. Als der langersehnte Tag endlich heran war, sahen sich die großen Schiffe einer sehr veränderten Welt gegenüber. Die Jahre der Abenddämmerung standen bevor □

Epilog

DIE GEISTER-SCHIFFE

Die *Queen Elizabeth 2* ist als letzter echter Ozeanriese würdiges Denkmal einer vergangenen Ära.

Als sich die dunklen Wolken des Krieges verzogen, entließ man die überlebenden Ozeandampfer aus ihrer letzten militärischen Aufgabe, dem Rücktransport der amerikanischen Armee mit ihrem Troß von Kriegsbräuten und Tausenden kleiner, neugeborener US-Bürger. Eines nach dem anderen wurden die Schiffe in den Werften überholt und kehrten auf die Seewege zurück.

Im Oktober 1946 war *Queen Elizabeth* zu ihrer zivilen Jungfernfahrt bereit. Vom Kriegsgrau befreit, erschien sie nun erstmals in den Farben der Cunard Line, während eine ganze Armee von Malern an ihren riesigen Aufbauten alte Farbe entfernte und neue auftrug. Im Innern stellte man die Furniere und Täfelungen im »Odeon«-Stil, die in den dreißiger Jahren so beliebt waren, in ihrer etwas antiquierten Pracht wieder her. Das im Eßsaal erster Klasse angebotene Menü erschien den kriegsmüden Engländern ungeheuer. Sämtliche Zeitungen gaben es wortgetreu wieder, und die Cunard Line war darauf bedacht, klarzustellen, daß man diese Delikatessen im weit entfernten Kanada beschafft und mit der *Aquitania* herübergebracht habe. Während der Abnahmefahrten befand sich die Taufpatin, Königin Elizabeth, mit ihren beiden Töchtern (von denen eine zwanzig Jahre später der *Queen Elizabeth 2* ihren Namen geben sollte) an Bord. Dann lief das größte aller Passagierschiffe mit sechsjähriger Verspätung nach Westen aus, voll besetzt und mit den sowjetischen Außenministern Molotow und Wyschinskij an Bord. Auf dieser Fahrt war James Bissett ihr Kapitän, der während der *Titanic*-Rettungsaktion unter Rostron Zweiter Offizier auf *Carpathia* war.

Ein Jahr später kam auch *Queen Mary* in den zivilen Verkehr zurück, und der langerwartete wöchentliche Dienst mit beiden Schiffen konnte endlich verwirklicht werden. Cunard konnte die große Nachfrage nach Atlantikpassagen voll in Geld umsetzen. Diese Nachkriegsjahre waren die gewinnträchtigsten in der hundertjährigen Geschichte der Gesellschaft. Allein im Monat Juli 1950 reisten 146000 Amerikaner auf englischen Schiffen nach Europa. 1949 hatte Cunard sechs große Passagierschiffe in den Nordatlantikdienst zurückgebracht, wenn auch die alte zuverlässige *Aquitania* nach 34 Dienstjahren 1949 zum Abwracken verkauft werden mußte.

Die *Europa*, das Rekordschiff des Nord-

Die *Liberté*, das Flaggschiff der Compagnie Générale Transatlantique, war eines der beliebtesten Schiffe auf dem Nordatlantik. Die Atmosphäre an Bord galt als besonders frivol und romantisch. Dieser Ruf steigerte sich noch, als das Schiff Schauplatz des Hollywood-Films »The French Line« mit Jane Russel in der Hauptrolle wurde.

deutschen Lloyd, wurde Frankreich zugesprochen und ging als *Liberté* in die Hände der C.G.T. über. Im November 1946 kam sie in Le Havre an. Im folgenden Monat riß sich das Schiff während eines Sturms los und trieb gegen das Wrack der *Paris*. Zum zweitenmal während seines Daseins sank das Schiff, unglaublicherweise wiederum auf ebenem Kiel. Im April 1947 wurde *Liberté* gehoben, kam jedoch erst 1950 in Dienst. Dann war sie indessen bald sehr beliebt. Obwohl in Deutschland gebaut, gewann sie dennoch ein französisches Milieu, und ihre Küche galt als beste auf See. Die *Liberté* erlangte auch einen unerwünschten Ruf als schwimmender Palast ungebundener Romanzen auf dem Atlantik. Der Hollywoodstreifen »The French Line« mit Jane Russell in der Hauptrolle, der auf dem Schiff gedreht wurde, trug wenig dazu bei, diesen Ruf zu beseitigen.

Die *Liberté* verkehrte gemeinsam mit der *Île de France*, die beim Umbau ihren dritten Schornstein verloren hatte. Die Holländer kamen mit ihrer *Nieuw Amsterdam* hinzu. Mit der Indienststellung der *United States* im Jahre 1952 schien der Nordatlantikverkehr seinen Glanz der Vorkriegszeit wiederzugewinnen.

Der Schein kann jedoch trügen, und so verhielt es sich mit dem Schiffsverkehr in den fünfziger Jahren. Im Jahre 1939 verkehrten 86

Dieser Ausschnitt aus einem Werbeplakat der Holland-Amerika-Linie hebt den elegant emporschwingenden Bug der *Nieuw Amsterdam* von 1937 heraus. Das Schiff begann sein Dasein als Truppentransporter im Zweiten Weltkrieg und konnte erst nach Kriegsende in seiner zivilen Rolle eingesetzt werden.

Schnelldampfer auf dem Nordatlantik. 1953 war diese Zahl auf 40 abgesunken, von denen einige mehr als vierzig Jahre alt waren. In jenem Jahr benutzten 38 Prozent der Reisenden das Flugzeug. Vier Jahre später war diese Zahl auf 55 Prozent angewachsen. 1960 wickelten die Fluggesellschaften 69 Prozent des Geschäfts ab und beförderten nahezu zwei Millionen Passagiere. Spätestens dann war es allen Interessierten klar, daß die großen Schnelldampfer als Verbindungsmittel zwischen den Kontinenten dem Untergang geweiht waren. Das Flugzeug erlegte die Ozeanriesen. Zwar spielten auch andere Einflüsse eine Rolle, doch war das Ergebnis eigentlich von dem Augenblick an nicht zweifelhaft, in dem die Gebrüder Wright erstmals mit ihrem zerbrechlichen, aber brauchbaren Flugzeug flogen – vier Jahre vor der Jungfernreise der *Mauretania*.

Eigenartigerweise bedrohte zunächst nicht das Flugzeug die Ozeandampfer, sondern Schiffe, die ihnen an Größe kaum nachstanden: die großen deutschen Luftschiffe »Graf Zeppelin« und »Hindenburg«. Dr. Hugo Eckener, Schöpfer der »Graf Zeppelin«, hatte 1936 unter Beweis gestellt, daß das große Luftschiff ein praktikables Personenbeförderungsmittel mit guten Verdienstmöglichkeiten ist. In jenem Jahr stellte er die noch größere »Hindenburg« in Dienst. Während des gesamten Sommers verkehrten beide Luftschiffe über den Atlantik nach Rio de Janeiro oder New York. Eckeners Traum weltweiter regelmäßiger Dienste zerrann jedoch, als die »Hindenburg« nach ihrer ersten Atlantiküberquerung der neuen Saison im Mai 1937 in Lakehurst, New Jersey, explodierte. Die Schiffahrtsgesellschaften konnten wieder Atem schöpfen, aber auch so mußten in den Jahren 1934 bis 1938 *Mauretania, Olympic, Homeric, Berengaria* und *Majestic* außer Dienst gestellt werden, die durch ein einziges Schiff, die *Queen Mary*, ersetzt wurden. Ganze zwei Monate nach dem Ende der »Hindenburg« wurde die Herausforderung erneuert, als am amerikanischen Unabhängigkeitstag des Jahres 1937 die »Clipper III« der Pan American Airways und die »Caledonia« der Imperial Airways auf beiden Seiten des Atlantiks abhoben, um einen wöchentlichen Flugbootdienst zu eröffnen. Alles in allem war dies ein bescheidener Beginn, jedoch wurde die Luftfahrt in den Kriegsjahren weit über dasjenige hinaus entwickelt, was Ingenieure im Jahre 1939 für möglich gehalten hatten. Die Größe der Flugzeuge wuchs – sie mußten die von den Luftwaffenstäben geforderten großen Bombenlasten tragen können, und ihre Reichweite nahm entsprechend zu. Großbritannien baute Bomber, die zehn Tonnen Bomben bis nach Berlin bringen konnten. Die amerikanischen Bomber des Typs Boeing B-29 überquerten die riesigen Weiten des einsamen Pazifiks, um den Tod tonnenweise auf die japanischen Heimatinseln regnen zu lassen. Gegen Ende des Krieges gelang ein großer Durchbruch auf dem Gebiet der Antriebstechnologie, als sowohl England wie Deutschland Gasturbinen bauten, die riesige Kraftquellen erschlossen und das moderne Düsenverkehrsflugzeug möglich machten. Zu Kriegsende war das große Langstreckenflugzeug Wirklichkeit. Mit der Einführung des Düsentriebwerks war die vollkommene Alternative zum Ozeanriesen als Mittel des interkontinentalen Passagierverkehrs geschaffen. Schon 1952 brachte England das erste Düsenverkehrsflugzeug, die De Havilland »Comet«, in den Liniendienst. Technische Probleme mit der Zelle des Flugzeugs führten sehr bald zu Abstürzen, und die technische Führung ging an den amerikanischen Riesenkonzern Boeing verloren, der seine B 707 im Jahre 1958 herausbrachte. Dieses berühmte Flugzeug konnte bis zu 150 Passagiere mit allem Komfort in rund acht Stunden über den Atlantik befördern. Die Schiffahrtsgesellschaften wußten, daß sie auf diese Art der Konkurrenz keine Antwort hatten. Die Tatsachen sprachen für sich selbst. Allein im Jahre 1960 machten Flugzeuge 70 000 Atlantiküberquerungen.

Anfang der sechziger Jahre wurden jährlich zehn und mehr Ozeandampfer außer Dienst gestellt. Die Gesellschaften gaben jedoch nicht kampflos auf. Trotz des zweifelhaften wirtschaftlichen Erfolges entstanden mehrere neue Schiffe. Der Norddeutsche Lloyd kehrte mit der vierten *Bremen* in den Atlantikverkehr zurück. 1959 folgte die in Entwurf und Aussehen revolutionäre *Rotterdam* der Holland-Amerika-Linie. Die schöne *France* der C.G.T. von 1961 wetteiferte in Geschmack und Stil mit der dahingegangenen *Normandie*. Noch 1966 brachten die *Michelangelo* und *Raffaello* der Italia-Linie den Komfort auf einen höheren Standard.

In anderen Einsatzgebieten, wie der Auswandererfahrt nach Australien und dem schnellen Postverkehr nach Südafrika, konnten große Ozeandampfer noch immer wirtschaftlich fahren.

Als einziger Vierschornsteiner überlebte die alte *Aquitania* (1914) den Zweiten Weltkrieg. Sie diente in beiden Weltkriegen und lief in den vierziger Jahren im »Billig«-Verkehr zwischen Southampton und Halifax.

Im Gegensatz zur *Aquitania* stellt die *Rotterdam* von 1959, ein auch für den Kreuzfahrtmarkt ausgelegtes Passagierschiff, die Silhouette der fünfziger Jahre dar.

Die *Canberra*, *Oriana* und *Windsor Castle* entstanden sämtlich in den sechziger Jahren und waren jeweils die größten Schiffe ihrer Gesellschaften. Auf der Atlantikroute herrschte dagegen das Flugzeug überlegen. Von 1958 an donnerten die großen Düsenmaschinen durch die Troposphäre und beförderten ständig steigende Mengen von Passagieren, die für eine Flugzeit von weniger als zehn Stunden gern noch beengtere Reisebedingungen in Kauf nahmen, als sie die kleinste Zwischendeckkabine geboten hatte. In jenen Jahren wurden die Ozeanriesen die »Geisterschiffe des Atlantiks«. Während einer Überfahrt im Winter fand sich der Passagier in den riesigen Hallen und Salons nahezu allein, und die Hilfskräfte waren den zahlenden Passagieren zahlenmäßig drei- bis vierfach überlegen!

Dieser Stand der Dinge zwang die Reedereien, sich nach anderen Einkunftsquellen umzusehen. Es gab nur eine mögliche Antwort – die Kreuzfahrt – und nur ein Land, das den dafür erforderlichen Markt durch seinen Wohlstand bieten konnte – die USA. So liefen nach Ende der Sommersaison auf dem Atlantik die großen Schiffe jedes Jahr südwärts nach Florida, den Bermudas und in die sanften blauen Gewässer der Karibik. Einigen Gesellschaften brachte dieser Geschäftszweig neues Leben und Gewinn. *Rotterdam* war für Kreuzfahrten außerhalb der Saison entworfen, und ihre Kreuzfahrt um die Welt während des Winters ist zu einem festen Bestandteil des Reiseprogramms geworden.

Für andere Reedereien war das Geschäft alles andere als einfach. Die Cunard-Linie hatte in den dreißiger Jahren mit den Kreuzfahrten der *Mauretania* viel Geld verdient. So ließ sie nun die *Queens* von New York aus zu Kreuzfahrten in See gehen, um diesen Erfolg zu wiederholen. Von Schiffen, die für das schlechteste Winterwetter des Nordatlantiks gebaut waren, verlangte man damit jedoch zu viel. Ihre Abmessungen beschränkten die Zahl der Häfen, die sie anlaufen konnten, und die Hitze der Karibik verwandelte die Kabinen der Passagiere in eine unfreiwillige Sauna. *France* und *United States* waren durch ihre Klimaanlagen besser geeignet, aber es war wegen ihrer Größe schwierig, genügend Passagiere zusammenzubringen, und das Hafenproblem bestand für sie ebenso wie für die *Queens*. Bald waren die Verluste untragbar, und zwischen 1967 und 1969 wurden die *Queens* und die *United States* außer Dienst gestellt.

Dennoch erwies sich das Kreuzfahrtgeschäft als Rettungsring für das Passagierschiff als Schiffstyp. Ende der sechziger und Anfang der siebziger Jahre wurden mehrere speziell für die Kreuzfahrt entworfene Schiffe gebaut. Das größte war die *Oceanic* der Home Lines, eine Schönheit von 27 644 BRT, die von derselben Werftgruppe gebaut wurde, die auch die *Conte di Savoia* und *Raffaello* geschaffen hatte. Sie besitzt mittschiffs einen großen glasüberdachten Lido und ist im amerikanischen Kreuzfahrtgeschäft sehr erfolgreich. Die meisten Gesellschaften sind jedoch zu mittleren Schiffen um 15 000 BRT übergegangen, die etwa 500 Passagieren allen erdenklichen Luxus bieten. Vollklimatisierte, außenliegende Kabinen, die zu Suiten zusammengefaßt werden können, sind eine Voraussetzung für den geschäftlichen Erfolg. Alles ist ganz anders geworden, als es Charles Dickens mit seiner harten Matratze und seinem Nachtgeschirr vor 130 Jahren auf der *Britannia* erlebte. Typisch für diese modernen Kreuzfahrtschiffe sind die norwegische *Royal Viking*-Klasse, die *Song of Norway* und die *Cunard Ambassador* der Cunard-Linie. Wenn auch im Sommer in europäischen Gewässern Kreuzfahrten stattfinden, liegen die Hauptstützpunkte dieser Schiffe doch in der Karibik und an der amerikanischen Westküste, wo der Einsatz – besonders nach der Weltölkrise von 1973 – gewinnbringender ist.

In der Mitte der siebziger Jahre wurden die letzten regelmäßigen Passagierdienste eingestellt, und die Zeit der Ozeandampfer war vorbei. Dennoch flattert noch immer eine Reedereiflagge am Mast eines Ozeanriesen auf dem

Queen Elizabeth 2

Das letzte Schiff einer Ära

Es steht kaum zu erwarten, daß noch einmal ein Schiff von der Größe der *Queen Elizabeth 2* gebaut wird. Sie entstand inmitten wirtschaftlicher Schwierigkeiten der Reederei und Bauwerft und ihre endgültige Indienststellung als Flaggschiff der großen Cunard-Linie auf dem Nordatlantik verzögerte sich durch technische Probleme. Sie erzielt ihre Gewinne vor allem durch Luxusreisen rund um die Welt, ist jedoch das einzige bedeutende Schiff, das noch heute einen regelmäßigen Passagierdienst zwischen Europa und New York unterhält, und bildet so eine zeitgenössische Erinnerung an ein vergangenes Zeitalter.

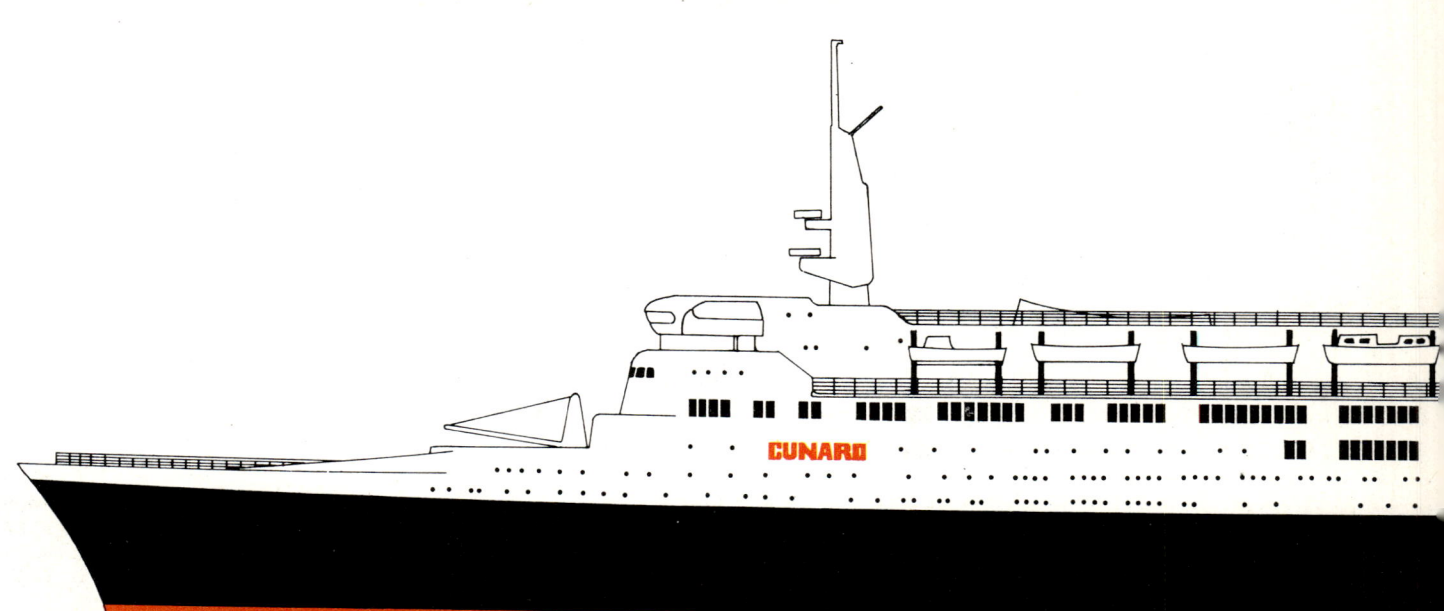

Ein Feuerwerkerteam der britischen Marineinfanterie sprang am 18. Mai 1972 mit dem Fallschirm auf hoher See neben der *Queen Elizabeth 2* ab, nachdem durch einen anonymen Anruf mitgeteilt worden war, an Bord des Schiffes sei eine Bombe verborgen. Das Drama endete indessen sehr schnell, denn man fand keinen Sprengkörper auf dem Schiff.

Atlantik. Durch eine glückliche Fügung der Geschichte ist die Cunard-Linie die letzte große Gesellschaft, die einen Liniendienst zwischen Europa und New York anbieten kann, so wie sie 1840 der Wegbereiter dieser Route war. Jedes Frühjahr fährt das Flaggschiff der Cunard, die *Queen Elizabeth 2,* nach Ende der winterlichen Kreuzfahrtsaison von Southampton und Le Havre westwärts auf der alten Großkreisroute nach New York und unterhält diesen Dienst bis zum Herbst, in dem sie in die Karibik zurückkehrt. Das Schiff wurde schon 1960 unter der Bezeichnung *Q 3* als Ersatz für die alternde *Queen Mary* geplant. Cunard dachte damals an ein Monster von über 70 000 BRT, das nur für den Nordatlantikeinsatz vorgesehen war, und suchte bei der Regierung um Unterstützung nach. Zum Glück für Cunard und den englischen Steuerzahler ließ man diesen Gedanken jedoch zugunsten eines flexibleren Entwurfs fallen, der als *Q 4* bekannt wurde. Dieser Entwurf sah ein Schiff von 60 000 BRT vor, das sowohl den Suez- wie auch den Panamakanal passieren konnte und für die Winterstürme des Atlantiks sowie die Hitze des karibischen Sommers geeignet war und damit die Aufgaben eines Schiffes im Liniendienst auf dem Atlantik und die eines weltweiten Einsatzes im Kreuzfahrtgeschäft erfüllen konnte. Traditionelle Anordnungen, die dem vielgereisten Atlantikpassagier geläufig waren, wie etwa das geheiligte abgeschlossene Promenadendeck, warf man beiseite. Englands Spitzenkräfte auf dem Gebiet der Inneneinrichtung schufen einige der schönsten Gesellschaftsräume, die es jemals auf einem Ozeandampfer gegeben hat.

Die *Q 4* war am 20. September 1967 zum Stapellauf bereit, und Königin Elizabeth II. reiste wie ihre Großmutter und Mutter zur Clydebank-Werft von John Brown, um das neue Schiff zu taufen. Die Cunard-Linie zeigte die gleiche Zurückhaltung hinsichtlich des ausgewählten Namens, wie sie dies vierunddreißig Jahre zuvor bei der Taufe der *Queen Mary* getan hatte. Erst mit den Worten der Königin: »Ich taufe dieses Schiff *Queen Elizabeth 2*« wurde das Geheimnis gelüftet.

QE 2 entstand vor einem Hintergrund wirtschaftlicher Schwierigkeiten sowohl der Cunard-Linie als auch der Werft von John Brown. Als das Schiff im November 1968 die Werft verließ, war das Unternehmen in die Gesellschaft Upper Clyde Shipbuilders aufgegangen, deren Auflösung ganze drei Jahre später statt-

Auch die Union-Castle-Linie beugte sich dem Unvermeidbaren: Ab September 1977 stellte sie den Liniendienst der eleganten *Windsor Castle* von Southampton nach Südafrika ein. Die letzten Spuren des Empires und des Commonwealth, die vom nüchternen Schmuck der Einzelkabine auf dem Schiff beschworen wurden, sind damit verschwunden.

fand. Der neue Ozeanriese hatte technische Schwierigkeiten. Zunächst verdarb Heizöl das Kesselspeisewasser, es sollte jedoch noch schlimmer kommen. Vibrationen in den Turbinen führten dazu, daß die Cunard-Linie die Abnahme des Schiffes verweigerte. Die Ausbesserungsarbeiten verzögerten die Jungfernreise nach New York um fünf Monate. Schließlich lief sie am 2. Mai 1969 unter dem Kommando von Kapitän Bill Warwick aus. Einmal vom Land mit seinem frustrierenden Ritual industrieller Auseinandersetzung im Stile des 20. Jahrhunderts frei, lief *Queen Elizabeth 2* in ihr eigentliches Königreich, die Hohe See. In den folgenden Jahren erfüllte sie alle Erwartungen und erbrachte mit Hilfe eines klugen Managements durch die Gesellschaft Trafalgar House, die die Cunard-Linie 1971 aufkaufte, ständige Gewinne. Dabei hat sie ihren Teil an den Aufregungen und Gefahren der siebziger Jahre tragen müssen. Die IRA versuchte, auf ihr Waffen in das umkämpfte Ulster zu schmuggeln, und zweimal wurde das Schiff in die Nahost-Krise verwickelt. Am 18. Mai 1972 wurde in New York in einem Telefonanruf behauptet, auf dem zu dieser Zeit in See befindlichen Ozeanriesen sei eine Bombe verborgen. Ein Feuerwerkerteam der britischen Marineinfanterie sprang mit dem Fallschirm neben dem Schiff in die See. Das Drama löste sich jedoch alsbald, da keine Bombe gefunden werden konnte. Im Sommer 1973 besuchte die *Queen Elizabeth 2* auf einer Charterreise, mit der das 25jährige Bestehen des Staates Israel gefeiert wurde, Haifa. Cunard geriet unter Propagandafeuer der arabischen Staaten. Erst im Juli 1974 jedoch enthüllte der ägyptische Präsident Sadat, daß er den Plan der Palästinenser, ein ägyptisches Unterseeboot zu kapern und damit den Ozeanriesen zu versenken, vereitelt habe.

So fährt die *Queen Elizabeth 2* noch immer. Es ist unwahrscheinlich, daß ein derart großer Passagierdampfer jemals wieder gebaut werden wird. Mag die *Queen Elizabeth 2* auch die letzte ihrer Art sein, so ist sie doch ein echter, imponierender Ozeanriese. Solange sie erhalten bleibt, ist sie nicht nur ein lebendes Schiff, sondern auch ein Riesendenkmal vergangener Tage und Schiffe und eine Erinnerung an die Zeit, die Größe an Stil und Reichtum maß. Es gibt aber auch noch andere Erinnerungen. Ihr Rumpf kracht in einem Sturm der Stärke 8, noch immer wird einem die morgendliche Bouillon an Deck serviert, der Wind pfeift in den Wanten und die Sirene heult um 12.00 Uhr mittags. Das leise Summen der Turbinen tief unten im Rumpf vermischt sich mit dem Schwatzen an den Eßtischen, während das Schiff langsam in die Nacht gleitet, wie die Ozeandampfer selbst in das Meer der Geschichte eingegangen sind □

Bibliographie

Anderson, R.: White Star, Prescot 1964

Armstrong, W.: Atlantic Highway, New York 1962

Beesley, L.: Loss of the S. S. Titanic, Boston, 1912

Bonser, N.: North Atlantic Seaway, Prescot, 1955

Brinnin, J. M.: The Sway of the Grand Saloon, New York, 1971

Corson, F. R.: The Atlantic Ferry in the 20th Century, London, 1930

Cronican, F. und Mueller, E. A.: The Stateliest Ship, New York, 1971

Diggle, Kapitän E.: The Romance of a Modern Liner, London, 1930

Dodman, F. E.: Ships of the Cunard Line, Southampton, 1955

Dunn, L.: Passenger Liners, Southampton, 1961

Dunn, L.: Famous Liners of the Past, Southampton, 1964

Le Fleming, H.: Cunard White Star Liners of the 1930s, London (kein Erscheinungsjahr)

Gibbs, C. R. Vernon: British Passenger Liners of the Five Oceans, New York, 1963

Hughes, T.: The Blue Riband of the Atlantic, London, 1974

Isherwood, J. H.: Steamers of the Past, Liverpool, 1966

Lacey, R.: The Queens of the North Atlantic, London, 1973

Lee, C. E.: The Blue Riband of the Atlantic, Sampson, 1931

Lloyds Register of Shipping (verschiedene Jahrgänge), London, 1897–1974

Marcus, G.: The Maiden Voyage, London, 1969

Marr, G.: The Queens and I, Southampton, 1973

Maxtone-Graham, J.: The Only Way to Cross, New York, 1972

Middlemas, K.: Command the Far Seas, London, 1961

Potter, N. und Frost, J.: The ›Mary‹, London, 1961

Potter, N. und Frost, J.: The ›Elizabeth‹, London, 1965

Potter, N. und Frost, J.: The Queen Elizabeth 2, London, 1969

Schiedrop, E. B.: The High Seas, London, 1939

Stanford, D.: Île de France, London, 1960

Stevens, L.: The Elizabeth, Passage of a Queen, London, 1969

Talbot, F. A.: Steamship Conquest of the World, Philadelphia, 1912

Talbot-Booth, E. C.: Merchant Ships, London, 1943

Talbot-Booth, E. C.: Merchant Ships, London, 1949

Talbot-Booth, E. C.: Merchant Ships, Liverpool, 1959

Talbot-Booth, E. C.: Ships of the British Merchant Navy, London, 1932

Talbot-Booth, E. C.: Ships and the Sea, London, 1943

Winchester, C.: The Queen Elizabeth, London, 1947

Winchester, C.: Shipping Wonders of the World, London, 1937

Register

Namen in *Kursivschrift* sind Schiffsnamen, Zahlen in *Kursivschrift* weisen auf Abbildungen hin

Acadia 28, 182
Acon, *117*
Admiral Hipper 236
Admiral Scheer 233
Adriatic 36, 48, *133*, 186
Ärmelkanal 22, *123*, 207
Ahrens, Kapitän 224
Alaska 186
Albany 22
Albert, Prinzgemahl *24*, 146, 147
Albert Ballin 56
Alexandria 84
Allan-Linie 41, *74*, 75
Ambrose-Feuerschiff 180, 206, 224
America (umbenannt in *Australis*) 19, *72*, *73*, 186, 231
American-Linie (früher Inman-Linie) *71*, *129*
American President-Linie 69
Amerika 70, 106, 108, 210
Amsterdam 77
Amsterdam 77
Anchor-Donaldson-Linie 51
Anchor-Linie 51
Anderson, Arthur 84
Andes 60
Andrea Doria 141, *142*, *143*, 143
Andrew Jackson 180
Andrews, Thomas 132, 133, 136
Aquitania 48, 51, *92*,105, *112*, 112, *176*, *188*, 212, 218, *220*, *223*, 224, 226, 231, 240, 245
Arabia 34
Archimedes 24, 33
Arctic 48, 124, 126, 185, 207
Arizona 127, *128*, 163, 165, *180*, 186
Ashbury Park, N. J. *140*
Asia 182
Astor, Oberst J. J. 131, 160
Athenia 51, 221, 224
Atlantic 48, *96*, 97, 127, *128*, 165
Atlantic Transport-Linie 41, 53, 134
Atlantis 210
Auguste Victoria 38, *176*
Augustus 83
Australis (ex *America*) 19, *72*, *73*
Austria 34
Avon *25*, 26

Ballin, Albert, 34, 41, *54*, 54, *55*, 56, *57*, 59, 104, 106, 108, 112, 121, 207
Baltic 36, 48, 130, 134, 149, 185, 186
Bankhead, Tallulah 151
Bannenberg, John 121
Bar Harbor, Maine *212*, 212
Barnum, Phineas T. 165
Barrow in Furness 72
Baudry *103*, 112, *203*
Beatles, The 177
Beaver-Linie 75
Belfast *52*, 130, *131*, 131
Belfast, das Opernhaus 149
Bell, Chefingenieur 136
Bell, Rex 155
Bennett, Constance 151
Berengaria (ex *Imperator*) 43, 51, 137, 161, 165, 166, 168, 243
Berlin 59
Bickford, Lt. Cdr. 225
Binns, Jack 129, 130
Birkenhead *33*
Bishops Rock, Leuchtturm 180, 196, 206, 207
Bismarck (umbenannt in *Majestic*) 43, 53, 56, 105, 108, *210*, 212
Bissett, Kapitän James 240
Black Ball-Linie 180
Blancart, Kapitän 151
»Blaues Band« (Geschwindigkeitsrekord auf dem Nordatlantik) 54, *57*, *62*, 65, 69, 83, 127, *133*, *140*, 179–207, 212, 220
Blohm & Voss *109*, 210
Blue Anchor-Linie 128
Blue Funnel-Linie 60
Blue Star-Linie 60
Boeing, Flugzeugwerke 243
Bombay *33*, 35, 51, 84
Booth-Linie 60
Bordeaux 60, 140
Borussia 34
Boston *28*, 28, 34, 47, 48
Bouchard 112, *152*
Boulton & Watt 22
Bouwen 117
Bow, Clara 155
Brangwyn, Frank 114, *115*
Bremen 43, 59, *60*, 63, 112, *115*, *192*, *196*, 196, 198, 206, 224, *225*, 225, 226, 237, 243
Bremen 34, 59, 149, 212
Bremerhaven 62, 215, 224, 225

Bride, Harold *132*, 136
Bristol *24*, *25*, 26–28, 34, 146
Britannia *28*, 28, 34, 36, 92, 94, 95, 96, *97*,180, 182, 245
Britannic 41, 53, 97, 100, 186, 218, *220*
Britische Admiralität 33, 41, 218
Britische Marine 24, 224, 232
Britische Regierung 41, 52, 54
British and American Steam Navigation Co. 27
British and Commonwealth Shipping Co. 84
British and North American Royal Mail Steam Packet Co. 47
British Queen 27
Britten, Sir Edward 176
Broadway 173
Brown and Co., John 41, 51, 249
Brunel, I. K. 19, 22, *24*, 26, *30*, 34, 35, 96, *126*, 146, 202
Brunel, Sir Marc 26
Buenos Aires 65
Burns, George 28
Butt, M. Archibald 131

Cadiz 84
Caledonia 28
Caledonia (Flugboot) 243
Californian 134, 136
Camb, James 163
Cambria 126
Campania 35, 99, *175*, *182*, *183*, 187
Camperdown, Lord 41
Canadian Pacific Railway Co. 72
Canadian Pacific Steamships Ltd. 72, 75, 137, 161, 231
Canberra 19, 87, *88*, 245
Cap Arcona 60
Cap Trafalgar 60, *214*, 215
Capetown Castle 84
Carmania 41, 60, *214*, 215
Carnavon Castle 84
Caronia 41, 134
Carpathia 51, *136*, 136, 240
Carte, Rupert d'Oyley 165
Cedric 36
Celtic 36, 36, *52*, 52
C. G. T., siehe Compagnie

Générale Transatlantique
Chandris-Linie 18, 72
Chapman, P. W. 72
Charles, Sir James 176
Château Frontenac, Le *74*
Cherbourg 100, 108, 133, 140, 180
Chesapeake Bay 216
Chevalier, Maurice 151, *153*
Chikago 75
China 185
Chrysler Building 92
Churchill, Sir Winston 9, 229
City of Berlin 186
City of Boston 128
City of Brussels 186
City of New York 35, 128, *180*, 187
City of Paris 35, 186, 187
City of Rome 34
Clan-Linie 84
Claxton, Kapitän 27, 96
Clear, Kap 24
Clifton-Hängebrücke *25*
Clipper III 243
Clyde 22, *23*, 51, 192, 226, 237
Clydebank 41, 249
Coleman, Chefingenieur 196
Collins, E. K. 48, 97, 124, *125*, 183
Collins-Linie 48, 96, 124, *125*, 126, 165, 207
Columbia 28, 54, 180
Columbus 59, *196*, 226, 226
Comet 22, *23*
Comet, Düsenverkehrsflugzeug 243
Compagnie Générale Transatlantique 8, 16, 21, 34, 43, 48, *65*, 65, 66, 67, 69, 112, 117, 129, 180, 206, *241*, 243
Compagnie de Navigation Sud-Atlantique 60, 140
Condor 59
Conte di Savoia 43, *83*, 83, 114, *117*, *198*, 198, 206, 232, 237, 245
Cork 27
Cosulich-Linie 79
Cottam, Harold 136
Coward, Noel 112, *152*
Cowes 26
Crippen, Dr. H. H. 137, 161, *163*
Cristoforo Colombo 83
Crocker and Fitchett 22

Cunard, Abraham und Sohn 47
Cunard Ambassador 245
Cunard, Samuel *23*, 26, 27, 28, 34, 47, 48, 92, 94, 96, 180, 182, 185, 186, 207
Cunard-Linie 8, 11, 12, 19, 36, 43, *47*, 47, *48*, 51, 52, 54, 59, *99*, 114, 124, 126, 132, 134, 147, 166, 172, 176, 180, *182*, 186, 195, 196, *206*, 206, *214*, 215, *216*, 220, 224, 236, 240, 245, *246*, 249, 251
Cunard White Star Line Ltd. 54
Curaçao (niederländisch) 26
Curaçao (britischer Kreuzer) *237*, 237
Curr-Linie 34
Curry, Sir Donald 83
Cuxhaven 108

»Daily Mirror« *163*
Daniels, Josephus 210
Dardanellen 218, 220
Daunts Rock 128, 180
Davis, Arthur 108, 112
»Desert Song« (Romberg) 154
Deutsch-Französischer Krieg 1870/71 65
Deutschland 36, 54, *57*, 156, *180*, 180
Deutschland (Panzerschiff) *232*
Dew, Chefinspektor 161
Dickens, Charles 94, 95, 97, 245
»Die letzte Fahrt« (Film) 11, 12
Dietrich, Marlene 154, 155
Dönitz, Admiral 223
Dollar-Linie 69
Dominion-Linie 75
Dramamine 161
Dramatic Sailing Vessel Co. 183
Dreiser, Theodore 92
Duff-Gordon, Sir Cosmo und Lady 132, 136
Duncan, Isadora 151
Duncan and Co., Robert 28
Dundrum Bay 27
Dunnottar Castle 83, 84
Dupas, Jean 103
Durban 128
Durban Castle 163

Eber 215
Eckener, Dr. Hugo 243
Edam 77
Eduard VII., König *147*, 165
Eider 59
Elbe 59
Elbe 22
Elder Dempster-Linie 73
Elizabeth, Königinmutter 147
Elizabeth II., Königin 146, 249
Elmore, Belle (Mrs. Crippen) 161
Empress of Australia 168
Empress of Britain 73, 74, 75, *112*, *115*, 168, 231, 237
Empress of Britain (1956, später *Queen Anna Maria*) 75
Empress of Canada 75
Empress of China 73
Empress of England 75
Empress of India 73
Empress of Ireland 73, 75, 137, *138*, *139*
Empress of Japan (später *Empress of Scotland*, später *Hanseatic*) 73, 75
Empress of Scotland siehe *Empress of Japan*
Ericsson, John 33
Erster Weltkrieg 51, 53, 59, *62*, 69, *71*, *74*, 84, 87, *109*, *209*, 210–220, 232, 245
Escoffier, Auguste 106, 121
Etruria 97, 186
Europa (später *Liberté*) 43, 59, *60*, 62, 112, *140*, 141, 176, *196*, 196, 206, 224, 225, 237, 240

Fairbanks, Douglas sen. und jun. 155
Falkland-Inseln 33
Faron 183, 185
Fastnet 218
Father Point 137, 161
Fegen, Kapitän Fogarty 233
Ferdinando Primo 22
Fitch, John 22
Fleet, Fred 134
Florida *128*, 129
Flying Cloud 180
Fort Lauderdale 15
Forth-Eisenbahnbrücke *190*
Foxley, Chefingenieur 128
Frahm, Dr. 156

253

France 9, *15*, 16, 18, 65, 120, 140, *174*, 218, 245
France (1961) 243
Freiheitsstatue 55
»French Line, The« (Hollywood-Film) *241*
Fulton, Robert 22

Galician 215
Gardner, James 121
Gatti 108
Gaulle, Madame de 16
Gaulle, Präsident Charles de 12, 16, 146
Genua 22, *80*, *81*, 198
George V., König 165
George VI., König 168
George Washington 59, 69, 70, 210
Germanic 186
Gibbs, William 72, *72*, 206
Gibraltar 84, 136, 180, 198
Gibson, Gay *163*, 163
Gibson, Sally Eilers *155*
Gironde 140
Glasgow 128
Glasgow 28, 51, 140, 223
Gneisenau 232
Godeffroy, Adolph 34
Goebbels, Dr. 221
Goodwin Sands 59
Goold-Adams, Richard 33
Gotenhafen *234*, 236
Gothic 168
Graf Waldersee 95
Graf Zeppelin 243
Gramont, Herzog von 124
Great Britain 22, *24*, *25*, 27, 33, 34, 95, 96, 97, 146, 147
Great Eastern 30, *33*, 34, 35, *36*, 36, 97
Great Western 27, 28, 43, 180
Great Western Railway Co. 26
Great Western Steamship C. 26, 27, 28
Gripsholm 59
Guggenheim, Benjamin 131, 160
Guilio Cesare 83
Guion-Linie 127, *128*, *163*, 186
Guppy, Thomas 26

Haddock, Kapitän Albert 220
Haifa 251

Hales, Harold K. *180*, 206
Hales-Trophäe (»Blaues Band«) *180*, 206
Halifax 26, 28, 47, 95, 128, 180, 182, 212, 226, 245
Hamburg 34, *43*, *104*, *109*
Hamburg-Amerikanische Packetfahrt-Actiengesellschaft (Hamburg-Amerika-Linie) 34, 36, *38*, 41, 52, *54*, 54, 56, 60, 100, 104, 180, 198
Hamburg-Atlantik-Linie 77
Hamburg-Südamerikanische Dampfschiffahrts-Gesellschaft (auch Hamburg-Süd) 60, 214
Hampton Court 100
Hampton Roads, Virginia 15
Handyside and Henderson 51
Hansa 59
Hapag siehe Hamburg-Amerikanische Packetfahrt Actien-Gesellschaft
Hapag-Lloyd AG 56, 60, 95, 104, 105, 112, 156, 210, 212
Harland and Wolff 52, 53, 77, 100, 130, 132, 140, 186
Hastings 126
Havanna 140
Hawaii 69
Hays, Charles 131
Heifetz, Jascha 154
Heineken, Phillip 59
Hemingway, Ernest 154, 177
Hibernia 182
Highflyer (britischer Kreuzer) 215
Hindenburg 243
Hitler, Adolf *234*
Hoboken, New York 56, 210
Hoek van Holland 77
Hohenzollern 165
Holland-Amerika-Linie *3*, 18, *40*, 45, 47, 77, 77, *148*, 156, *243*
Homeric 243
Homes Lines *16*, 245
Hosenbandorden 180
Hudson River 16, 22, 224

Iberia 87

Île de France, *11*, 12, 16, 65, *66*, 112, *114*, *142*, *145*, 151, *152*, 154, *229*, 231, 241
Imperator (später *Berengaria*) *43*, 43, *54*, *104*, 105, 106, 108, 112, 146, 165, 166, 176, 212
Imperial Airways 243
Inchbald, Michael 121
Indischer Ozean 46
Inman-Linie (später American-Linie) 34, 71, 128, 133, 186, 187
International Mercantile Marine Co. 52, 72, 192
Internationales Recht 218
I. R. A. (Irisch-Republikanische Armee) 251
Irvine, Kapitän William 166
Ismay, Bruce 53, 100, 104, 132, 134, *136*, 136, 137, 160, 207
Ismay, Thomas 52, 186, 187
Istria, Capo d' 232
»Italia« S. A. 19, 79, 80, *83*
Ivernia 221

Jeanniot 112, *152*
Jervis Bay 233
Jones, Kapitän 127
Jouffroy d'Abbans, Marquis de 22
Judkins, Kapitän 124, 126

Kaiser Friedrich 186, 187
Kaiser Wilhelm der Große 36, 41, *59*, 59, *129*, 146, 180, 187, 215
Kaiser Wilhelm II. 69, *91*, *187*, 192, 210
Kaiserin Auguste Victoria *54*, *55*
Kaiserlich-deutsche Marine 185
Kalkutta 51
Kanarische Inseln 141, 215
Kap der Guten Hoffnung 15
Kap Hoorn 15, 26
Kap. Prospect 128
Kap Race 134
Kapstadt 46, 128
Karibisches Meer 15, 26, 226, 245, 249
Karlsruhe 215
Keaton, Buster *153*
Kendall, Kapitän Henry 137, 161
Kennedy, Kapitän 232
Kiel *234*
Kite (britische Fregatte) 24
Köln 106
Konvoi HX 84, 233
Krancke, Kapitän 233
Krimkrieg 65
Kronprinz Wilhelm 69, *171*, *185*, 192, 210, 215
Kronprinzessin Cecilie 41, 210, *212*, 212, *213*
Kungsholm (später *Europa* [II]) 59
Kurfürstendamm 173

Lafayette (ex *Normandie*) 229
Lakehurst, N. J. 243
Lakonia 141
Lancastria 236
Langtry, Lily 165
La Plata 65, 69, 137
L'Atlantique 65, *123*, 140
Laurentic 161
Lavery, Sir John 114
Lebrun, Präsident 146
Le Havre 16, 18, 34, *65*, 65, *66*, 69, *140*, 140, 141, 149, 206, 249
Lemp, Kapitänleutnant Fritz 224
Le Neve, Ethel 161, *163*
Leonardo da Vinci 22
Leviathan (ex *Vaterland*) 43, 69, *71*, 72, *109*, 198, 212
»Levi Nathan« *71*, 212
Leyland-Linie 41, 52, 134
Liberté (ex *Europa*) 16, 65, *140*, 226, *241*
Lillie, Beatrice 92
Lind, Jennie 165
Lissabon 84
Liverpool 24, 48, *51*, 52, 53, 73, 100, 126, 128, 137, 176, 180, *182*, 182, 186, 212
Lloyd Sabaudo 79
Long Beach 12, *13*, 15
Long Beach, Stadtrat von 12
Lord, Kapitän William 136
Lucania 36, 99, *187*
Luce, Kapitän 124, 126
Lurline 67
Lusitania 41, 48, 51, *99*, 99, *190*, 192, 210, *216*, *218*, 218

Maas 77

Maasdam 77
Macdonald, Jeannette 151
Main 59
Majestic (ex *Bismarck*) 43, 53, 70, 165, *210*, 212, 243
Malolo 69
Mammoth (später *Great Britain*) 28, 33
Manhattan 72, *198*, 202, 224, 231
Manhattan 18, 149, 207
Manning, Kapitän Henry 176
Marconi, G. *129*, 129, 136, 161
Marconi-Funkentelegraphie 36, *129*, 132, 136
Marinesko, Leutnant Ivan 236
Mariposa 69
Marr, Kommodore Geoffrey 15
Matson Navigation Co. 67
Maudsley, Sons and Field 27
Mauretania 12, 41, *43*, 51, 54, *59*, 59, 92, *99*, 99, 100, 104, 106, 161, *188*–*191*, 192, 195, 210, 212, 218, 243, 245
Mauretania (II) 54, 224, 231
McIver, David 28
McNeal, Kapitän 196
Megantic 161
Meier, H. H. 56, *59*
Menuhin, Yehudi 154
Mesaba 132, 134
Messina 129
Mewes, Charles (Karl) 104, 106, 108, 112, 121, 166
Michelangelo 19, *80*, *81*, 83, 120, 243
Michelangelo, Buonarotti 80
Millwall 34
Molotow, V. M. 9, 240
Monitor 33
Monroe, Präsident 24
Monterey 69
Montreal 73, 75, 223
Montrose 161
Moore, Grace 151
Moore-McCormack-Linie 69
Morgan, J. Pierpont 41, 52, 54, 67, 77, 100, 132, 192
Morro Castle *140*, 140
Mosel 59
Mountbatten, Lord Louis und Lady 166

Mudros 218
Murdoch, Zweiter Offizier 134
Murmansk 225
Mussolini, Benito 79, *83*, 198

Napier, Robert 28
National Line 186
Navigazione Generale Italiana 79
Neapel 22, 136, 218
Neatley, Sir James 176
Nederlands-Amerikaanse Stoomvaart Maatschappij 77
Needles 180
Negri, Pola 155
Neilson, Julia 149
Nelson-Linie 60
Neufundland-Bank 48, 53, 124, 125, 127
Newcomen, Thomas 22
New York 133
New York 8, 9, 16, 22, 27, 35, 36, 41, 43, 48, 51, *59*, 69, 77, *80*, 92, 126, 127, 130, 136, 141, 149, 165, 169, 180, 196, 198, 212, 215, 218, 224, 226, 231, 245, *246*, 249
Niagara 183
Nieuw Amsterdam 19, 79, 83, 147, *148*, 231
Nieuw Amsterdam (II) 241, 243
Nieuwe Waterweg 77
Norddeutscher Lloyd 34, 36, 41, 52, 56, *57*, *59*, 59, 60, 60, 62, 180, 185, 186, 187, *192*, 192, 196, 198, 215, *226*, 226, 240
Normandie 8, 9, *9*, 16, 43, 65, *65*, *66*, 69, *102*, *103*, 108, *117*, 120, 121, 140, 141, 146, *168*, 176, *179*, 180, *200*, *202*, 202, *203*, 206, 224, 226, *229*, 229, *231*, 237, 243
Normandie (1883) *65*, 65, 66
North River 22
Nürnberger Kriegsverbrecherprozesse 223

Ocean Terminal (Southampton) 149
Oceanic 16, 36, *51*, 52, 245
Oceanic (III) 53
Oceanic Steam Navigation

Co. (White Star-Linie) 52
Old Head of Kinsale 218
Olympic 41, *52*, 53, *100*, 100, *101*, 106, 130, 133, 136, *137*, 168, *212*, 212, 218, *220*, 220, 243
Ophir 147
Orcades 86, 87
Oregon 186
Oriana 16, 19, 87, *87*, 245
Orient-Linie 87, *147*
Orsova 86
Osaka 12
»Overlord«, Operation 72
Owen, Samuel 22

P. & O. (Peninsular and Oriental Steam Navigation Co.) 16, 19, 86, 87, 87, *88*, *161*, *232*, 232
Pacific 48, 126, 127, 185
Pacific Steam Navigation Co. 60
Paddington Station 146
Paderewski, I. J. 154
Pan American Airways 243
Panama-Kanal *63*, 249
Papin, Denis 22
Paris 66, *140*, 141, 241
Parsons, Sir Charles 19, 41, *43*, 192
Pasteur (später *Bremen* [II]) 59, *68*
Patout, Pierre 112, *117*, *152*
Patterson, William 26
Paulliac Quay 140
Pazifischer Ozean 15, 26, 186
Penhoet, Werft 16, 112, *200*
Peninsular & Oriental Steam Navigation Co. 84
Pennsylvania 71
Pereire, Emile und Isaac *65*, 65
Persia 34, 126, 185
Phillips, Jack 134, 136
Piaz, Jean 112
Piccadilly *173*
Picton 26
Pier 88 226, *229*, *231*
Pier 90 149, 224, 226, *229*
Pier 92 226
Piräus 72
Pirrie, Lord 100, 104
Plymouth 65

Polack, Kapitän Karl *212*, 212
Pollux 140
Pompidou, Präsident 16
Port St. Nikolo 218
Portsmouth 26
Postdienst 28
Potsdam 40
President Roosevelt 224
»Prince's Landing Stage«, Liverpool *51*
Prinzessin Charlotte 22
Prohibition (Vorsted-Gesetz) 72

Q 3 11, 12, 249
Q 4 249
Quebec *74*, 137, 161
Quebec and Halifax Steam Navigation Co. *23*, 26
Queen Anna Maria (ex *Empress of Britain*) 75
Queen Elizabeth 6/7, 8, 9, 9, 12, 15, 16, 43, 54, 65, 72, *102*, 114, 120, 141, 147, 172, *176*, *204*, *206*, 206, 226, *229*, 229, 240, 245
Queen Elizabeth 2 (QE 2) 12, *15*, *18*, 18, 19, 54, *120*, 121, 146, 177, *239*, *246*, *248*, 249, 251
Queen Frederica 69
Queen Mary 8, *9*, 9, 11, 12, *13*, *28*, 43, 54, 72, *92*, 92, *102*, *103*, *110*, 114, 120, 147, 154, *164*, *165*, 169, 172, *176*, *180*, *196*, 202, *204*, *206*, 206, 224, 226, *229*, 229, *236*, 237, 240, 243, 245, 249
Queenstown 128, 133, 180, 185

Rachmaninoff, S. 154
Raffaello 19, *80*, *81*, 83, 243, 245
Rawalpindi *232*, 232
Republic *128*, 129, 130
Ressel 33
Rex 43, *83*, 114, 147, *198*, 198, 206, 232, 237
Reymann, Kapitän 215
Rio de Janeiro 37, 69
Rising Star 26
Ritz, César 106, 108
»Ritz-Carlton Grill« (*Imperator*) 104
Robins Dry Dock and Repair Co. Inc. 229
Rogers, Moses 22, 24
Rogges, Kapitän 210
»Rolling Billy« *59*

Romberg, Sigmund 154
Roosevelt, Präsident Franklin D. 196
Rostron, Kapitän 136, 161, 176, *196*, 240
Rota Shostolewski 19
Rotterdam 77, 79
Rotterdam 79
Rotterdam (1903) 77
Rotterdam (1959) 243, *245*, 245
Royal Mail-Linie 60
Royal Viking 245
Royal William *23*, 26
Ruser, Kapitän Hans 176, 210
Russell, Jane 241
Russia 186
Russische Passagierschiffe 19

Saale 59
Sadat, Präsident 251
Salmon (britisches Unterseeboot) 225
Salta 141
San Franzisko 67
Sanders, George 12
Sandy Hook 180
Saupique 112, *152*
Savannah 22, 24
Savannah 22
Schaljapin, Fjodor 154
Scharnhorst *232*, 232
Schwieger, Kapitänleutnant Walter 218
Schwimmbad 108, *109*
Scot 83, *84*
Scotia 34, 35, 185, 186
Scotland-Leuchtturm 140
Seawise University (ex *Queen Elizabeth*) 6/7, 8, 15
»Seelöwe«, Operation 225
Seine-Bucht 18
Severn 27
Shaw, Savill and Albion-Linie 168
Singapur 84
Sirius 27
Sixtinische Kapelle 114
Skagerrak 225
Skelmorlie 192
Smith, Kapitän Edward J. *133*, 133, 134, 135, 176
Smith, Francis 24, 33
Smith & Houston Ltd. 140
Smith, Junius 27
Societa »Italia« di Navigazione, siehe »Italia« S. A.
Solent 166

Song of Norway 245
Southampton 8, 16, 53, 87, 100, 131, 133, 141, 149, 166, 169, 176, *190*, *210*, 210, 224, 226, 249
Sovereign of the Seas 180
Spiegelsaal (Versailles) 117
Spithead (Flottenparade) 41
St.-Georges-Kanal 126
St. Johns (Neufundland) 127, *128*
St.-Lorenz-Strom *74*, 75, 137, *138*, 161
St. Nazaire 16, 112, *200*, 236
St. Paul 129
Stabilisatoren *198*, 198
Stack, Robert 12
Statendam (umbenannt in *Justicia*) 77
Statendam *3*, *45*, 77, 79, *106*
Stead, W. T. 92
Stirling Castle 83
Stockholm 141, *142*
Stockton, Robert 33
Storstad 137, *139*
Strauss, Isidor 131, 136, 160
Stureholm 233
Süd-Karolina 22
Suez *33*, 35, 84
Suez-Kanal 46, 84, 249
Suffolk (britischer Kreuzer) 216
Svenska-Amerika-Linie *142*
Swallowtail-Linie 180
Swan Hunter 41, 51
Swanson, Gloria 151
»Sweet Hell of Old Drury« 149
Sydney 84, 226
Sydney, Hafenbrücke *86*

Taft, Präsident W. H. 131
Taiwan 18, 79
Taras Bolba 19
Teutonic 165, *180*, 187
Thayer, John B. 131
Themse 26, 27, 34
Themse-Tunnel 26
»These Foolish Things« (Coward) 112, *152*
Thierfelder, Kapitän 216
Thoreux, Kapitän Pierre 176
Three Rivers 26
Tirpitz, Großadmiral von 216, 218
Titanic 12, 41, 51, 52, 53, 92, *100*, 100, *101*, 112,

130–137, *131*, 131–137, 160, 218, 240
Toscanini, Arturo 151
Townley, Kapitän John 226
Trafalgar House (Finanzierungsgesellschaft) 54, 251
Trafalgar Square *92*, 92
Trianon 100
Triest 47
Trinidada 215
Truman, Präsident Harry S. 206
Tubal Cain 215
Tung, C. Y. 8, 15
Turner, Kapitän William 218
Tyne 41, 192

U 20 218
U 30 223
U 32 232
U 103 220
Umbria 35, 97, 186
Unabhängigkeitserklärung der USA 28
Unicorn 28
Union-Castle Mail Steamship Co. 83, *84*, 84, *163*, *209*, 215, 250
Union-Linie *84*, 84
United States 9, 15, 18, 72, 72, 120, *180*, 180, *206*, *207*, 207, 241, 245
United States-Linie 19, 43, 48, 70, 72, *73*, 206
United States Shipping Board 70, *71*
Upper Clyde Shipbuilders 249
USA, Kongreß 48, 92
–, Marine 210, 229
–, Regierung 70, 72, 137, 206

Valparaiso 26
Vaterland (später *Leviathan*) 43, 56, 69, 70, *71*, 92, 105, 108, *109*, 112, *175*, 210, 212
Venedig 232
Vesta 48, 124
Vickers Shipbuilders 72
Victor Emanuel, König 147, 198
Victoria, Königin 146, 147
Victorian *74*, 75
Virginian 41, *74*, 75
Vorsted-Gesetz (Prohibition) 72
Vulkan-Werke 104

Wadsworth, Edward *103*
Walmer Castle 83, *209*
Waratah 128
W. A. Scholten 36
Warwick, Kapitän Bill 251
Washington *21*, 72, 198, 224, 231
Washington 124
Watt, James 22
Western Approaches 224
Westinghouse-Turbinen 207
Weymouth *126*
White Star-Linie 29, *36*, 36, 41, *51*, *52*, 52, 53, 54, 100, 104, 127, *128*, 129, 130, *134*, *136*, 136, 137, 147, 161, 165, 176, 186, 187, *198*, *210*, *212*, 212, 218
Wiegand, Dr. 59
Wight, Insel 26, 59, 180
Wilde, Oscar 163
Wilhelm Gustloff *234*, 236
Wilhelm II., Kaiser 54, *104*, 104, 146, 165, 187
Wilkinson, Norman *232*
Willcox, Brodie 84
Williams, Kapitän 128
Wilson, Präsident 218
Winchester 163
Windsor Castle 84, 245, *250*
Windsor, Herzog und Herzogin von *165*, 177
Wirth, Kapitänleutnant 215
Woodruff, Kapitän 28
»World«, New York *218*
Wright, Isaac 180
Wyschinskij, A. 240

Yokohama 72, 73
Yourkevitch, Vladimir 114

Zarbis, Kapitän Mathios 141
Zweiter Weltkrieg 51, 54, 59, 60, 65, 72, 79, *140*, 141, *200*, 220–237, 245

Fotoquellen

Verfasser und Verleger möchten folgenden Personen Dank für ihre Unterstützung bei der Beschaffung von Unterlagen und Bildern aussprechen:
Berty Bakker (Meijer Pers, Amsterdam), W. Beazley (Canadian Pacific, London), Commander Blake (Great Britain-Projekt, Bristol), Jeff Blinn (Moran Towage, New York), René Bouvard (Compagnie Générale Transatlantique, Paris), T. Cramer (Port de Le Havre, Le Havre), G. Farnsworth (»Cork Examiner«), J. Finler, Geraldine Finney und Jane Foster (Union Castle, London), J. O'Neil (Cunard Archive of Liverpool University) und N. Thomas (City Museum, Bristol).

Verfasser und Herausgeber sind insbesondere folgenden Reedereien und Werften, sonstigen Institutionen und Agenturen, die Originalbilder aus ihren Archiven und Sammlungen zur Verfügung stellten und deren Veröffentlichung in diesem Buch gestatteten, dankbar:

Ansaldo, Genua; Associated Press, London; Blohm & Voss, Hamburg; Bristol Corporation, City Museum; British Transport Docks Board; Brunel University, England; Cammell Laird, Birkenhead; Canadian Pacific Steamship Co., London; Chantiers de l'Atlantique, Saint Nazaire; Compagnie Générale Transatlantique, Paris; Cunard Line, London; »Cork Examiner«; City of Liverpool Libraries; City of Liverpool Museums; City of Long Beach Museum of the Sea; »Daily Mirror«, London; Bundespressedienst, Bonn; Hapag Lloyd, Hamburg; Harland & Wolff, Belfast; Holland-Amerika-Linie, Rotterdam; Hongkong Gouvernement, Italcantieri, Triest; »Italia« S. A., Genua; Mansell Collection, London; Ministery of Defence (Navy), London und Bath; Moran Towing and Transportation C., New York; Musée de la Marine, Paris; National Maritime Museum, Greenwich; P. & O. Lines, London; Popperphotos, London; Hafenbehörde Le Havre; Rotterdam Droogdock Mij, Rotterdam; Science Museum, London; Southern Newspapers, Southampton; Stewart Bale Ltd., Liverpool; Swan Hunter Ltd., Wallsend-on-Tyne; Union Castle Ltd., London; United States Lines, New York; United States Information Service, Washington; Upper Clyde Shipbuilders, Glasgow; Wilton Fijenoord, Rotterdam.